着物の教科書

着物は難しいものではありません

着物を着るイコール難しいことと思う方もいるかもしれません。家のたんすには母や祖母の着物が眠っているから一度着てみたい。でも自分で着られないし、どんなとき、どんな場所にどんな着物を着ていったらよいのかわからない……。

そんな方におすすめしたいのが「木綿の着物」に「半幅帯」。木綿の着物なら絹と違って扱いやすく、半幅帯なら前で結んで後ろに回せば大丈夫です。

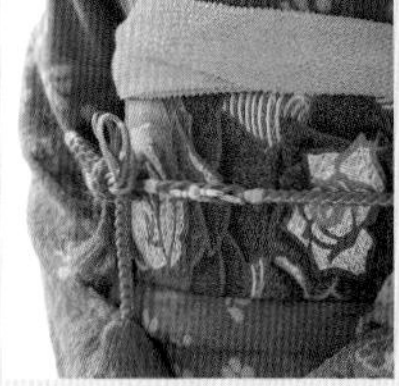

本格的な着付けについては、着付け教室に通ってもいいですし、インターネットなどの動画で確認して見よう見まねでも構いません。まずは着てみることが大切です。せっかく興味があるなら、そしてもし着物がたんすに眠っているなら、着ないなんてもったいないこと。

自分で着付けた場合、「きちんと着られているだろうか」「みっともなく思われないだろうか」などと思いがちですが、世の中には日常的に着物を着ていない人のほうが多いのです。だから、ちょっとくらいおかしくても実は大丈夫なのです。安心してください。

まずは着てみて、外に出てみましょう。そこから始めてください。

着物の種類

フォーマル

結婚式や記念式典などのフォーマルな席では
着物の「格」が重要です。

第一礼装

振袖

未婚女性の第一礼装。その名のとおり、袖丈が長く華やか。

色留袖

既婚、未婚問わず着られる礼装。五つ紋がつけば黒留袖と同格。

黒留袖

既婚女性の最も格が高い礼装。親族の結婚式などに。

準礼装

付け下げ

訪問着を簡略して生まれた着物。小紋よりも格が高い。

色無地

一色に染めた着物のこと。紋がつくことで格が高くなります。

訪問着

色留袖に次ぐ格の礼装。裾に加えて、胸、肩、袖にも模様があります。

カジュアル

ショッピングや観劇などで、幅広く着られる着物。
柄や素材によって、着る場所を選びます。

御召

徳川将軍の御召物からその名がついたといわれる。よそゆき感のある織りの着物。

紬

織りの着物の代表格。元来は全国各地で織られ、ふだん着として着られていた。

小紋

模様が繰り返し入った着物。模様の大小は問わない。

江戸小紋も小紋の一つ

江戸小紋は小紋の中の一つ。極小模様の型染めで主に一色染め。遠くから見ると無地に見え、着こなしの幅が広いのが魅力。

夏の着物

7～8月は絽や麻の生地を使った薄物といわれる着物を着ます。襦袢や帯も夏物にするのが基本です。

麻

薄手で張りがある麻素材の着物。絽よりは手入れが簡単です。

絽

透け感のある織り方で、絽目という隙間が特徴です。

礼装になるカジュアル着物も

カジュアルな着物でも、模様や色味など雰囲気によっては礼装として着ることもできます。たとえば江戸小紋に紋をつけて着る場合など。また、ここで紹介した以外に木綿やウール、ポリエステル素材のものも手軽で人気があります。

第一礼装1

黒留袖

【くろとめそで】

半衿は白を
合わせるのがマナー。

帯は金銀糸を用いて
格調高い文様が
織られたものを。

裾には
吉祥文様などの
絵羽模様が
広がる。

着物／京友禅黒留袖　帯／西陣織袋帯

五つ紋つきの最上格の着物

既婚女性の第一礼装。結婚式や披露宴の際の親族が着用する最も改まったよそおい。上半身には柄がなく、裾に絵羽《えば》模様（全体が一枚の絵のように構成された模様）が入ります。褄《つま》から裾にかけて配置する江戸褄模様であることから、「江戸褄」とも呼びます。

既婚女性の最もフォーマルな着物「裾《すそ》絵《え》羽《ば》模《も》様《よう》」が特徴

背、両袖、両胸に
五つ紋が入る。
紋は実家または
婚家のもの。

現代では
比《ひ》翼《よく》仕立てが主流。
白羽二重の着物を
重ね着しているように
見える。

黒留袖の特徴

裾には絵羽模様

不老長寿や夫婦円満など、
祝いの席にふさわしい縁
起のよい柄が多いです。

比翼仕立てとは?

衿、袖口、振り、裾の部分のみ二重にして重ね着のように見せるのが比翼仕立て。本来、留袖は白羽二重の着物を重ねて着ていましたが、現代では比翼仕立てにするのが主流です。

第一礼装2

色留袖

【いろとめそで】

金銀糸の入った格調高い帯を選ぶ。

裾には絵羽模様が広がる。

着物／京友禅色留袖　帯／西陣織袋帯

五つ紋は黒留袖と同格

既婚、未婚問わず着られる第一礼装。五つ紋が入ったものは黒留袖と同格ですが、格が高すぎると着用機会が限られることから、最近では、あえて一つ紋、三つ紋にすることも増えています。黒留袖と同じく裾部分にのみ模様が入ります。

既婚、未婚問わず着られる
地色が黒以外の留袖
最近は一つ紋、三つ紋も多い

この着物は
単衣の一つ紋の
色留袖。衿には
白の重ね衿。

色留袖の特徴

汎用性を高めるため
最近は一つ紋や三つ紋が主流に

紋の数を減らすことで準礼装となり、パーティ、お茶会などさまざまな場面で活用できます。

第一礼装3

振袖

【ふりそで】

刺繍入りなど華やかな半衿を合わせる。

帯揚げは総絞りが定番。

華やかな柄が全身に描かれる。

華麗な柄と長い袖が特徴

袖丈の長い未婚女性用の第一礼装です。袖丈の長さで大振袖、中振袖、小振袖と分かれます。友禅や絞り・刺繍などの技法が用いられます。帯は金糸や銀糸の入ったものを結び、小物も華やかに刺繍の半衿や総絞りの帯揚げなどを合わせます。

着物／京友禅振袖　帯／西陣織袋帯

末婚女性の華やかな礼装 きらびやかな文様が描かれる

袋帯で華やかな
変わり結びを。

ちらりと見える
足元の裏地(八掛)
も豪華。

振袖の特徴

袖は長く華やか

大振袖は115センチ以上、中振袖は95 ～ 115センチ程、小振袖は85 ～ 95センチ程。

半衿にも工夫を凝らす

着物の二枚重ねを略して衿のところだけ重ね衿に。半衿も刺繍入りなど華やかに。

準礼装1

訪問着

【ほうもんぎ】

全体に模様が
縫い目でつながって広がる
絵羽模様が描かれる。

帯締めは着物の
模様の中にある色を
選ぶとまとまりやすい。

着物／京友禅訪問着　帯／西陣織袋帯

胸、肩、袖、裾につながる模様

もともとは大正時代に公式訪問用の社交着として登場したもの。当時は三つ紋が基本でしたが、今では一つ紋または紋をつけないことが多いようです。胸、肩、袖、裾につながった絵羽模様が広がり、一枚の絵のような着物です。

格の高い礼装だが
紋はつけないことも
着物全体に
華やかな絵羽模様が！

袋帯で二重太鼓を結ぶのが一般的。写真のように変わり結びで華やぎを添えてもよい。

訪問着の特徴

まるで絵画のように華やかな着物

古典模様から抽象模様まで さまざま。縫い目で模様がつながっています。

準礼装2

色無地

【いろむじ】

格のある袋帯を
合わせることで
フォーマル感が強まる。

紫や紺、茶などの色無
地は祝儀・不祝儀
どちらにでも。

着物／紋意匠ちりめん色無地　帯／西陣織袋帯

一つ紋なら結婚式などにも

紋《もん》意匠《いしょう》ちりめんや紋綸《もんりん》子《ず》などの素材を一色（黒以外）に染めた着物のこと。一つ紋の色無地は準礼装となり、格のある袋帯を合わせれば結婚式にも。紫や紺などの色無地は黒共帯を合わせれば通夜や法事にも着用できます。

白生地を一色に染めた着物 紋のあるなしで格が変わる

背に一つ紋がつくことで格が上がる。

八掛は表地と同色に。

色無地の特徴

白生地を一色で染める ちりめんが多い

地紋のある生地を染めたもの。ちりめんがよく使われます。

一つ紋なら礼装に

最近は一つ紋または紋なしが多くみられます。紋なしの色無地はカジュアルに楽しむこともできます。

準礼装3

付け下げ

【つけさげ】

模様は全身にあるが、基本的に縫い目でつながってはいない。

帯を華やかなものにすれば結婚式などにも着られる。
写真の着物のように、上前など目立つ場所は模様をつなげることがある。

着物／ 京友禅付け下げ　帯／西陣織袋帯

訪問着より格は低いよそおい

訪問着よりも模様付けが控えめで、模様がつながるのは上前と衽程度です。仕立てたときに肩から袖のラインを頂点に、前身頃と後ろ身頃に上向きに模様が入っています。訪問着よりは格が低く、小紋よりは格の高い付け下げは、着用範囲の広い着物です。

模様は上向きだが絵羽模様ではない気軽に着られると昨今は人気

付け下げは
帯を変えることで
カジュアルにも楽しめる。

模様は小紋のように
連続して
あるわけではない。

付け下げの特徴

模様はすべて上向き
絵羽模様ではない

付け下げはすべての模様が上を向いています。上前と衽で模様がつながり、他はつながらないのが基本です。

カジュアル1

小紋

【こもん】

全体に連続して模様がある。型染め。模様は上向きだけにはならない。

着物の百合模様と帯の色を合わせたさわやかなコーディネート。

柄は縁起物、動植物など多様

反物全体に繰り返し模様を型染めした着物のこと。模様の大小は関係ありません。大きな模様の華やかな小紋もあります。また、遠目には無地に見える極小模様の江戸小紋も小紋の一つ。模様の雰囲気で着用範囲は変わります。

着物／京友禅染小紋　帯／西陣織九寸名古屋帯

全身に繰り返し
同じ模様が入る
カジュアルで
汎用性の高い着物

小紋の着物には原則、
紋はつけない。
江戸小紋では
紋を入れる場合もある。

名古屋帯と合わせて
カジュアルに。

小紋の特徴

型染めで全体に模様がある

シックな小紋ならちょっとしたパーティーにも。同じ小紋でも帯合わせで雰囲気は変わってきます。

江戸小紋とは?

江戸時代、武士の裃《かみしも》にそれぞれの藩が定めた小紋を染めたことが発祥。色無地感覚で着られると人気があります。

紬 カジュアル2【つむぎ】

はばたくすずめが描かれた
遊び心のある帯。

古典的な
絣模様の紬。

着物／十日町絣　帯／染九寸名古屋帯

先染めかつ平織りが基本

絹織物の一つ。真綿から紡いだ真綿糸や玉糸などを用いて、先染めかつ平織りされたものを指します（後染めの紬も一部にはあり）。絣《かすり》や縞《しま》、格子《こうし》などの模様が一般的で、高価なものもありますが、基本的にカジュアルな着物です。

糸を先染めする
織りの着物の代表格
本来はふだん着だが
昨今はおしゃれ着にも

紬の特徴

紬糸で織られた独特の風合い

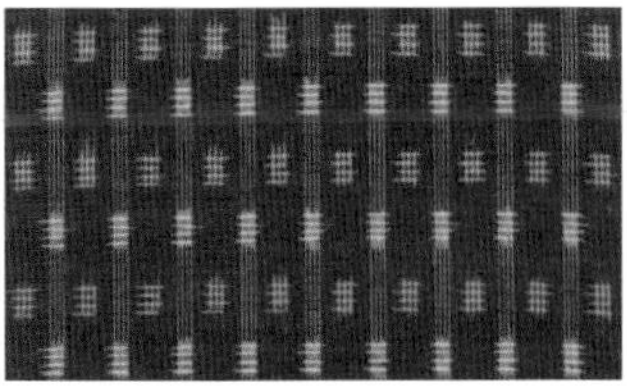

紬は全国各地で生産されており、糸の紡ぎ方や染め方などで独特の風合いが出ます。着れば着るほど愛着のわく着物です。

帯も自由に楽しんで

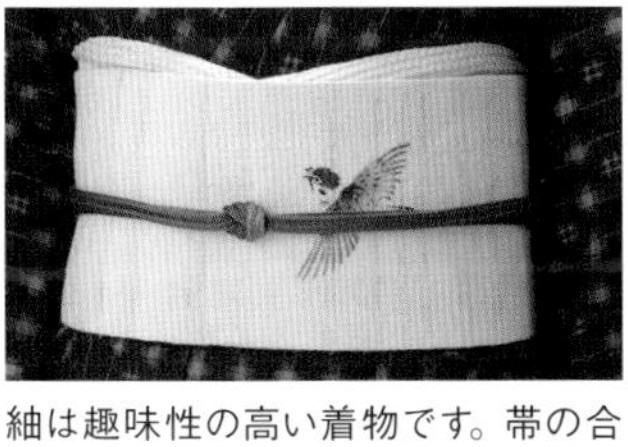

紬は趣味性の高い着物です。帯の合わせ方も工夫を凝らし、時には変わり結びにしたり、気軽な半幅帯にしたりしてもよいでしょう。

紬などカジュアルな着物では帯の結び方もいろいろ楽しめる。

カジュアル3

御召【おめし】

名古屋帯と合わせて
カジュアルな着こなし。

ちりめんの一種で
独特のシボがある。

着物／西陣御召　帯／九寸名古屋帯

独特のシャリ感が魅力

11代将軍、徳川家斉《いえなり》が好んだ御召物ということから御召という名が定着したといわれています。ちりめんと同じく緯糸《よこいと》に強い撚《よ》りをかけて織るため、シボが生じ独特の風合いがあるのが特徴です。紬より薄く、織りの着物の中ではフォーマル感が強い着物です。

御召ちりめんの略称
帯とのコラボレーションが楽しい

生地は独特の風合いがある。
遠目に色無地のように見える
御召は準フォーマルで使える。

御召の特徴

御召ならではの風合い

御召は主に京都、新潟、群馬で生産されています。モダンな雰囲気の着物です。

夏の着物1　薄物

絽【ろ】

生地に絽目があり透けている。
7～8月に着る夏の着物。

絽の着物とは生地が「絽」という意味。
絽の訪問着もあれば
絽の小紋もある。

着物／京友禅絽小紋　帯／絽九寸名古屋帯

隙間のある織り方を絽という

絽は経糸《たていと》を綟《もじ》りながら緯糸を織り込んでいく織り方。綟ったところに隙間ができ、透け感のある生地に。薄物といわれる夏の着物に使われます。一般的なのは三本絽といわれるもの。また透け感の少ない竪絽《たてろ》や五本絽もあります。

透け感が涼しげな 絽の着物 夏の着物の代表的な生地

帯の結び方を工夫してみると世界が広がる。

帯にも絽を合わせるといっそう涼しげ。

絽の着物の特徴

透け感がある生地 帯も絽にすればより涼しげ

夏の着物を着るときは帯も夏物を結びます。絽の着物に絽の帯を合わせれば、見た目にも涼しげな仕上がりです。

絽と紗《しゃ》の違い

紗も絽も二本の経糸を綟りながら緯糸を織り込んでいく透け感のある素材。毎回綟る紗に対し、絽は数本おきに綟るので透け感が少なくなります。また、絽のほうが格が高くなります。

夏の着物2 薄物

麻【あさ】

夏の帯と合わせて涼しげな雰囲気をアップ。

パリッとした張りのある質感は麻の着物ならでは。

着物／小千谷縮　帯／米沢織九寸名古屋帯

浴衣感覚で着られる夏の着物

麻は薄手で肌触りがよく、紹と並んで夏の着物に使われます。自分で手洗いできますし、半幅帯でも問題ない麻の着物は、初心者から上級者まで好まれます。浴衣を着る感覚で手軽に着られるうえに、おしゃれ感があり、夏のちょっとしたおでかけに便利です。

夏のちょっとした おでかけにぴったり サラッとした 着心地と張り感が魅力

しわになりやすいので
後ろ姿にも気を遣う。

麻の着物の特徴

繊維が硬く、肌に貼りつきにくい

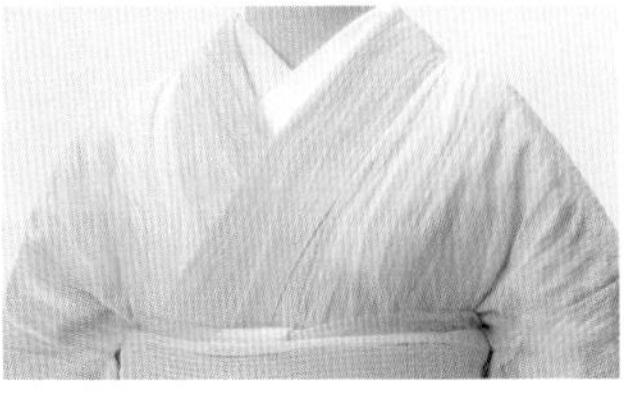

肌触りがサラッとしていて汗をかいても肌にまとわりつきません。しわになりやすいのが難点ですが、手洗いできるので重宝します。

肌襦袢も麻のものにするとよい

真夏に麻の着物を着るなら肌襦袢も麻を着るのがおすすめ。また、麻の着物はカジュアルなものなので半幅帯でも十分です。

夏の着物3

浴衣

【ゆかた】

浴衣の下には
襦袢はつけない。
肌襦袢と裾よけを
つけるのが一般的。

帯は半幅帯。
最初から結んだ形になっている
つけ帯もある。

絞りの浴衣。
独特の生地感がある。

着物／有松絞り浴衣　帯／桐生織半幅帯

大人に似合う浴衣も！

もともとは入浴時に着るものだった浴衣。花火大会やお祭りというイメージがありますが、最近は街着として着られるようなデザインのものも出ています。以前は素肌に着るものでしたが、最近は肌襦袢と裾よけを下に着るのが一般的です。

手軽で涼しい夏のカジュアル
華やかな色合いのものも人気

半幅帯は文庫結び、
蝶結びなど
いろいろな形が楽しめる。

浴衣は襦袢を
着ないので
下着の線などが
出ないよう注意。

浴衣の特徴

素材は木綿、絞りも人気

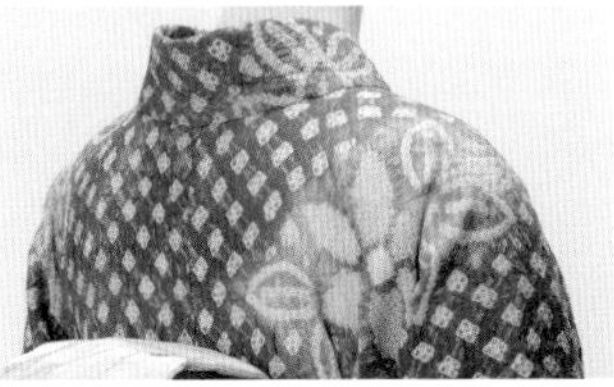

伝統的な藍染めのほか、綿縮《めんちぢみ》や綿紬《めんつむぎ》に染めたもの、絞り染めなど種類はさまざま。最近はカラフルな浴衣も多くなりました。

浴衣の着用範囲

基本的には花火大会や夏祭り、夏のライブに。長襦袢を着て、着物のように着る場合もあります。

もくじ

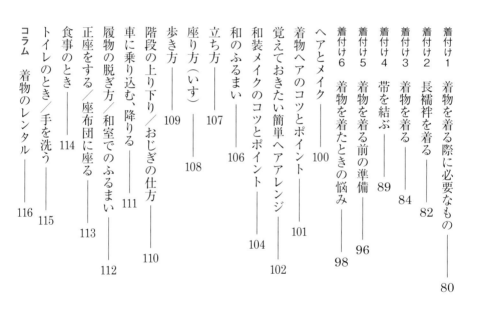

第3章 着物を買う——117

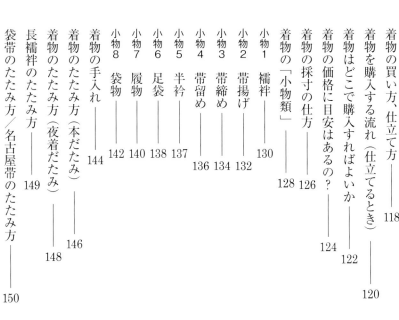

第5章 着物の産地 ―― 185

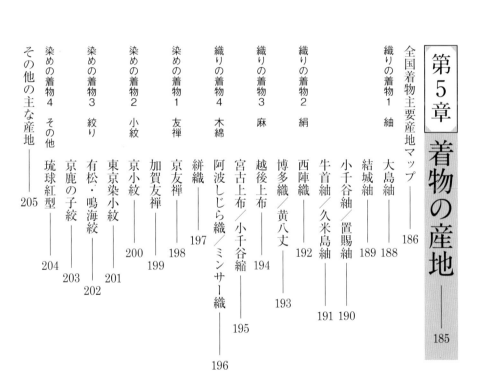

付録　巻末資料

巻頭&着付けページ協力

制作協力　新田葉子（青山きもの学院）

着付け指導　坂本久仁子（青山きもの学院）
着付け撮影協力　笹野緩子（青山きもの学院）／鈴木奈津子（青山きもの学院）

着付けモデル　木村めぐみ（青山きもの学院）

コーディネート　細野美也子（株式会社　スタジオ　アレコレ）
撮影協力　日本橋 丸上
三勝株式会社　龍工房　浅草辻屋本店

撮影　fort（文田信基）　武藤奈緒美　渡部瑞穂
イラスト　内山弘隆　森千夏
本文&カバーデザイン　GRiD
編集制作　バブーン株式会社

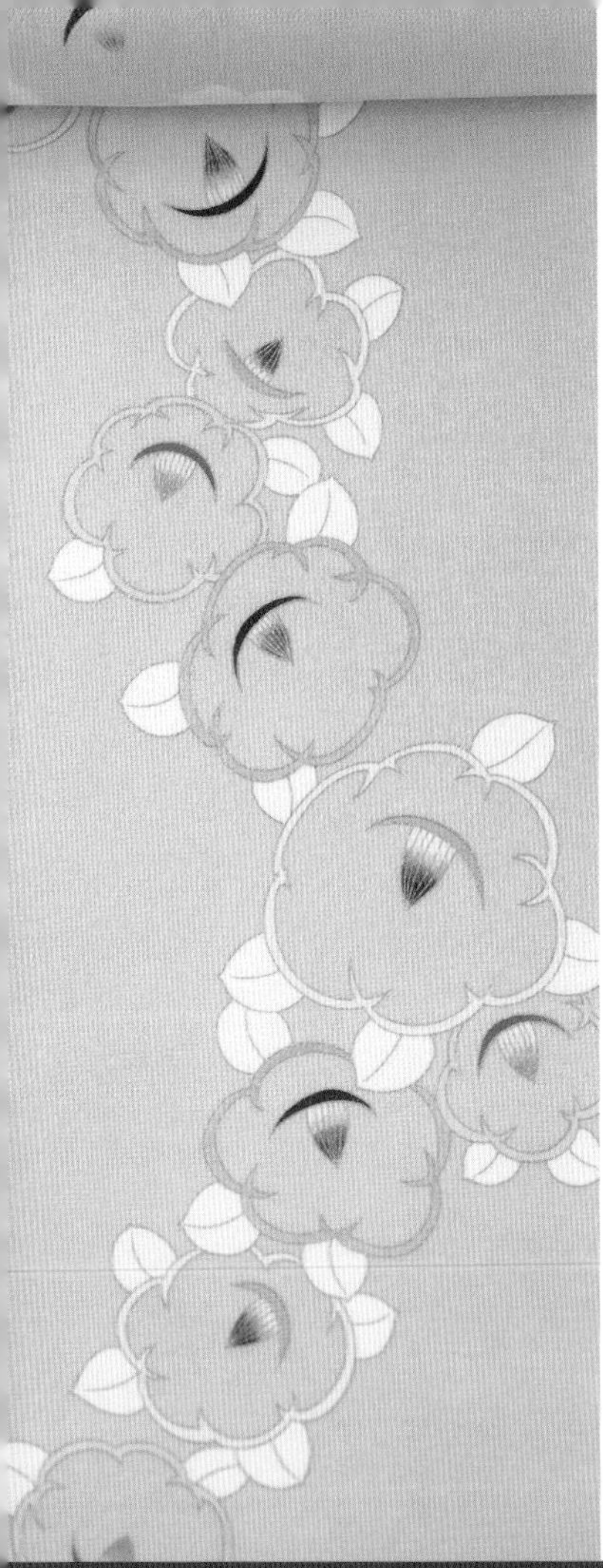

第1章

着物の基本

着物の生地や
帯の基本から
紋、格、季節の着分けまで
基本的な知識を解説

着物を着る前に知っておきたいこと

■着物のサイズは自由自在

原則的には着物は洋服ほどサイズがはっきりあるものではありません。ある程度ならば身幅は自由がききますし、大きくても小さくてもおはしょりでサイズは調整できます。

ただし、どんなサイズでも大丈夫かというとそうでもありません。サイズの合わない着物をきれいに着るためには着付けの技術が必要になります。たとえば、着物が小さいとおはしょりが短くなり、動くと胸元までぐずぐずになりがち。身幅が小さければ、だんだん開いてきてしまいます。着物が大きければ、おはしょりが長くなり、もたついた印象になってしまうのです。

■「格」を知らずに着るとみっともない

カジュアルに着物を着る分には「格」に神経質になる必要はまったくありません。

ただ、着物というとやはりちょっとしたパーティやお祝いの会などで着られる方も多いと思います。とはいっても、あまり難しく考えすぎなくても大丈夫です。思い浮かべてほしいのは洋服のこと。

たとえば「平服でもＯＫ」という結婚式の披露宴だからといってふだん着で行く方は少なく、ジャケットとワンピースなどを着用するでしょう。着物も同じ。木綿に半幅帯のふだん着ではなく、上品な小紋や御召を着ればよいのです。また、花嫁や花婿の親族として結婚式に出るときは、やはり黒留袖や色留袖、訪問着などがよいでしょう。大切なのはＴＰＯ。「この着物は洋服ならどのくらいのクラスになるかな？」と考えることがヒントになります。

カジュアルな着物のTPO

小紋や紬、木綿などの着物に「格」はありません。とはいえ、同じ小紋でもモダンで現代的な柄と古典柄では、後者のほうがかしこまった場所にふさわしく見えます。また、最近は色無地に見えるような江戸小紋に、一つ紋を入れて略礼装として使う方もいます。生地の質感と柄、そして色味、帯合わせなどで、カジュアルな着物でも着ていける場所は異なるでしょう。

着物を着るときに必要なものは？

自分で着付ける自信がない人は、レンタル着物や着付けサービスを使うのも一つの方法です。そんなときに忘れがちなのが半衿。長襦袢に半衿をつけずに持ってくる方が多いようです。衿芯も忘れないようにしましょう。

また、一枚あると便利なのがタオル。補整しないで着物を着るよりも、ちょっとでも補整したほうがずっときれいに着られます。腰に巻くだけで仕上がりが違います。和装用のブラジャーも胸元がきれいにまとまり便利なものです。

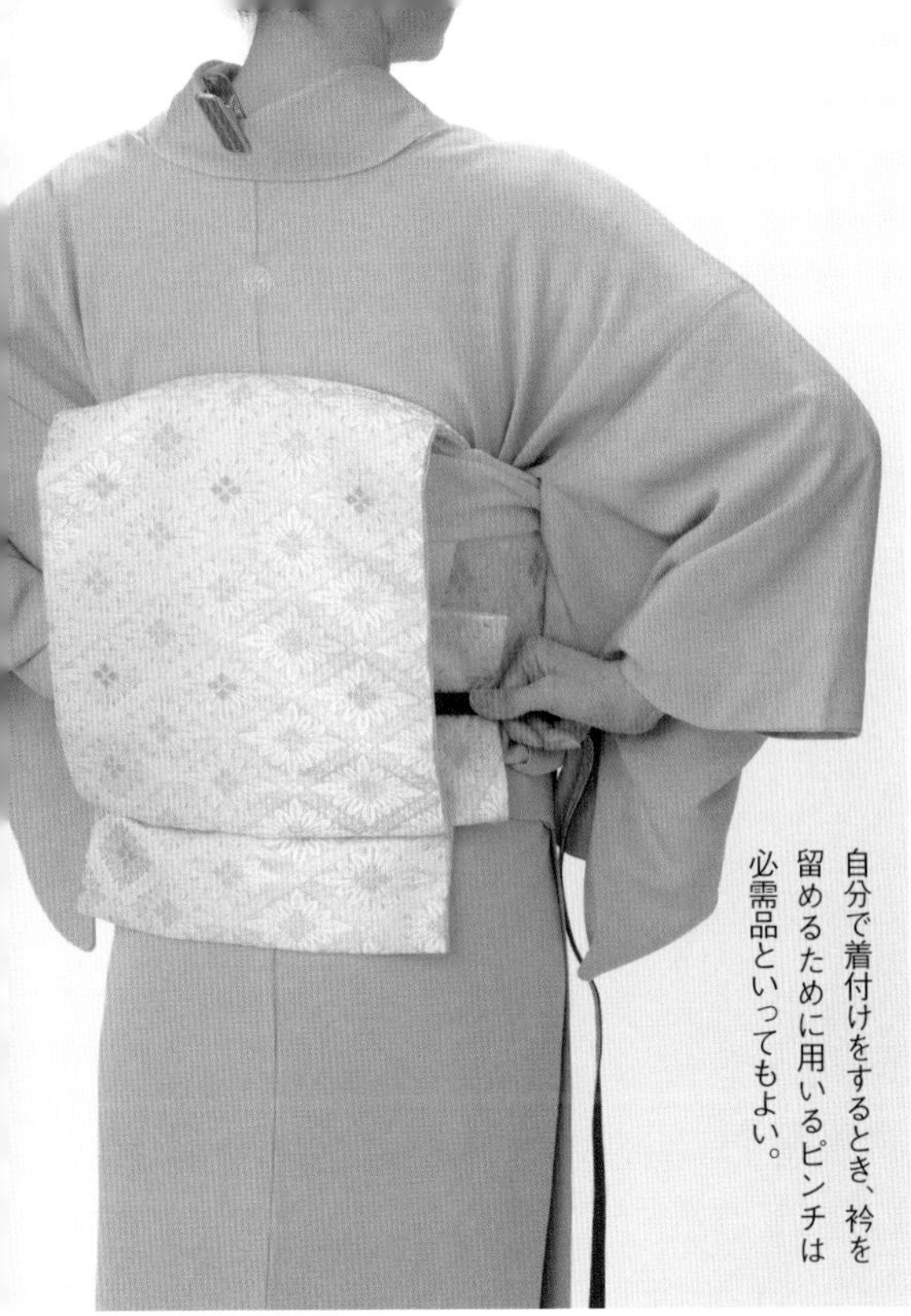

自分で着付けをするとき、衿を留めるために用いるピンチは必需品といってもよい。

レンタル

レンタルの場合、業者によって必要なものは異なります。帯板や帯枕は業者が貸してくれるという場合もあります。まずは何が必要なのか、あらかじめ確認すること。

必要なもの

肌襦袢、裾よけ、ひも類、長襦袢、半衿、衿芯、足袋

※草履は着物とセットになっていることも。必要ならば持っていく。

自分で着る

着物の着付けにはいろいろな便利グッズがあります。着ていくうちに使いやすいもの、着やすいものを取捨選択していけばよいでしょう。まずは着てみて、試してみることです。

必要なもの

肌襦袢、裾よけ、ひも類、長襦袢、半衿、衿芯、帯板、帯枕、着物、帯、帯揚げ、帯締め、足袋、草履

※タオルやピンチがあると補正や着付けの補助に便利。

ヘアメイクも洋服とは違う

いつもより一段肌色を明るくしたほうが、着物のときは映えます。また、目元の化粧を派手にするよりも、きれいな色のリップを塗るほうが素敵に見えます。

髪は絶対にアップにしたほうがよいというわけではありませんが、髪飾りなどを上手に使い、さっとまとめることで清潔感が出ます。着物のヘアメイクは清潔感がポイントです。

着物の基本1

着姿の各部の名称

各部の名称を覚えると、着付けをするときに意味を理解しやすくなります。

後ろ

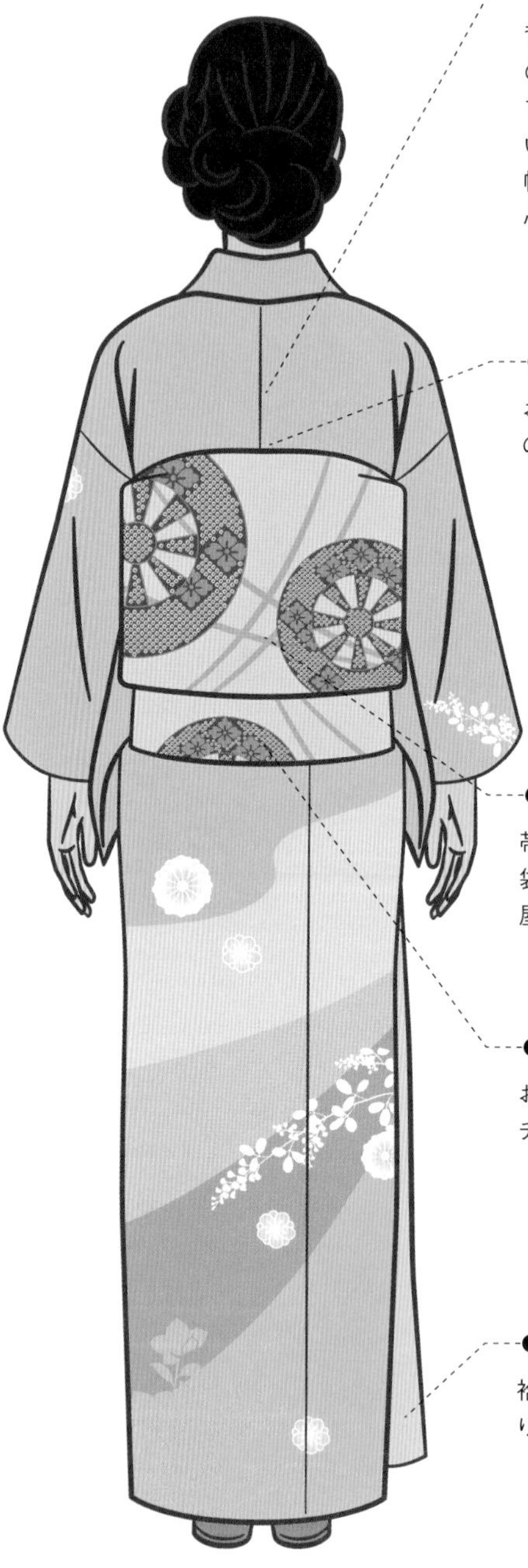

●背《せ》縫《ぬ》い(背中心《せちゅうしん》)

背中の中央にある、左右の後ろ身頃を縫い合わせている縫い目を背縫いという。腰下の背中心は身幅によるので、必ずしも中心にこないことが多い。

●帯山《おびやま》

お太鼓に結ばれた帯の上のライン。

●お太鼓《たいこ》

帯結びの一種で、丸帯や袋帯では二重太鼓、名古屋帯では一重太鼓が多い。

●タレ

お太鼓の下端から10センチくらいの部分のこと。

●八掛《はっかけ》

袷の着物の裏側・裾まわりにつける布のこと。

前

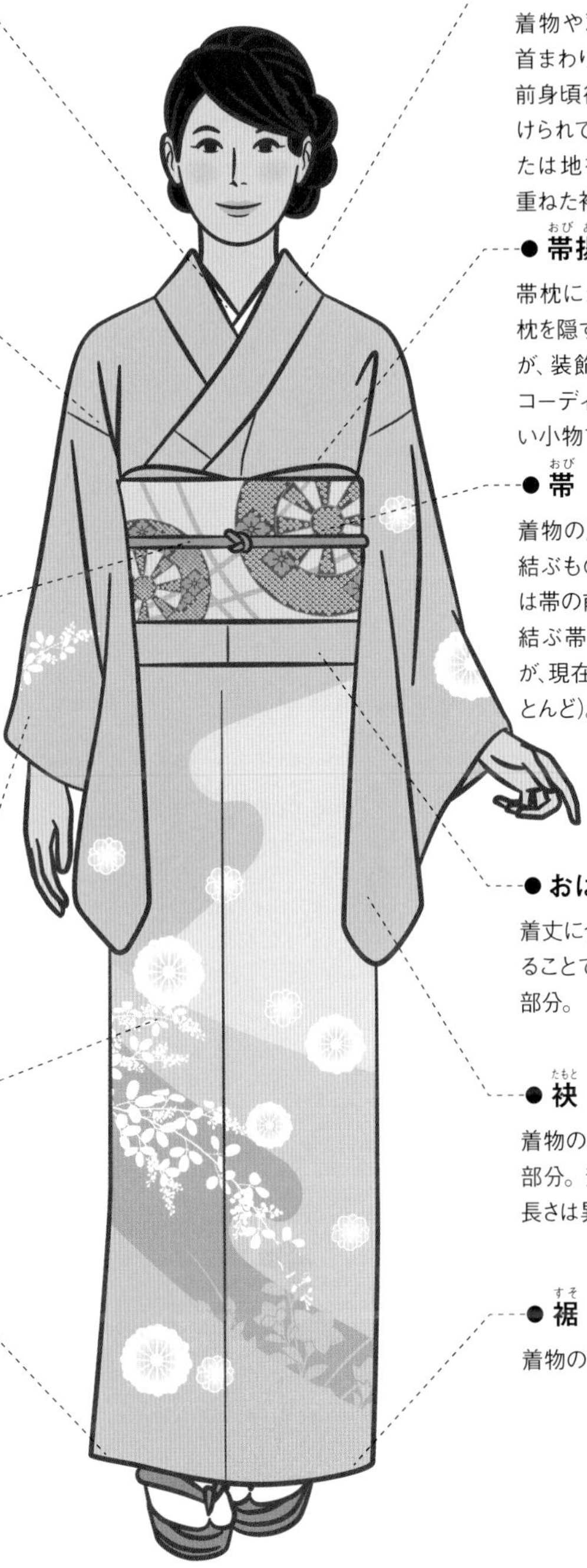

● 半衿《はんえり》

長襦袢の衿に縫いつける。汚れを防止するためにつけるものであり、取り替えて使う。

● 身八つ口《みやくち》

着物の袖付けの下の縫いつけられていない脇部分。衿元を整える際、ここから手を入れることもある。

● 帯締め《おびじ》

帯を留めるひものこと。帯幅の中央に沿って締める。組み方や色、柄など種類はさまざま。

● 袖《そで》

着物の身頃の左右にある腕を通す部分の総称。

● 衽《おくみ》

衿から裾まで前身頃に縫いつける半幅(反物の半分の幅)の布部分の総称。

● 褄先《つまさき》

着物の衽の下の端のこと。やや上げ気味に着付けることもある。

● 衿《えり》

着物や羽織、襦袢などの首まわりから胸元に続き、前身頃後ろ身頃に縫いつけられている部分(本衿または地衿)。本衿の上に重ねた衿が掛け衿。

● 帯揚げ《おびあ》

帯枕にかける布。本来帯枕を隠すためのものだったが、装飾的になり、今ではコーディネートに欠かせない小物である。

● 帯《おび》

着物の胴部に巻きつけて結ぶものの総称。前帯とは帯の前面(かつては前で結ぶ帯結びのことだったが、現在では後ろ結びがほとんど)。

● おはしょり

着丈に合わせてたくし上げることでできる折り返しの部分。

● 袂《たもと》

着物の袖の垂れた袋状の部分。着物の種類により長さは異なる。

● 裾《すそ》

着物の下の端のこと。

着物の基本2

着物の名称

着物は格や季節などで名称が決まり、合わせる帯なども変わります。

1 格を示す名称

黒留袖、色留袖、振袖、訪問着、付け下げ、色無地などがこれにあたります。

着物は大きく「染め」と「織り」に分けられます。

フォーマルな着物は染めの着物が主流で、さらに紋や柄付けによって格が変わってきます。

模様が縫い目で途切れず続いている「絵羽模様」は、礼装用の柄です。絵羽模様が裾だけに入った「留袖」は最も格式が高くなります。「訪問着」は、紋の数により格が異なります。また、既婚・未婚による区分もあり、袖丈の長い「振袖」は未婚女性の礼装です。

第一礼装

既婚女性は黒地に五つの染め抜き日向紋《ひなたもん》が入った「黒留袖」が第一礼装となります。未婚既婚問わずに着られる礼装が「色留袖」です。「振袖」は未婚女性のみの第一礼装です。

準礼装

色留袖に三つ紋、一つ紋をつけると、準礼装のよそおいになり、幅広い範囲で着用できるようになります。「訪問着」は、絵羽模様が肩や袖の上半身にも入っています。

その他

白生地を一色に染めた「色無地」、訪問着を簡略化した「付け下げ」はお茶会などにも着ていけます。小物や帯を格調高いものにすれば、準礼装としても着られます。

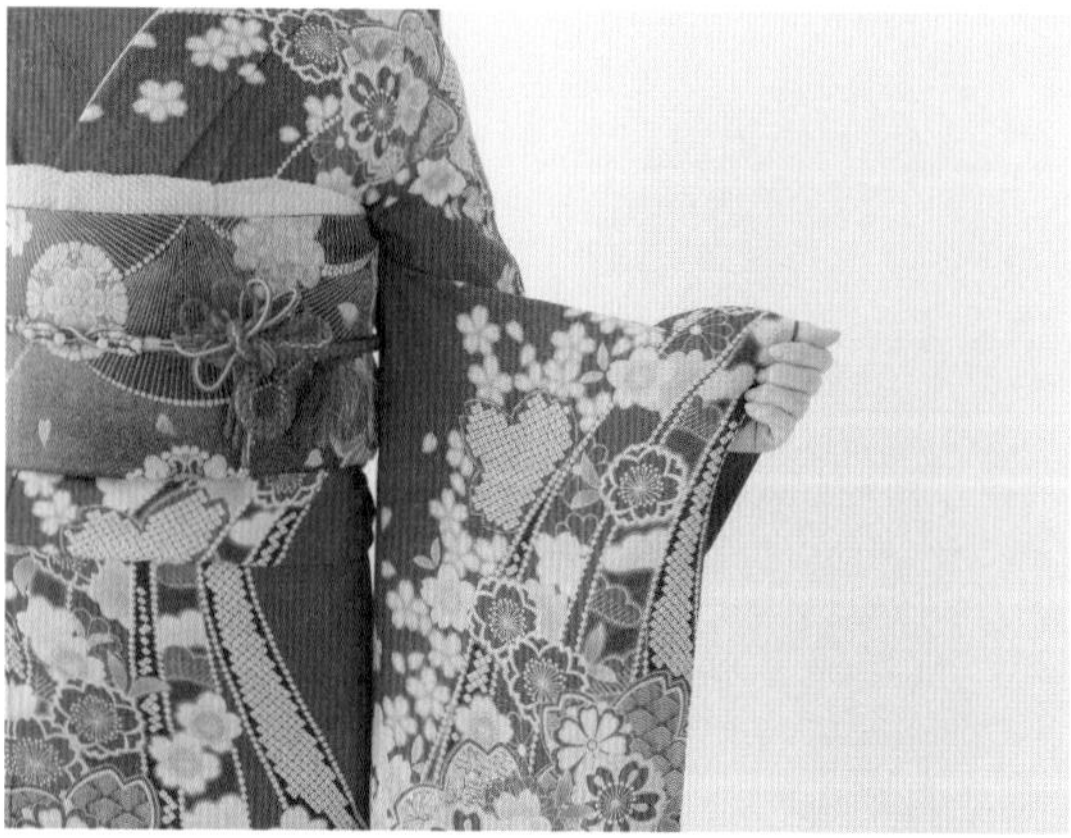

2 季節にまつわる名称

袷、単衣、薄物などがこれにあたります。仕立て方や素材の違いで分けられます。

季節による着分けも、着物の楽しみの一つ。着物は基本的に、生地や仕立て方によって10月頃から5月頃に着る裏地のついた「袷」、6月頃と9月頃に着る裏地のない「単衣」、7月頃から8月頃に着る透け感のある生地の「薄物」に分けられます。

最近は温暖化の影響もあり、暦通りに着分けるのが難しいこともあります。そのため、カジュアルな場では、その日の気候に合わせたよそおいをしてもいいでしょう。

袷は一年で一番着る期間の長い着物です。

初夏と初秋は、裏地のない単衣仕立ての着物を着ます。

盛夏には薄物といわれる透け感のある着物を着ます。素材は絽や麻など。

こんな名前があります!　・袷　・単衣　・薄物

着物の生地

着物は絹、木綿や麻など、さまざまな素材が使われます。シーンによって着分けましょう。

絹

美しい光沢と優れた保湿性 衣類の素材として最適

絹の着物生地には、繭から引き出された糸を使用します。

着物の代表的な素材である絹は美しい光沢、吸湿と放湿、保温性に優れるなど、衣類の素材として優れた性質を持っています。染料にも染まりやすいため、美しい染織品を作るのにも適しています。

ただし、絹の着物は手入れ、管理が難しいという欠点があります。水に弱く濡れると縮むことがある、毛羽立ちやすい、日光に当たったり時間の経過で色が変わりやすいなど、取り扱いが難しいため、保管には気を遣いましょう。

繭一つで1000メートルほどの糸が引けます。

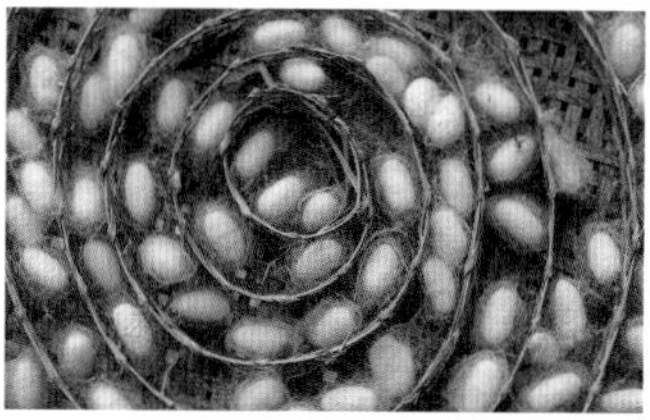

繭から糸を引き出したものが生糸。

絹の着物のいろいろ

● ちりめん

絹織物の生地の名前。緯糸に強い撚りをかけた糸を使い作られます。生地にシボと呼ばれる凹凸があるのが特徴です。

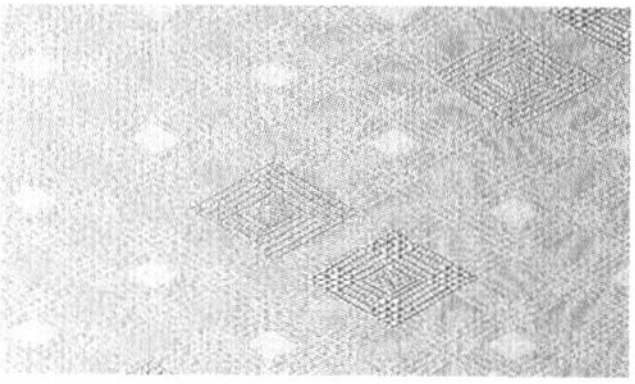

● 御召

ちりめんの一種で、表面にシボがある「御召ちりめん」の略称です。織りの中で最も格の高い着物です。

● 紬

織りの着物の代表格。本来はくず繭をつぶして真綿にし、紡いだ糸で織られたが、現在は生糸も使われる。

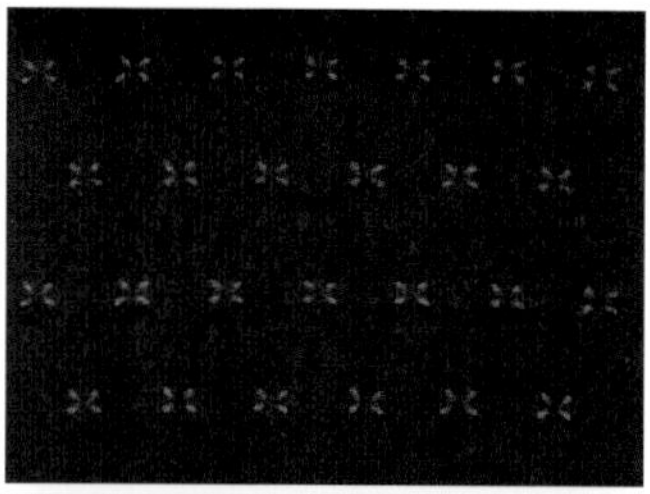

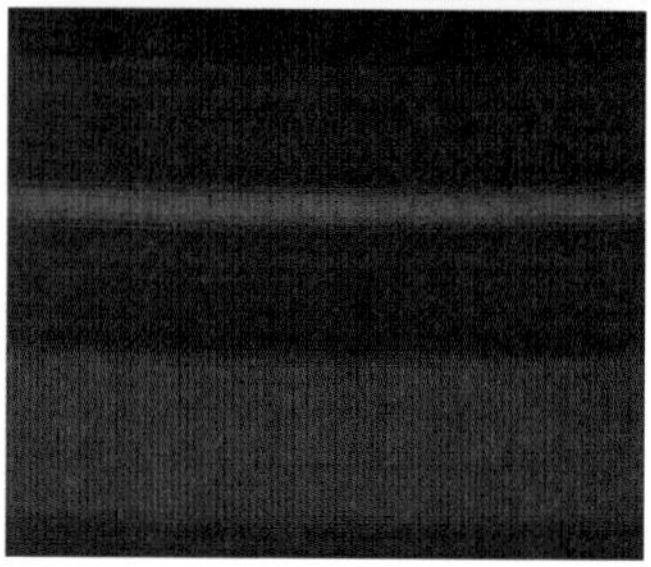

木綿
丈夫で使いやすく日常着に最適

肌触りがやわらかく、吸湿性に富み、水にも強く丈夫なので洗濯もしやすい木綿は、実用性の高い素材です。手入れも簡単なので、日常着として気軽に着られます。縞や格子柄以外にも、まだらに染めた絣糸《かすりいと》で模様を織り上げる絣柄が有名です。

化繊
安価で手に入り洗濯もしやすい

化学的に合成して作る化学繊維（化繊）は手頃、家庭で洗濯ができる、手入れが楽、といったメリットがあり、気軽に着られる着物として人気があります。絹に比べて風合いが劣ったり、吸湿性には欠ける場合がありますが、技術の発達で欠点を克服した化繊も登場しています。

木綿は通気性にも優れます。

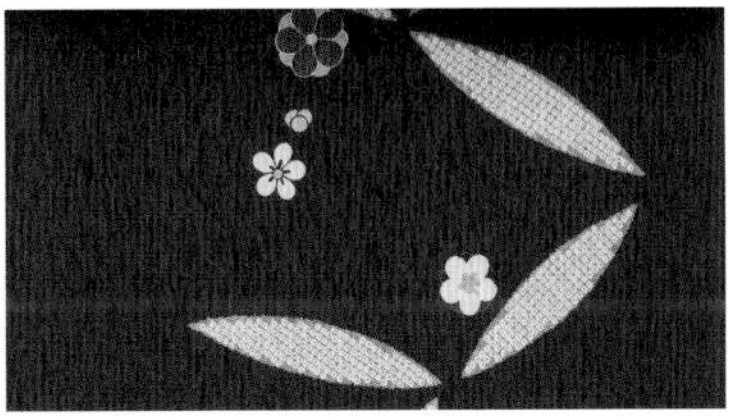

汚れを気にせず着られます。

麻
通気性と吸湿性に優れ夏の着物として活躍

通気性、吸湿性、即乾性に優れています。生地には独特な張りがあり、肌触りはさらりとしています。水にも強いので、多くのものは家庭で洗濯することができます。夏の着物にするのにぴったりな特徴を持っていますが、反面、しわになりやすいので注意しましょう。

ウール
着崩れしにくく家庭での手入れも簡単

ウールは羊の毛から作られた繊維で、高い保温性が特徴です。型崩れしにくい扱いやすさから普及しましたが、現在ではほとんど作られていません。

虫の害にあいやすいので、保管の際にはほかの素材とは分けてしまうようにしましょう。

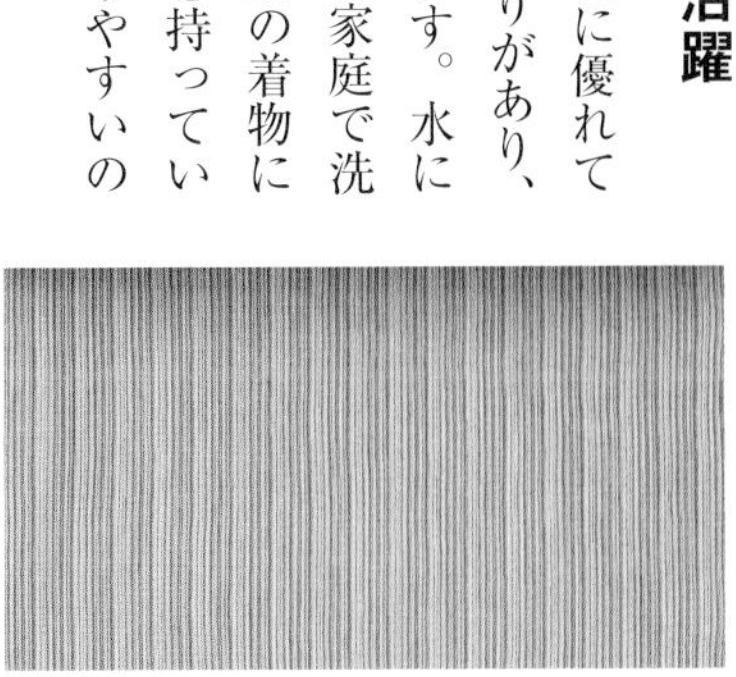

小千谷縮。風通しがよく、即乾性があります。

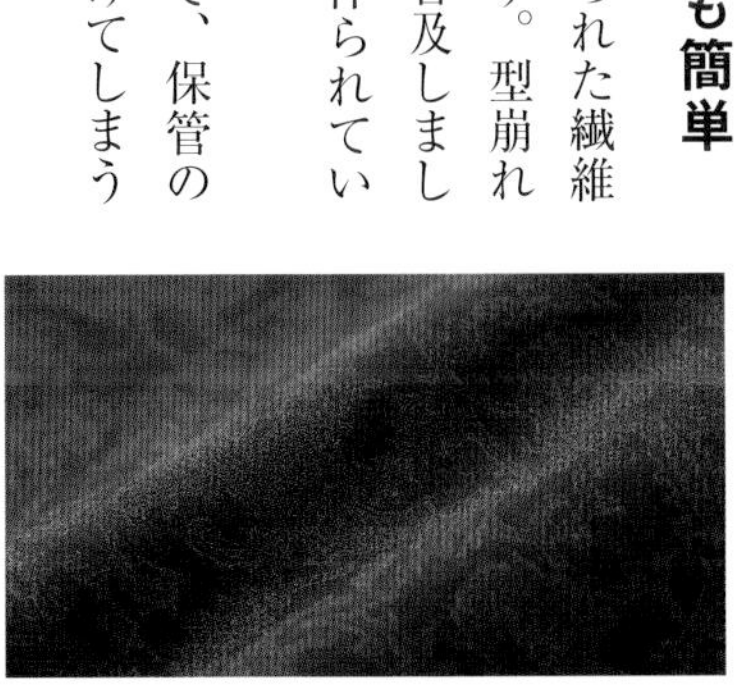

安価で入手でき、洗濯もできます。

着物の基本4

染めと織り

着物の生地は、染めるタイミングにより、染めと織りに大きく分けられます。

糸を織って白布にし、それを染めて色柄をつけたものを「染め」、糸そのものを染めてそれを織ることで模様を出すものを「織り」といいます。フォーマルの着物は染めが主流で、手触りがよく、種類が豊富で優雅な柄が楽しめます。一方、織りの着物は街着としての用途が主流です。

生糸

織る

精練後
白生地

白生地の代表格がちりめん。無地ちりめん、紋意匠ちりめん、紋綸子ちりめんなどの生地が代表格です。

無地ちりめん

紋意匠ちりめん

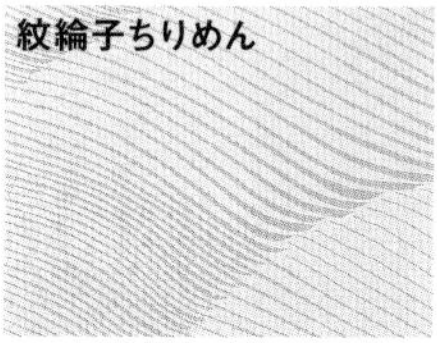
紋綸子ちりめん

染める

反物

小紋
付け下げ
色無地

仮仕立て

先に仕立てる理由

一度仕立てて下絵を作ることで、縫い目で途切れない模様を描くことができます。

下絵

反物

染める

訪問着
振袖
色留袖
黒留袖

染め

繭《まゆ》

真綿

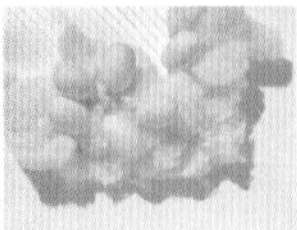

羊毛 → 毛糸 → 染める → 織る → 反物 → ウール

綿花 → 綿糸 → 染める → 織る → 反物 → 木綿

木綿には後染めのものもあります。

繭 → 真綿 → 紬糸 → 染める → 織る → 反物 → 紬

紬には後染めのものもあります。

繭 → 精練後染める → 織る → 反物

反物 → 御召 / 大島紬 / 黄八丈

織り

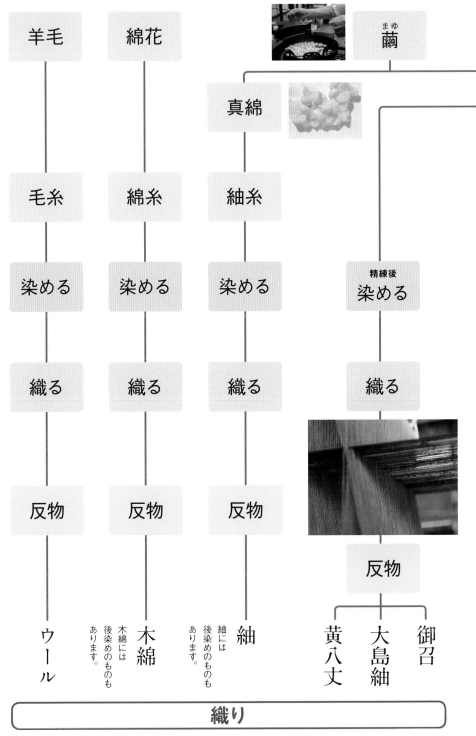

着物の基本5

染めの着物

絹糸で白生地を織り、後から生地に色柄を染めたものを、染めの着物といいます。

光沢のある白生地をさまざまな技法で染める

染めの着物には、繭から引き出した糸を撚り合わせた絹糸が使われることが多いです。細くなめらかな絹糸で織り上げた生地はやわらかく、光沢があります。

白生地が織り上がると色を染めます。単色に染める無地染めは最もシンプルな染色法で、生地の風合いを生かせます。

手描きで精密で色彩豊かな柄を染める「手描き友禅」、濃い部分から徐々にぼかして染める「ぼかし染め」などがあります。ほかにも模様を掘った型紙を使って多様な柄を染める「小紋」など、染色技法もさまざまです。

無地染め

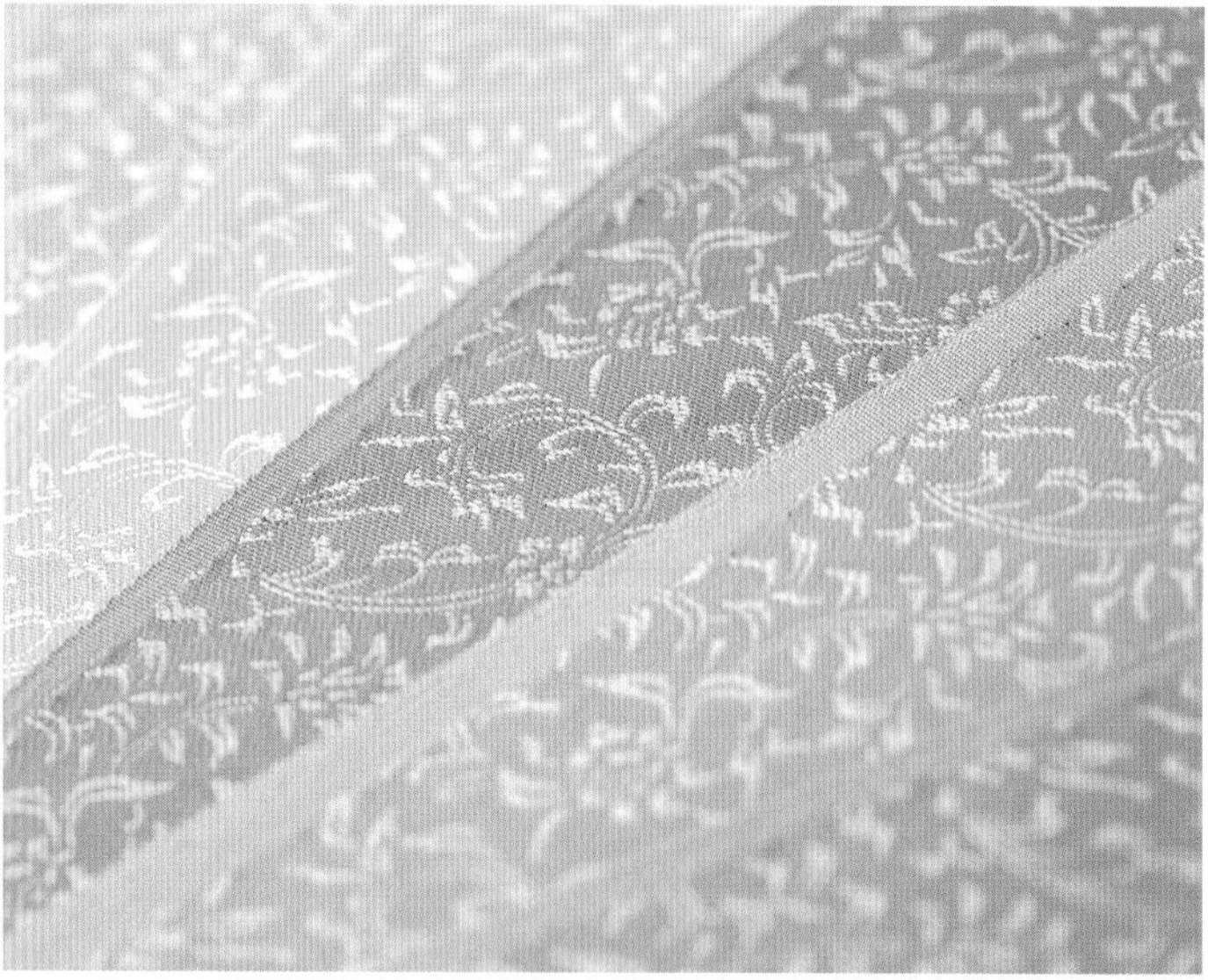

染め上がった生地は円筒の芯に巻かれて保管されます。これを「反物」と呼びます。着物一着分に必要な生地を「着尺《きじゃく》」といいます。

色無地とは?

白生地を単色に染め上げたものを「色無地」といいます。柄がない分、生地の風合いが最大限に活かされます。ちりめんや綸子など、地紋のある生地を用います。

手描き染め

筆や刷毛を使って色を差したり、防染して色を染めていく手法です。手描き特有の複雑で繊細な描写が特徴です。特に、手描き染めというと友禅染めを指す場合も。

● 手描き友禅

防染をして、絵画のような精密な描写を行います。

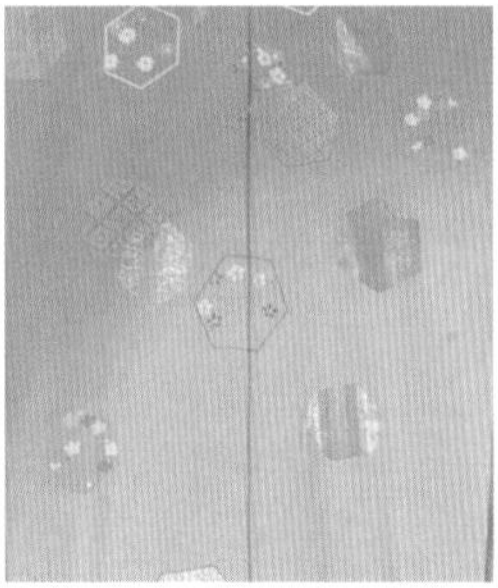

● ぼかし染め

だんだん淡くぼかして染める染色法です。

型染め

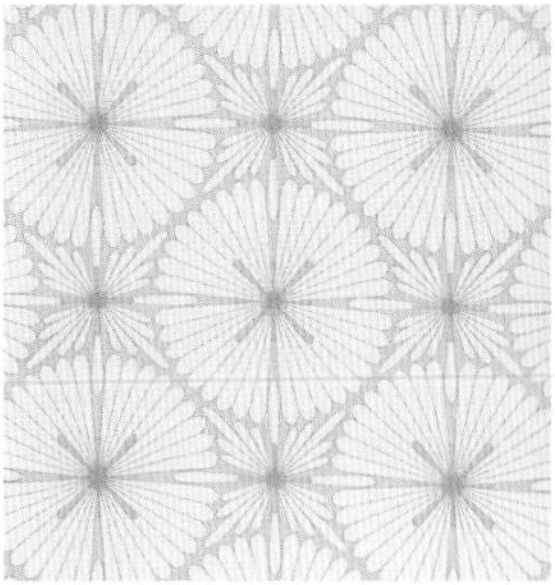

● 小紋のいろいろ

柄に上下のない多色染めで、最も一般的な型染めです。

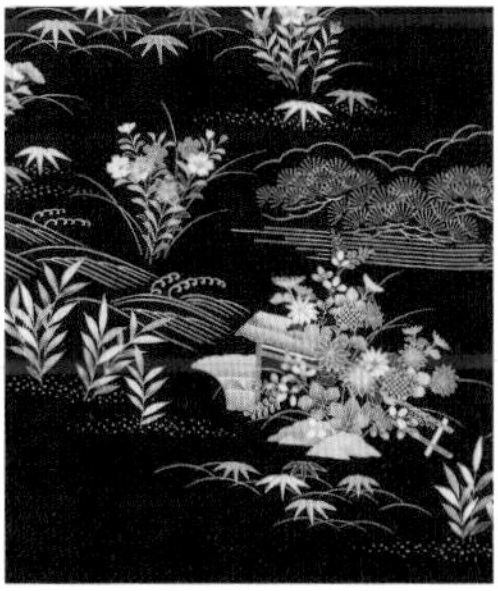

● 型友禅

型紙の上から色糊を塗る方法が代表的。絵画的に表現。

白生地に模様を掘った「型紙」を置き、上から防染糊や色糊を置いて染め上げます。複数の型紙で多色刷りをすることもできます。色違いなどの生地の量産を可能にした染色技法です。

● 琉球紅型

鳥獣、人、植物を色彩豊かにデザインしたもの。

● 江戸小紋

型紙の上に防染糊を置いて、模様を白く抜く技法です。

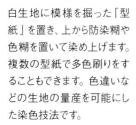

着物の基本6

織りの着物

糸を染めてから模様を織りだした生地で仕立てた着物を、織りの着物といいます。

色染めした糸から作る街着用の着物

織りの着物の生地は、色染めした糸から模様を織り出します。御召や紬、木綿やウール、麻といったふだん着として着られるものが多いため、基本的に「織りの着物＝カジュアル」と覚えるといいでしょう。

織りの着物の代表ともいえる紬は真綿から引いて作られた紬糸で織られたものです。また、大島紬だけは例外的に紬糸ではなく絹糸で織られています。

紬【つむぎ】

大島紬

もともとは紬糸で織り出されていましたが、現在では絹糸が使われています。専用の締機《しめばた》という織機で糸を防染してから鉄分の多い泥に何度も浸して揉み込ませます。鮮やかな泥茶地に、白藍などの柄が映える仕上がりです。

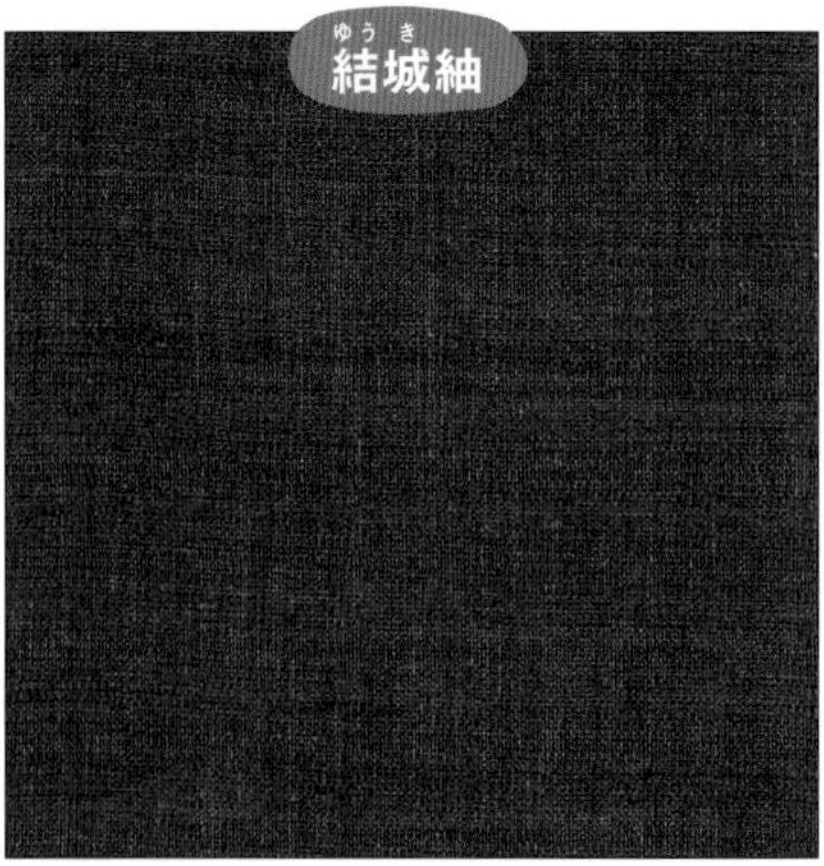

結城《ゆうき》紬

繭を熱湯で茹でて袋状に広げ、真綿にしてから紡いだ紬糸で織り上げられています。経糸と緯糸に模様ができるように糸くくりして、防染して染めていきます。ふっくらと温かな風合いが特徴です。

御召【おめし】

ちりめんの一種で生地の凹凸が特徴

もともとは「柳条《りゅうじょう》ちりめん」と呼ばれるちりめんの一種で、緯糸に強い撚りをかけて表面にシボという凹凸を作ったもののことをさします。織りの中でも、特に格が高い着物です。

木綿【もめん】

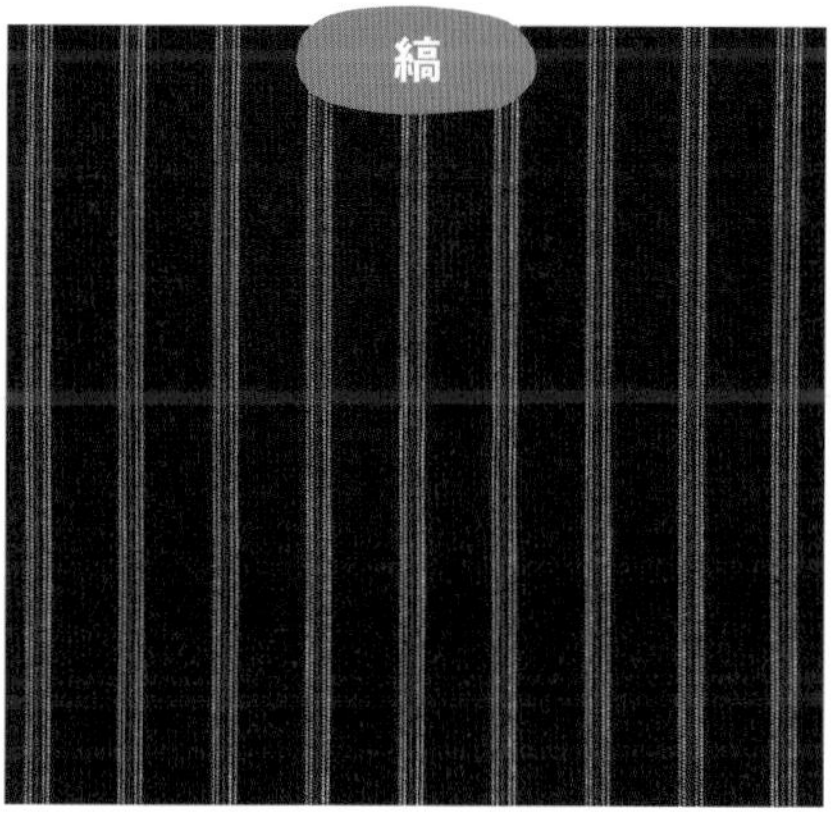

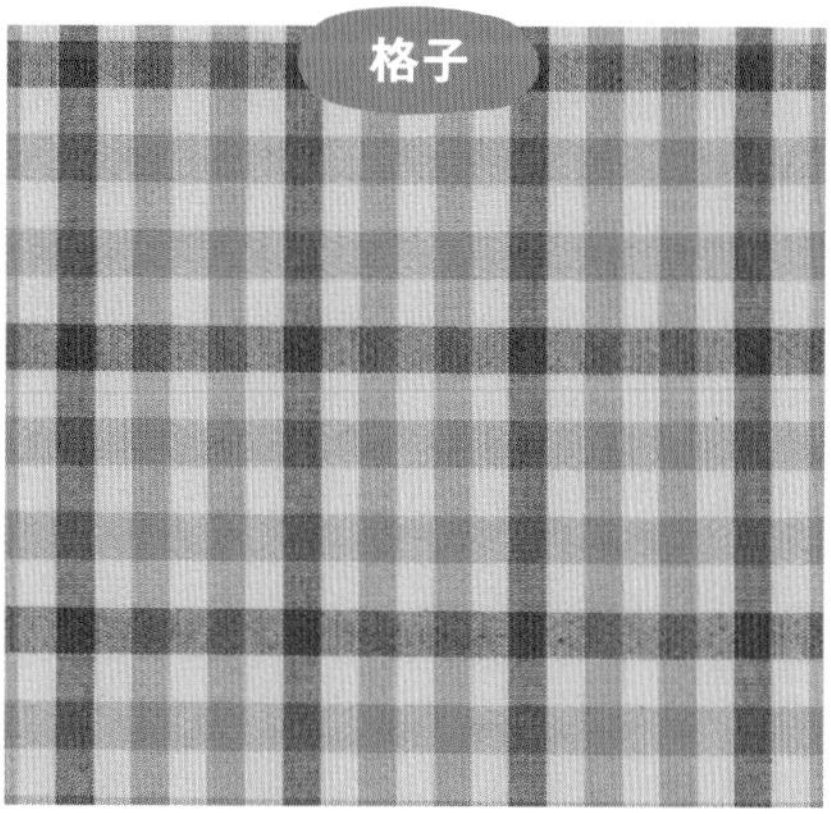

江戸時代よりふだん着として普及

綿花栽培が一般的に広まったのは江戸時代以降で、ふだん着の素材として使われてきました。縞模様や格子柄、まだらに染まった絣糸を使い模様が織り上げられた絣柄などが代表的です。

着物の基本7

帯の基本

帯にも着物と同じように「格」があります。
その着物にふさわしい帯があるのです。

仕立て方でいくつかの種類が！

幅広に織った帯地を二つ折りにして仕上げた「丸帯」は第二次世界大戦前までは礼装用として使われましたが、扱いにくいため、現在では最初から袋状に仕上げた「袋帯」が礼装のときの帯として主流となっています。

一方、胴まわりとテ先の部分は折ってあり、太鼓部分は袋状で一重太鼓になるのが「名古屋帯」。幅や仕立て方で八寸と九寸があります。

そのほか、並幅の半分の幅の「半幅帯」や、本来男物や子どもの帯である「兵児《へこ》帯」にも女性用ができ、カジュアルに着こなせる帯として人気です。

袋帯

礼装で戦前まで使われていた丸帯には表裏すべてに柄が入りますが、袋帯の柄は表のみ。そのうち、表全体に柄のあるものを「全通」、六割程度に柄が入るものを「六通」と呼んでいます。

袋帯は礼装に使われることが多いため、金糸や銀糸が入った豪華なものです。一方、おしゃれ用の袋帯は「しゃれ袋」と呼んで区別しています。

名古屋帯

名古屋帯は大正時代に名古屋で考案されたことからその名がついたといわれています。袋帯と異なり、結んだときのお太鼓は一重太鼓となります。

名古屋帯（八寸）

基本的に芯を入れずに生地の幅そのままに仕立てたもの。芯を必要としない張りのある織りの帯が多いようです。

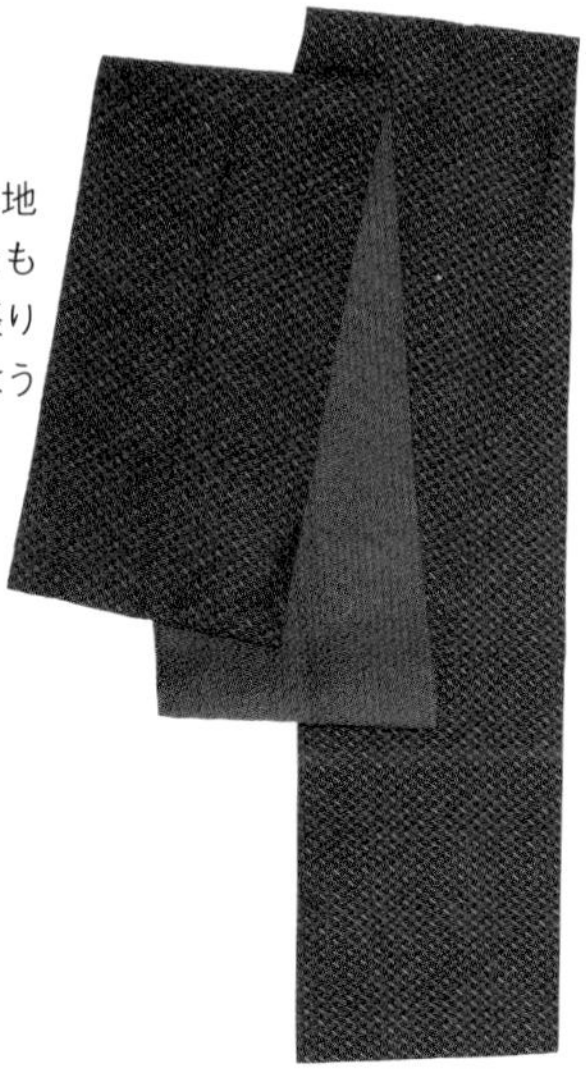

名古屋帯（九寸）

基本的に芯を入れて仕立てたもの。芯を入れるため、薄めの生地で仕立てられることも多いです。

その他の帯

着物をカジュアルに楽しむ人が増え、最近では半幅帯や兵児帯など、自由な結び方を楽しめる帯も人気があります。半幅帯には表のみに柄があるもののほか、表裏が別の布になっていてリバーシブルに使えるものも。

兵児帯

本来は男物だった兵児帯。ふんわりとリボンのように結べばかわいらしい雰囲気に。

半幅帯

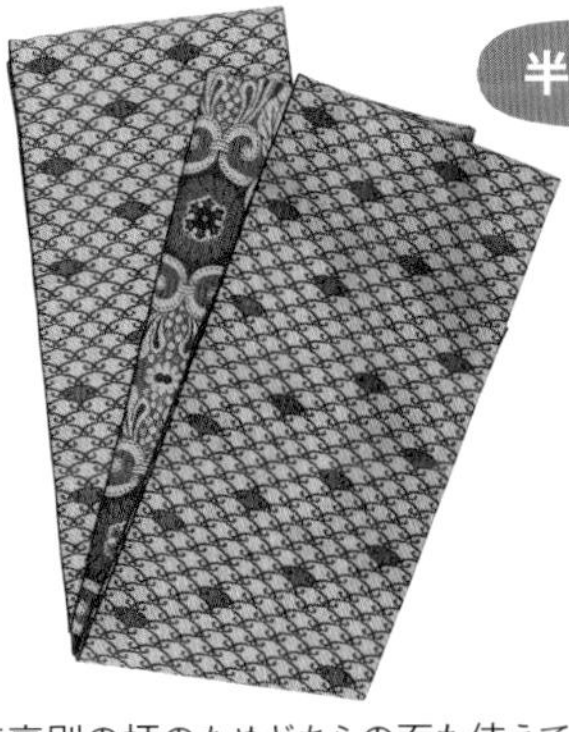

表裏別の柄のためどちらの面も使えて、二通りの着こなしができます。

1 袋帯

結んだときのお太鼓が二重になる袋帯。
表全体に柄があるものが全通柄、六割程度が六通柄、
お太鼓部分に柄があるものが太鼓柄です。

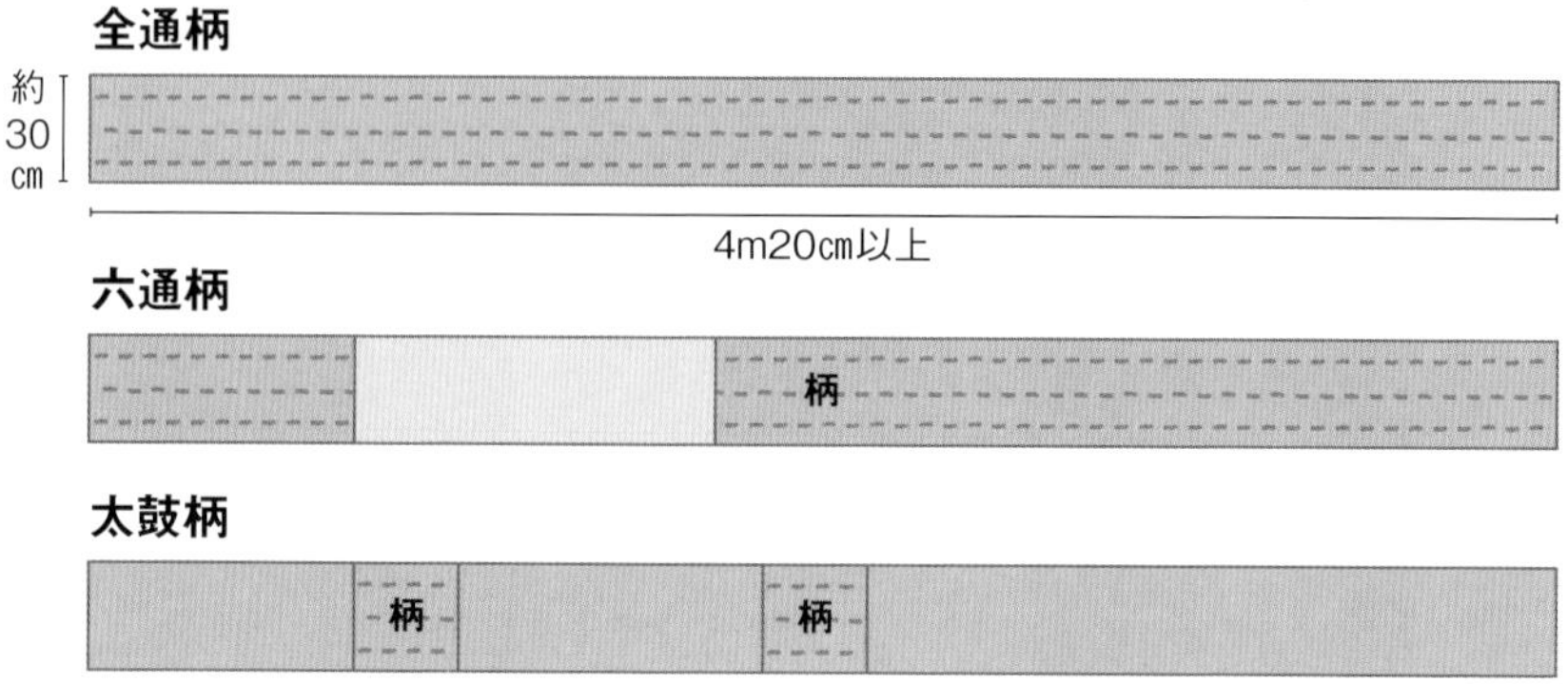

2 名古屋帯

結んだときのお太鼓が一重になる名古屋帯。
全体に柄がある全通柄、六割に柄がある六通柄、
お太鼓部分に柄がある太鼓柄に分けられます。

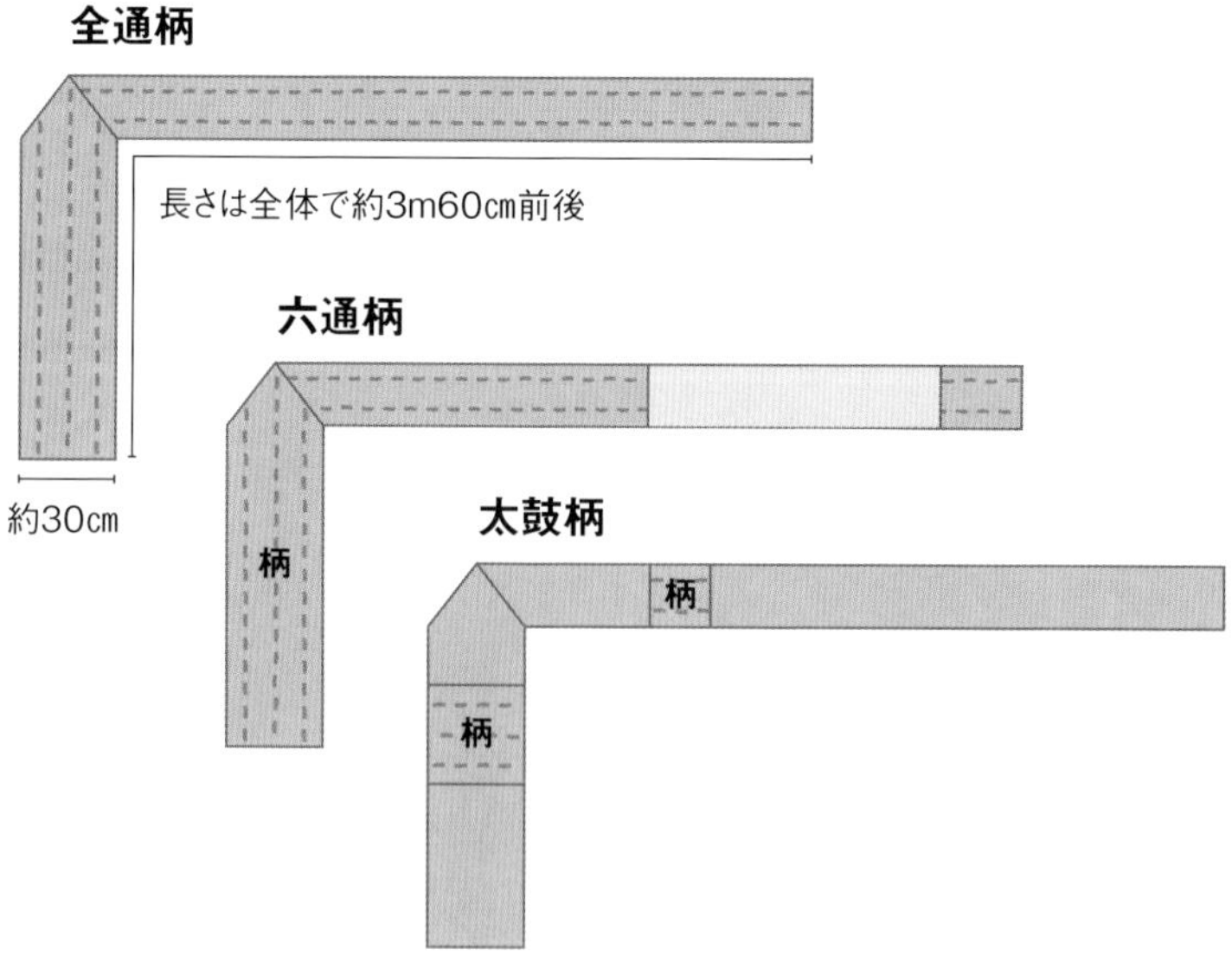

3 半幅帯

袋帯や名古屋帯に対して半分の幅の帯が半幅帯です。
カジュアルな着物に使われます。

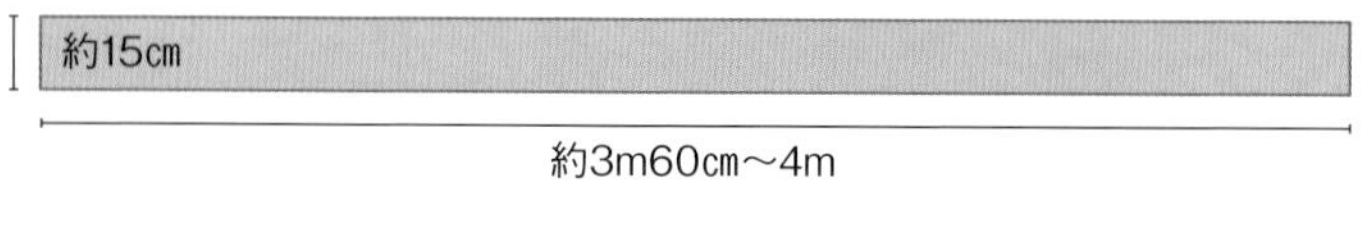

フォーマルな席にふさわしい
袋帯×二重太鼓

最も一般的な袋帯の結び方。お太鼓の部分が二重になることからその名がつきました。

小紋などに汎用性の高い結び方
名古屋帯×お太鼓

このお太鼓は一重太鼓ともいわれます。お太鼓の部分が一重になる結び方です。

帯にも染めと織りがあり、それぞれフォーマルなもの、カジュアルなもの、夏の帯などがあります。

染めの帯

右)小紋や紬にぴったりなカジュアルな名古屋帯。
左)紫根《しこん》染めの名古屋帯。ちょっとしたパーティにも。

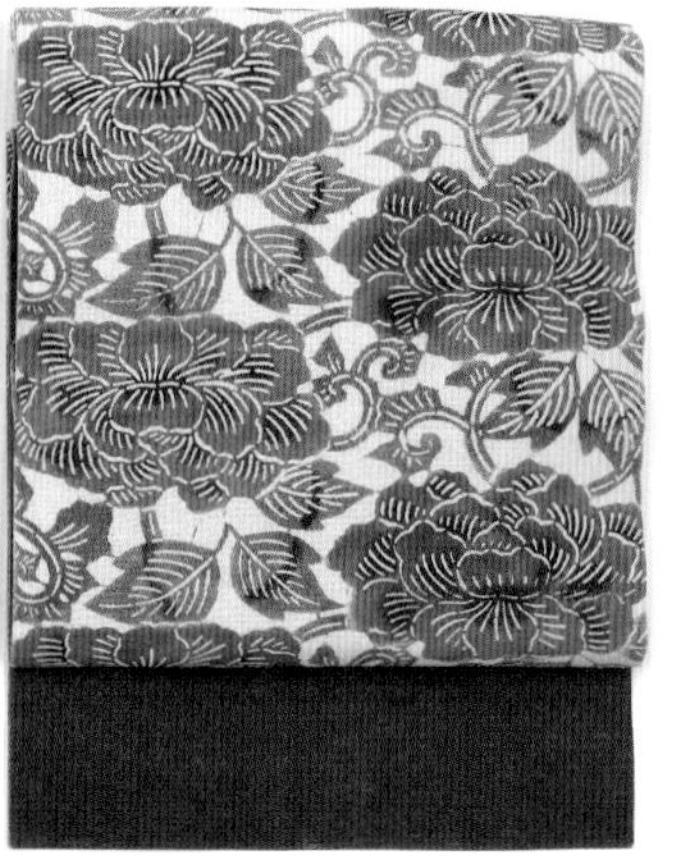

上)菊が描かれた秋冬にふさわしいしゃれ袋帯。
下)夏物。写実的なあやめが美しい。名古屋帯。

上)袋帯だがフォーマルではないいわゆるしゃれ袋帯。
下)半幅帯。季節は問わずオールシーズンＯＫ。

右)フォーマル感のある袋帯。小紋でもこの帯なら略礼装に。
左)軽めの袋帯。準礼装からスマートカジュアルまで。

織りの帯

上）夏のしゃれ袋帯。博多織。結婚パーティなどにも。
下）夏のフォーマルな袋帯。訪問着や色無地と合わせて。

上）紬のしゃれ袋帯。袋帯だがデイリーカジュアルに。
下）柄に格のある名古屋帯。お茶会などで役立ちます。

着物の基本8

紋を知る

着物は紋の有無やその数により、格が決まってきます。

紋の種類

● **染め抜き日向紋**
紋の中を白上げにして、輪郭や詳細を細い線でかたどったもの。格が高い。

● **染め抜き陰紋**
紋の図柄を白い縁取りで残したもの。やや略式の方法。

● **染め抜き中陰紋**
紋の図柄を陰紋よりは太い白い線で表したもの。日向紋と陰紋の中間。

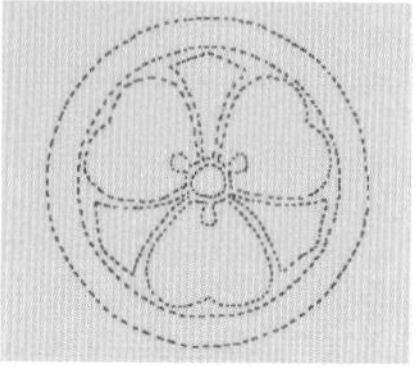

● **縫紋**
刺繍の紋。紋の形を白く染め抜く、染め抜き紋より略式。

紋の位置

五つ紋

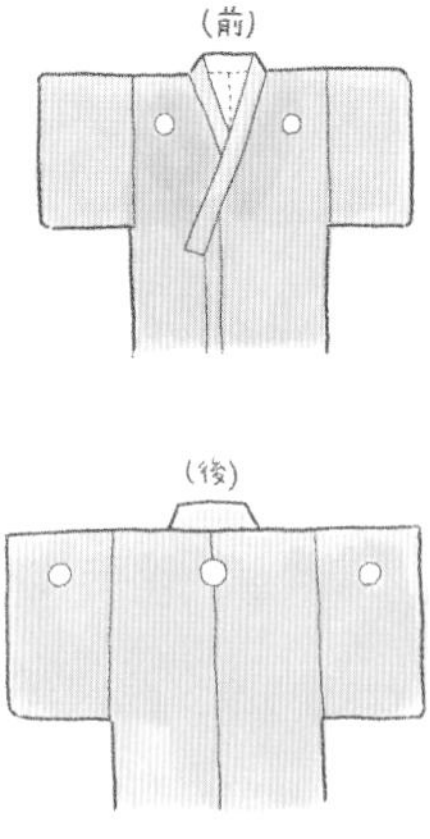

五つ紋は背に一つ（背紋）、両袖に一つずつ（袖紋）、両胸に一つずつ（抱き紋）の計五つ。

三つ紋

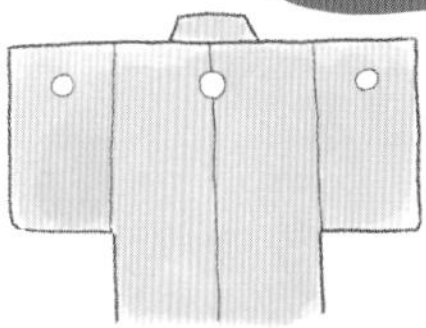

三つ紋は背と両袖に。色留袖などに。

一つ紋

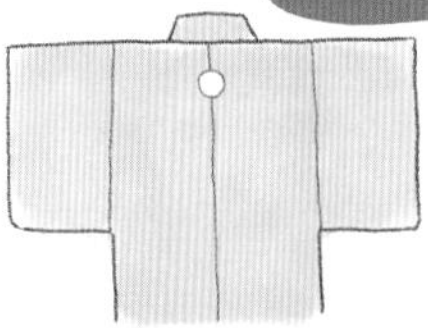

一つ紋は背紋のみ。色無地や訪問着などに。

紋により着物の格は決まってくる

紋は家の印。その数によって着物の格が決まってきます。黒留袖と喪服は五つ紋と決まっていますが、色留袖や訪問着、色無地などの紋の数は決まっていません。

最近は訪問着に三つ紋や一つ紋をつけると格式が高くなりすぎると、紋をつけないほうが一般的になってきています。色留袖も五つ紋をつけることは少なく、あえて一つ紋にして幅広く着こなす方も多いようです。

また、本来はカジュアルな装いである江戸小紋に一つ紋をつけ、格を上げて着る場合もあります。

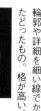

着物と紋の関係

格が高くなりすぎると汎用性が低くなることも

既婚女性の第一礼装である黒留袖は現代では比翼仕立てが一般的です。比翼仕立てとは白羽二重の着物を重ね着しているかのように見せる仕立て方。三つ紋以上なら色留袖も比翼仕立てにします。それが着物の格を表します。

ただ、こうした五つ紋、三つ紋の着物は格が高すぎて、ふだんのおしゃれ着やパーティなどに着ていくと場違いな感じになりかねません。訪問着も以前は三つ紋にして準礼装にすることが一般的でしたが、最近は紋をつけないほうが主流です。紋のあるなしも時代に合わせて変化していくのです。

黒留袖や黒紋付は五つ紋

黒留袖は慶事の、喪服は弔事の第一礼装ですから、五つ紋にします。実家の紋か婚家の紋かは地域によって異なります。

色留袖、訪問着、色無地は紋のあるなしと数で格が変わってくる

訪問着と色無地では本来は訪問着のほうが格が高いのですが、紋なしの訪問着と三つ紋の色無地では後者の格が高くなります。

	五つ紋	三つ紋	一つ紋	紋なし
黒留袖	●			
黒紋付	●			
色留袖	○	○	○	
訪問着		☆	○	☆
色無地		☆	○	☆
紬			☆	○

●定型　○基本　☆現代の応用

着物の基本9

シーンに合わせて着物を選ぶ

着物は着るシーンや立場により、それぞれふさわしいものがあります。この表の○はその場にぴったりなもの、△は場合によっては大丈夫なものです。

着物／シーン	結婚式・披露宴 親族（母親・仲人）	親族（その他）	参列（未婚）	参列（その他）
黒留袖	○	○	—	—
色留袖	—	○	△	○
振袖	—	○	○	○
訪問着	—	○	○	○
色無地	—	△	△（紋付き）	△（紋付き）
付け下げ	—	—	△	△
江戸小紋	—	—	△（紋付き）	△（紋付き）
小紋	—	—	—	—
御召	—	—	—	—
紬	—	—	—	—
木綿	—	—	—	—
ウール	—	—	—	—
備考	帯は地色が金、銀、白で、格調高い柄のものを選びます。	黒留袖に準じて礼装用の小物でまとめます。	格調のある豪華な帯を選びます。	重厚感のある帯で格調を整えます。

街着	お稽古・気軽な食事会	観劇・会食など	お茶会	レストラン（カジュアルウエディング・パーティ）		
				参列（その他）	親族（未婚）	親族（その他）
—	—	—	—	—	—	—
—	—	—	—	—	—	△
—	—	—	—	○	○	○
—	—	○	△	○	○	○
—	—	○	○	○	○	○
○	○	○	○	○	○	○
○	○	○	○	○	○	○
○	○	○	○	△	△	—
○	○	○	△	△	—	—
○	○	○	△	—	—	—
○	○	—	—	—	—	—
○	○	—	—	—	—	—
着物の柄に合わせて帯を選んで自由にコーディネートしましょう。		会の趣旨や流派、場所などにより異なるため、主催者や同行者に確認を取りましょう。		訪問着に準じた小物でまとめます。	華やかな帯を合わせましょう。	着物の柄に合わせて帯を決めます。

季節の着分け

	着物	帯	帯揚げ	半衿	襦袢
1月	真綿紬など	綴織、錦織、唐織、塩瀬、紬、綸子、博多織など	綸子、ちりめん、総絞り	ちりめん、塩瀬	綸子、ちりめんなど
2月					
3月	綸子、ちりめん、紬など				
4月					
5月					
6月	絽ちりめん、紗袷わせなど	絽、紗、紗紬、絽塩瀬など	絽、絽ちりめん	絽、絽ちりめん	絽、紗
7月	絽、紗、麻、木綿など	絽、紗、羅、紗紬、麻、紗献上、絽塩瀬など	絽、紗	絽、紗、麻	絽、紗、麻
8月					
9月	絽ちりめん、紗袷わせなど	絽、紗、紗紬、絽塩瀬など	絽、絽ちりめん	絽、絽ちりめん	絽、紗
10月	綸子、ちりめん、紬など	綴織、錦織、唐織、塩瀬、紬、綸子、博多織など	綸子、ちりめん、総絞り	ちりめん、塩瀬	綸子、ちりめんなど
11月					
12月	真綿紬など				

季節と気候で その日着るものを選ぶ

着物は着る季節によって生地や仕立てが異なります。10月から5月は裏地をつけた「袷」、6月と9月は裏地のない「単衣」、盛夏の7月と8月は単衣仕立てで透け感のある生地が使われる「薄物」に分けられます。

ただ、現在では5月から暑くなり始め、9月になっても残暑が厳しい日が続きます。フォーマルな席以外であれば、その日の気候に合った着物を選びましょう。半衿と帯揚げはひと目で季節がわかるので、季節に合ったものを取り入れます。

10～5月

袷【あわせ】

一年で最も長い期間使う、スタンダードな着物。表地と裏地のコントラストが楽しめます。

和装の醍醐味 四季の表現を楽しめます

袷は、透けない生地に胴裏と八掛の裏地をつけて仕立てます。冬場には厚手の表地を使うこともあり、一年で最も着る期間が長い着物です。表地と裏地のコントラストを楽しめるのは袷ならでは。四季の植物や風景を表現できるのも、秋から春にかけて着用する袷の魅力です。

胴裏は表からは見えませんが、着物本体を支える重要な部分です。

6月、9月

単衣【ひとえ】

裏地をつけずに仕立てた着物です。盛夏の前後によそおいます。

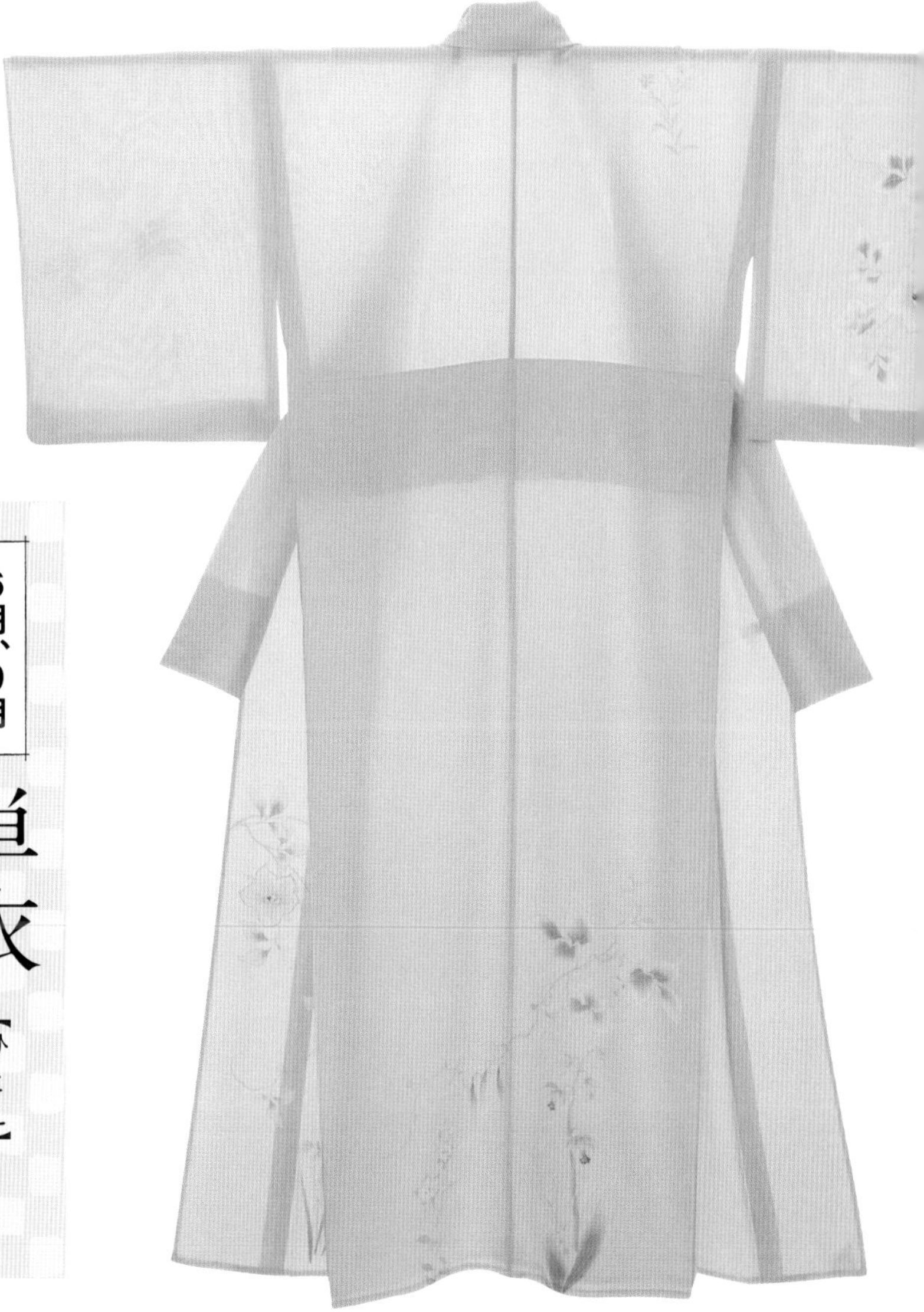

季節を橋渡しする初夏と初秋の着物

6月や9月は、裏地のついた袷の着物では暑くなるので、裏地をつけずに仕立てた単衣を着用します。初夏と初秋で同じ着物を着られますが、帯や小物で季節に合わせて変化をつけるようにしましょう。気候に合わせて、5月中旬から着始めてもかまいません。

絽ちりめんのようなさらりとした素材や、袷と同じ素材が使われます。

7～8月

薄物

【うすもの】

透け感のある素材で作る盛夏の着物です。長襦袢が透けて見え、見た目にも涼やかです。

涼しく見せることが薄物の一番の魅力

暑さが増す7月と8月は、絽や紗、麻といった透ける素材を使って裏地をつけずに仕立てた薄物の出番です。夏は清涼感を演出するのが基本になるので、襦袢と着物を重ね着していても涼しく見える合わせ方を意識しましょう。帯や小物も夏用のものを選びます。

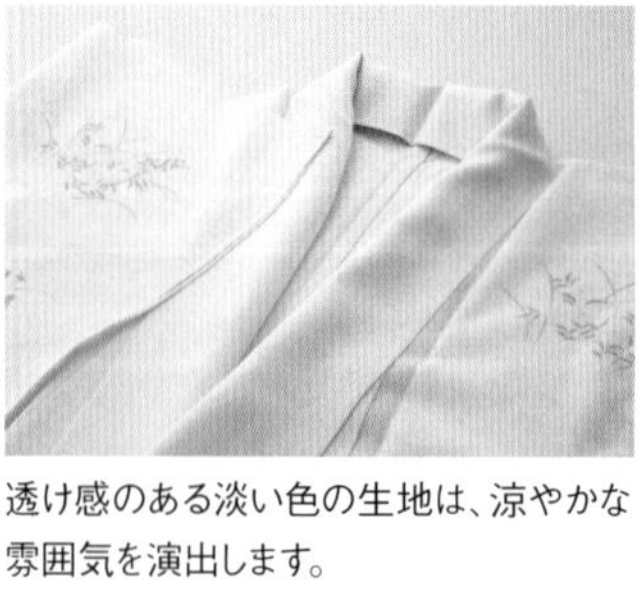

透け感のある淡い色の生地は、涼やかな雰囲気を演出します。

着物は夏に小物も含めてすべて夏仕様に変わる

天にパナマを用いた夏用の草履。涼しげなよそおい。

下駄にも夏用が。

絽の着物。透け感があり、夏の着物の代表格。

麻の着物。手洗いでき、お手入れの簡単さが魅力。

夏こそ着物を楽しめる季節

夏は着物だけでなく、帯、襦袢、半衿、帯揚げまで夏物に変えます。帯締めも太くて重厚感のあるものよりも、細くて涼しげなものにすると季節を楽しめます。最近は温暖化の影響などで、夏の着物の着用範囲がどんどん広がってきています。「夏に着物なんて暑そう」と思いがちですが、価格的にも求めやすく素材もいろいろある夏の着物こそ、着物の楽しみの真骨頂ともいえ、はまる人も多いようです。

7〜8月

浴衣【ゆかた】

浴衣というと子どもや若い人のものと思われがちですが、30代、40代でも着こなせる大人の浴衣も多いです。

シックな色合いが大人は着こなせる

その名のとおり、もともとは湯上がりに着るものだった浴衣ですが、現在では夏の着物の一つとして定着しています。かつては素肌に着るものでしたが、肌襦袢と裾よけ（なければタンクトップと和装用スリップでも）を身につけましょう。

浴衣の着こなしで気をつけたいのが色。大人の浴衣なら鮮やかな色よりも紺や藍色、ねずみ色などシックなほうが素敵に着こなせます。平織りだけでなく、綿絽などの素材もおすすめ。また、日中着るなら白地より濃い地のものを。見苦しく見えないよう、清潔感を大切にしつつ、すっきり落ち着いた着こなしを目指しましょう。

実は難しい浴衣の着こなし Q&A

Q 浴衣はどこに着ていけますか？

A フォーマルな場所はNG 着こなし次第で着用範囲は広がる

本来は部屋着だったので、かしこまったレストランなどはNG。花火大会や夏祭りはもちろん、ライブや映画、スポーツ観戦などに着ていけます。帯締めや帯留め、半衿などをつけて夏の着物風にアレンジすれば着るシーンが広がります。

Q 浴衣はいつまで着られますか？

A 基本的には6月から9月前半まで

浴衣に厳密な決まりはありません。ですが、単衣の着物を着る時期から薄物の時期、つまり6月から9月前半まででしょう。冷房がきいた室内は思ったより冷えるので使い捨てカイロなどが役立ちます。

Q 浴衣は朝に着てはいけないのですか？

A 本来は夕方から夜にかけて着るものでした

前述のとおり、浴衣は本来湯上がりに着るもの。ですから朝着るのはマナー違反という考え方もあります。また、素足に下駄でもいいのですが、着物風に半衿をつけたときは足袋を履くと着用範囲は広がります。

10〜4月

羽織と着物用コート（道行）

羽織

着物と帯だけでは肌寒い季節には羽織を。丈によっても印象は変わります。

ひもは自分でつけることも

羽織ひもは色も組み方も豊富。自分でつけ替えて違ったコーディネートを楽しむことも。

ちょっと派手になった着物を羽織に作り直すのも楽しいものです。

流行により丈は変わる

一般的なのは膝上丈ですが、最近はクラシックな長い丈の羽織も人気があります。

着物用コート（道行）

フォーマルからカジュアルまで着こなせる無地の着物用コート（道行き）は一枚あると便利です。

衿が四角く開いている

四角く開いた衿の形を「道行衿」といいます。改まったよそおいに。

夏用の羽織は冷房対策にもなります

着用時期は紅葉の色づき始めた10月後半から、桜の咲く3月後半から4月上旬までというだいたいのルールがありますが、単衣の羽織は夏場の冷房対策に便利です。

また、羽織とコートの大きな違いは、後者は室内では脱ぎ、前者は脱がなくてよいこと。どちらも脱いだときは畳んで部屋の隅に置きます。

季節の着分けにまつわるQ&A

Q 5月に単衣を着てはいけないのですか？

A その日の気候と着ていく場所に合わせてフレキシブルに対応を

単衣の着用時期は基本は6月と9月です。とはいえ、昨今の気候では5月に袷ではもう暑いということも多いでしょう。また、6月でも薄物を着る気候のことも。着物は「決まりごと」ばかりが重要なのではありません。その日の気候がどうか、またどこに着ていくのかというTPOに合わせて臨機応変に選んでよいのです。

夏物の半衿や草履を9月に使うのはルール違反？

9月といっても暑い日もあれば涼しくて秋らしい日もあります。薄物を着るときは小物も夏物です。単衣も基本は夏物の小物を合わせます。ルールにしばられすぎずに。

Q 単衣で仕立てる反物と袷で仕立てる反物は違いますか？

A 色や柄、素材などで仕立て方は変わります

単衣と袷で反物に決まりはありません。でも、サラッとしていて薄い生地はやはり単衣に向いていますし、厚手のものは袷に仕立てるのがセオリーです。また、色や柄が春夏向き、秋冬向きなど、ある程度は季節感を考えてください。

Q 季節がわかる柄を異なる季節に着たらおかしいですか？

A はっきり季節のわかる柄は避けたほうが無難なこともあります

季節感のある柄といえばやはり植物です。一般にデフォルメされた柄はその季節でなくても大丈夫。写実的な朝顔の柄の着物を冬に着るのは場違いですが、デフォルメされた柄なら大丈夫なことも。いろいろな草花がいっしょに描かれた柄なら通年着られます。

また、松竹梅などおめでたい柄は一年中着られます。

季節	季節の柄
春	桃、桜、あやめ、藤、椿、ぼたんなど
夏	紫陽花、ひまわり、桔梗、朝顔、鉄線など
秋	萩、紅葉、なでしこ、山茶花など
冬	1月2月は梅、2月から寒椿、水仙など

着物の柄は季節の先取りが基本。
1～2月に春の柄を着ることもある。

季節に合わせて着たい柄

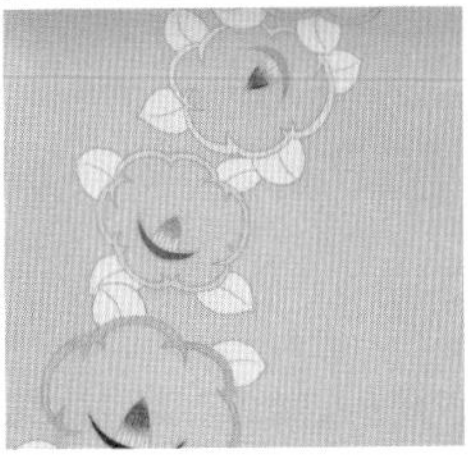

菊がモチーフだが通年着られる柄

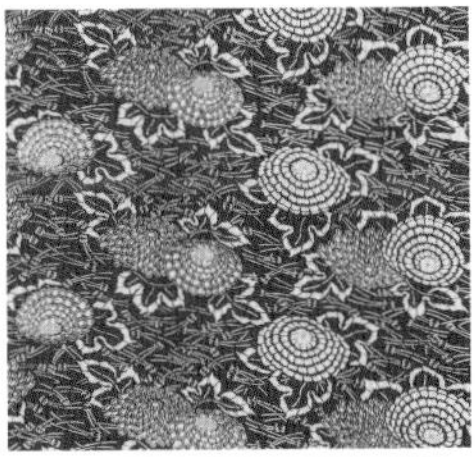

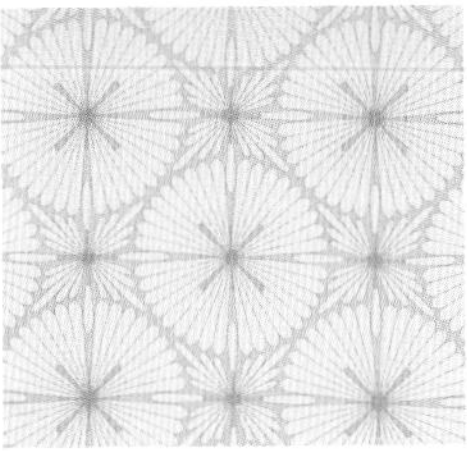

季節を問わない柄

Q 洋服用のコートを着物と合わせてもよいのですか？

A ショールやポンチョなど兼用できるものもあります

少し肌寒いときなどに便利なショールは洋服と兼用できます。毛皮（フェイクファーでも）のショールが一つあれば、胸元の寒さがやわらぎます。

洋服用のコートを着物の上に着てよいのかといえば、カジュアルな場所なら問題ありません。ただ、着物は衿を抜きますから、どうしてもそこが出っ張ってしまいます。衿ぐりが広くとられているコートなら、そのあたりが目立たないでしょう。また、ポンチョもおすすめ。どちらにしても自分の背丈とコート丈を鏡で見て、バランスをとりましょう。

雨や雪の日の着物 Q&A

Q 雨や雪の日に着物を着るときの準備の仕方を教えてください

A 雨下駄や草履カバーのほか、替えの足袋は必ず必要

雨の日は木綿やポリなど濡れても洗える着物がよいでしょう。ただ、木綿の着物では場にそぐわず、絹の着物を着なければならない場合、雨コートは必須。足元も雨下駄または草履カバーで防御します。そしてなるべく雨がはねないように歩くこと。汚れたらすぐ対処を。

● 雨下駄

高さがあり、つま先カバーがある下駄。また、下駄を履く場合は塗り下駄のほうが白木よりもしみができません。

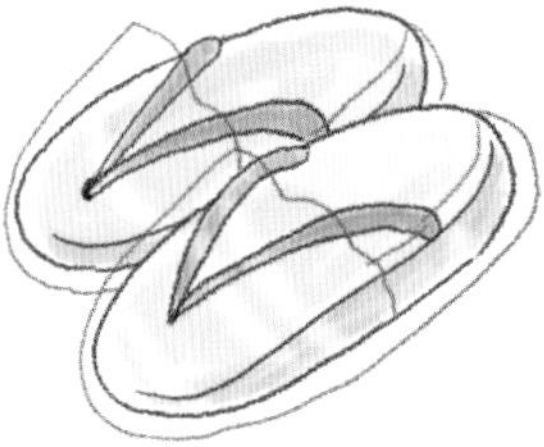

● 草履カバー

草履を覆うカバーをつけると、雨はねが気になりません。とはいえ、足袋の替えは必ず持っていきましょう。

● 雨コート

ポリエステルの雨コートが一枚あると便利。コートの中で着物の裾をピンチでたくし上げておくと、裾まわりが汚れません。

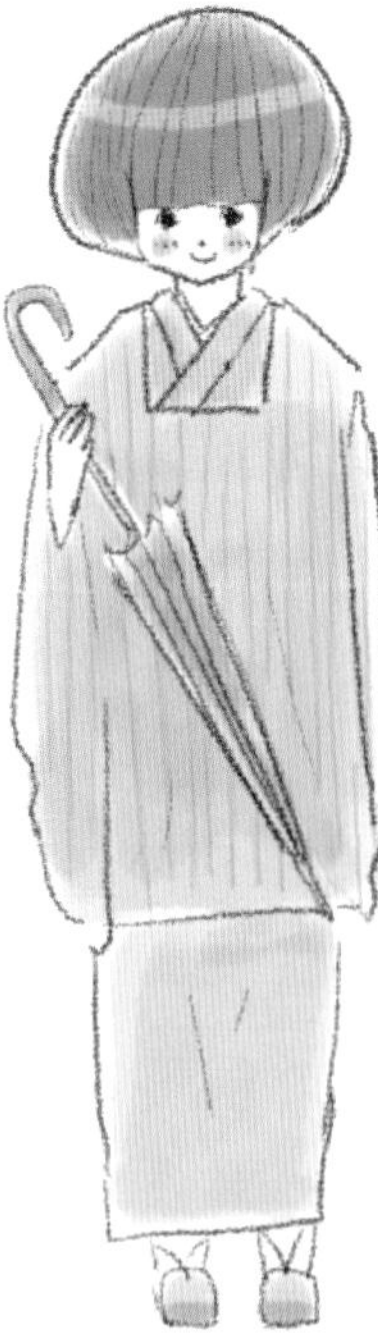

Q 雨や雪で着物がぬれてしまったらどうしますか？

A 水滴はたたいて吸い取る 泥はねは乾いてから

水滴がついたらたたいて吸い取るようにします。絶対にこすってはいけません。また、泥はねは濡れているときより、乾いてからのほうがダメージが少ないです。どちらにしても自分で処理せず、しみ抜きや洗張などの、専門家に任せましょう。放っておいてはいけません。

雨や雪の日に着物を着た後のお手入れ

❶着物ハンガーにかけて よく乾燥させる 乾いてからブラシなどで そっと汚れを落とす

帰宅後、すぐにたたんでしまうと湿気がカビの元に。まずは乾燥させましょう。

❷落ちない汚れは 乾いたガーゼで そっとたたく

なかなか落ちない汚れは、ガーゼでたたきます。絶対にこすってはいけません。

❸家での措置は応急のもの。 早急に専門店へ

泥汚れなどでついたしみは放っておくと取り返しのつかないことに。なるべく早くクリーニングに出すなど、専門家の手にゆだねましょう。

喪服

黒紋付は喪の第一礼装。染め抜き五つ紋を入れます

喪服には黒一色のものと、紫や紺、グレーなどの無地の着物に黒帯を結ぶ色喪服があります。黒紋付は喪の第一礼装。

染め抜き五つ紋の黒紋付に、足袋と半衿以外、帯や帯揚げ、帯締め、バッグ、草履はすべて黒で統一します。髪留めや帯留めをしてはいけません。メイクについても華美にはせず、控えめにしましょう。また、夏用の喪服の場合は、絽を用います。

紋についてですが、実家のものか婚家のものかについては地域性もあるようです。

色喪服は通夜、一周忌、三回忌などで着ます。が、これも地域差があるようです。地紋のない無地の着物、または弔事に向く地紋のものを選び、染め抜き一つ紋をつけます。

喪服用は紋の場所が白抜きになっている反物も。

色喪服は告別式以外の弔事で用いるもの。

第2章

着物を着る

着物を着るときに
必要なものと
基本的な着方、
ヘアとメイク、
立ちふるまいを解説

美しく着物を着る

ポイントは衿の合わせ方と抜き方。そして衽線がまっすぐになっているかどうかです。

半衿は細く、左右の幅は均等にする。
帯締めは一本に見えるようにする。
衽線の上下は一本に通し、おはしょりをすっきりさせる。

背縫いを中心にまっすぐに決めるのが着付けの基本。

帯は前よりも後ろを高く結ぶ。

お太鼓のたれの長さは人差し指程度。

フィット感が大切です

着物を着る際に重要なのが衿。胸元を左右対称に合わせ、後ろ衿の衣紋は指三〜四本分程抜きます。そして、背縫いを背中心に合わせること。サイズが合い、フィットしていることも大切です。

着付け1

着物を着る際に必要なもの

肌着類

● 肌襦袢

着物用の下着。さらし木綿を用いた単衣のものとガーゼの袷があります。

● 裾よけ

裾捌きをよくするために、腰に巻きつけて使用します。肌襦袢と一体化したタイプも。

長襦袢を着るときに必要なもの

● 仕立衿

半衿と衣紋引きとひもがセットになった便利グッズ。長襦袢の上につけます。肌襦袢の上にこれをつけてもよいです。

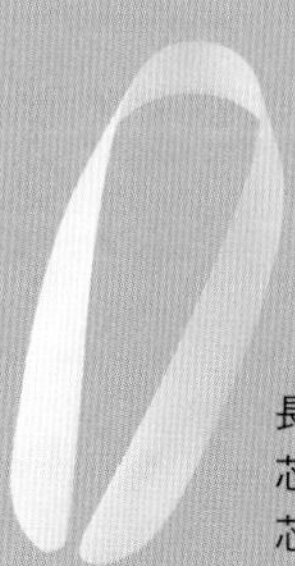

半衿+衿芯でも OK

長襦袢に半衿をつけて衿芯を入れてもいいです。衿芯を半衿の中に入れることで仕上がりがきれいに。

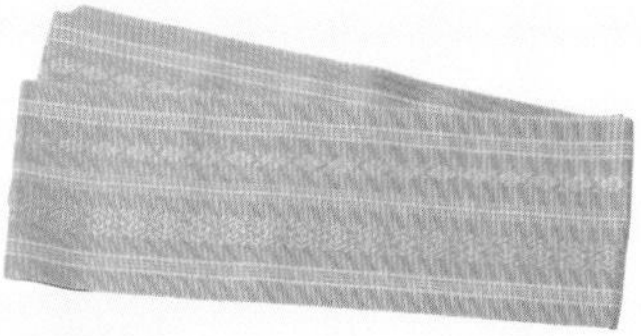

● 伊達締め

衿元を整えるために使います。結びやすいように両方の端がやわらかくなっています。

着物を着るときに必要なもの

● 腰ひも
形を整え、着くずれを防ぐために使います。幅は5センチ程度。

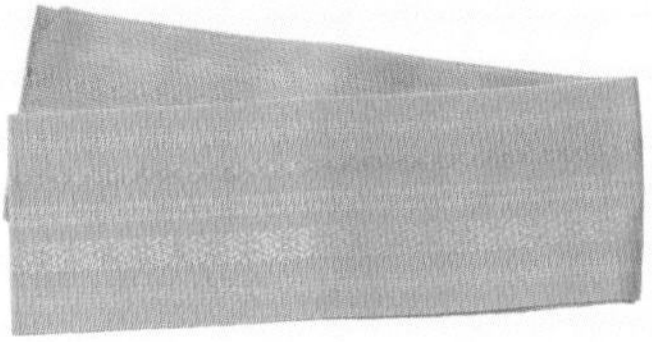

● 伊達締め
おはしょりを整えるために使います。長襦袢と着物で合わせて二本必要です。

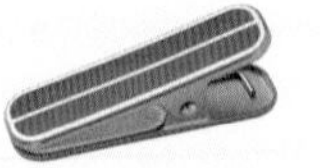

● ピンチ
長襦袢と着物の衣紋を留めたり、端と端を合わせたり。ピンチはいろいろ役立ちます。

● 着物ベルト
左右の衿を留め、打ち合わせを安定させます。

帯を結ぶときに必要なもの

● 帯枕
帯結びの形を整えるために使うもの。帯の結び方で形は変わります。ガーゼをかぶせて使います。

● 帯板
胴まわりにしわができないようにはさむ板。布製やプラスチック製など。

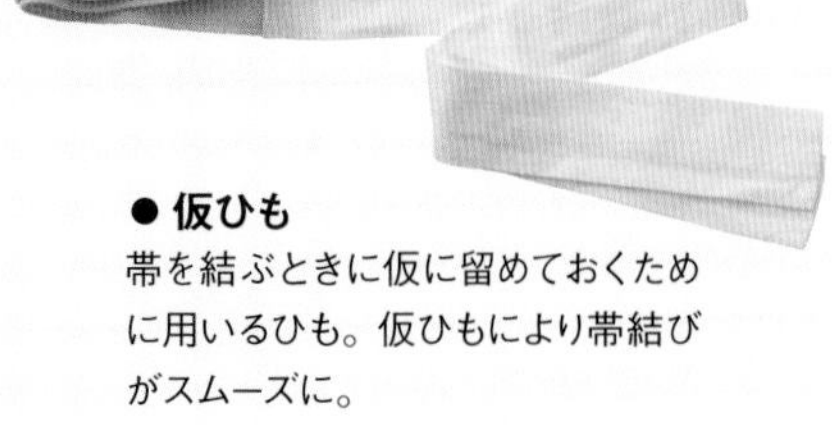

● 仮ひも
帯を結ぶときに仮に留めておくために用いるひも。仮ひもにより帯結びがスムーズに。

着付け2

長襦袢を着る

1 長襦袢を羽織る

仕立衿をつけた長襦袢を肩から羽織り、袖に手を通す。衣紋は指三〜四本分くらい抜く。

Point

仕立衿がない場合は、半衿の内側に衿芯を通しておく。

2 衿を合わせる

衿の合わせ目は、のどのくぼみが目安。衿の端はバストのトップに少しかぶるくらいの位置にする。

3 衣紋を固定させる

仕立衿についているひもを下へ軽く引いて衣紋を固定させる。締めすぎないように注意しながら、前で二回からげて結ぶ。

4 伊達締めを当てる

衿元を固定させるために伊達締めを胸下に当てる。

Point

胸元にしわやたるみができないようにする。

5 伊達締めを締める

伊達締めを後ろで交差させてから、片方を折り下げ、脇でしっかりと締める。

6 伊達締めを整える

伊達締めを前に回し、緩まないように二回からげて締め、余った部分は伊達締めと長襦袢の間に収める。最後に背中・衿元のしわを伸ばす。裾線は着物の丈より2センチほど短くする。

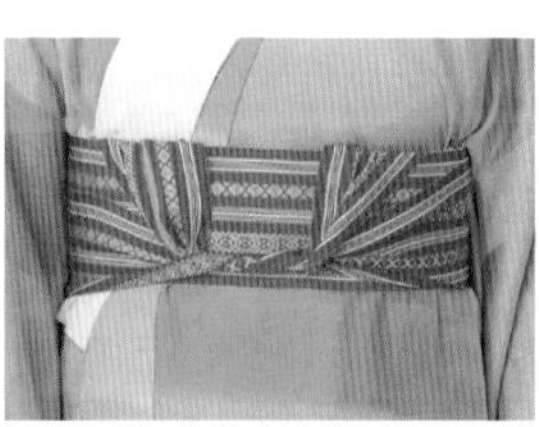

伊達締めはしっかり締める。

着付け3

着物を着る

1 着物を羽織る

着物の衿のスナップを留め、衣紋を崩さないよう肩にかける。片方ずつ長襦袢の袖を持って手を通したら、左右の共衿を前中央で持ち、背縫いが背中心にくるようにする。半衿を着物の衿より5ミリほど控え、ずれないようにピンチで留める。

2 裾線を決める

衿先から20センチくらいのところと背縫いを持って着物を上げ、裾線を床すれすれに決める。

Point

裾線を決めるときはいったん持ち上げ、少しずつ下ろしていくとよい。

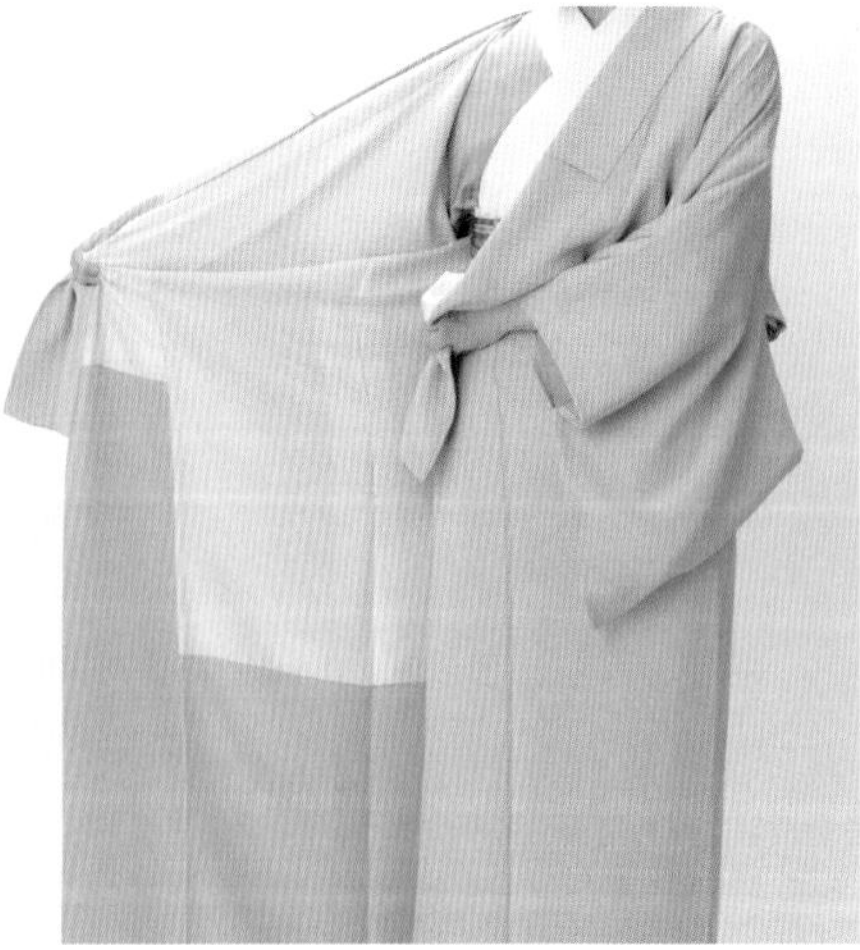

3 上前幅を決める

褄下の線が右脇線にくるように上前幅を決める。

4 下前を入れ込む

上前をずらさないように静かに広げ、下前を入れ込む。褄先は床から10 ～ 15センチ上げる。

5 上前を合わせる

上前を合わせ、褄先を下前の2分の1弱上げる。衿先を押さえながら下前にタックを取る。

6 腰ひもを当てる

腰ひもを腰骨より2センチほど上に当て、左の脇のあまりはタックを取って後ろに回す。

7 腰ひもを締める

腰ひもをしっかりと締め、衽幅中央で片輪奈結びにして始末する。

Point
輪が一つと先が二つできる結び方が片輪奈結び。

8 おはしょりをなで下ろす

身八つ口から手を入れて、おはしょりを静かになで下ろす。

9 衽線を一本につなげる

前で左右の衿を持ち、上から衿元、胸下、おはしょりの順に下ろして左右に引く。衽線が上下一本につながるようにする。

10 衿幅を整える

下前の衿を胸下で1.5センチほど折って衿幅を整える。肩幅よりちょっと長いくらいに調整した着物ベルトのクリップを留める。

Point

着物ベルトがない場合は、⑫でもう一本腰ひもを胸下で結ぶ。

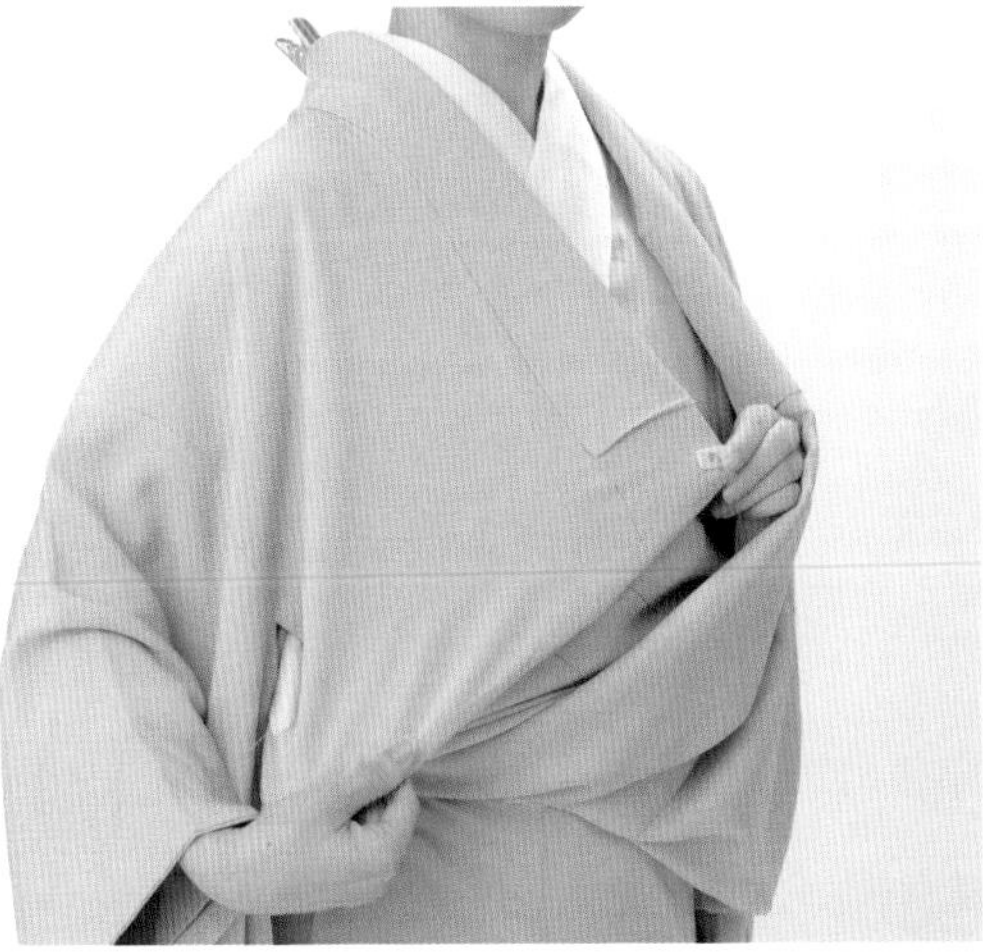

11 おはしょりを折る

下前のおはしょりを内側斜めに折り上げる。おはしょりを一重上げにする。

Point

おはしょりが一重になるようにすることで、ダブつきがなくなりすっきりする。

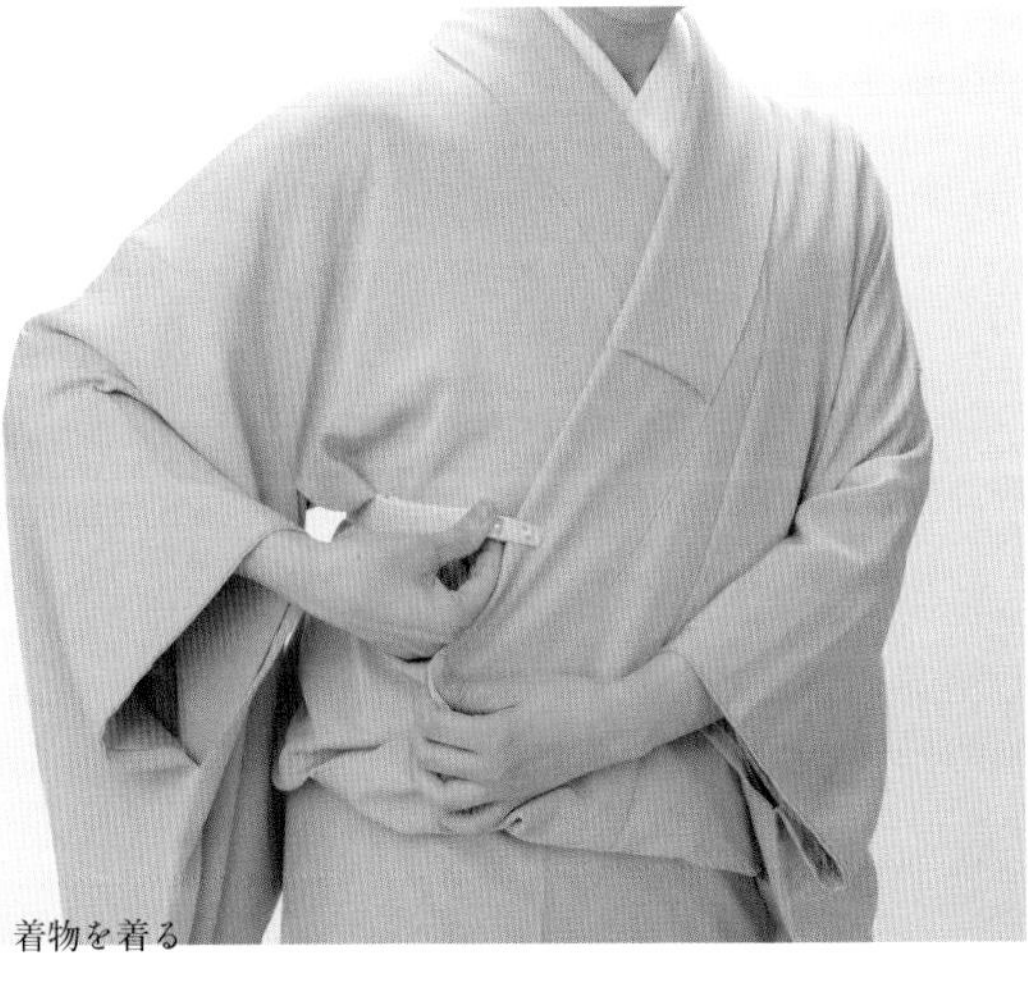

12 着物ベルトを留める

着物ベルトを後から前に回し、上前の衿を胸下で1.5センチほど折って衿幅を整える。下前と同じ高さでクリップを留める。

Point

白の半衿は1.5～2センチほど見せるとよい。

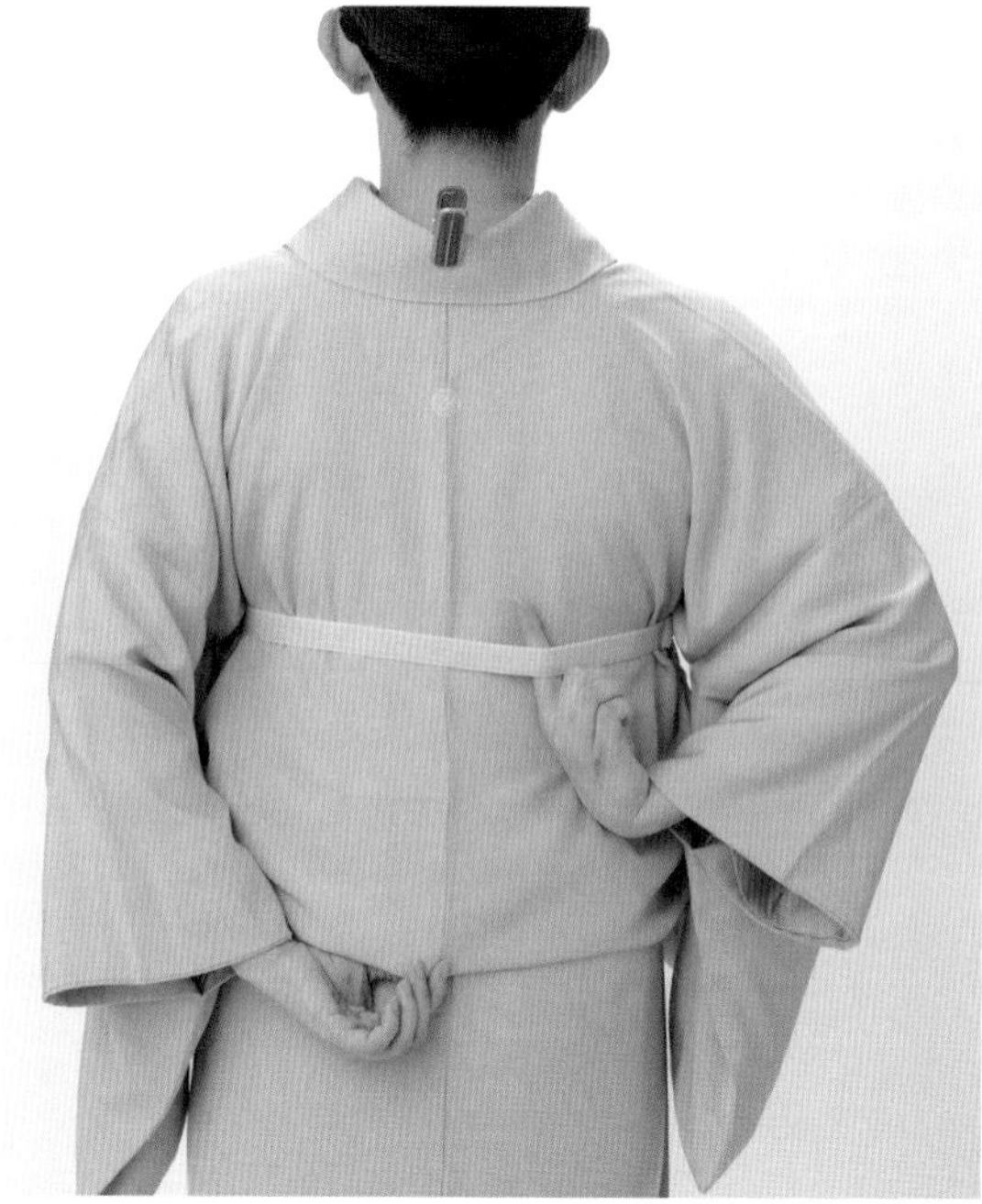

13 背を整える

しわをなでて脇にきれいに寄せる。手を替えて左側も同じように整える。

14 伊達締めを締める

長襦袢のときと同じようにして伊達締めを締める。

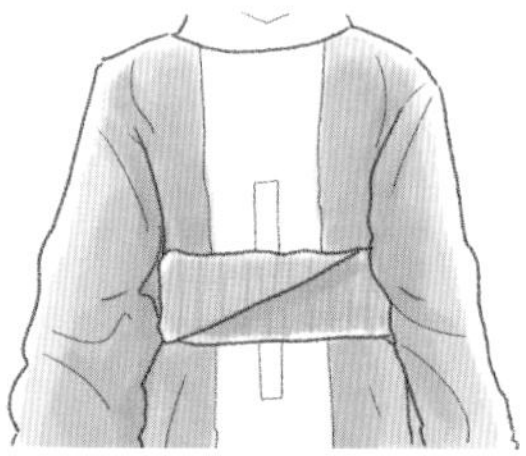

交差させた伊達締めの片方を折り下げ、脇でしっかり締める。

伊達締めは二回からげる。

着付け4

帯を結ぶ

1 帯を肩にかける

帯のワが下、テ先が左側になるように持ち、テ先を左肩にかける。ウエストの位置を目安とする。

Point

衣紋のピンチは留めたまま。

2 帯板を入れる

帯板を入れる。名古屋帯はひと巻き目で帯板を入れる。袋帯はふた巻き目。

3 ひと巻き目

テ先と胴帯のワを左手で合わせ持ち、右手でひと巻き目をたどり、後ろで矢の羽を引く。

Point

矢の羽を引くとは帯の下線を引くことをいう。胴帯がきちんと重なる。

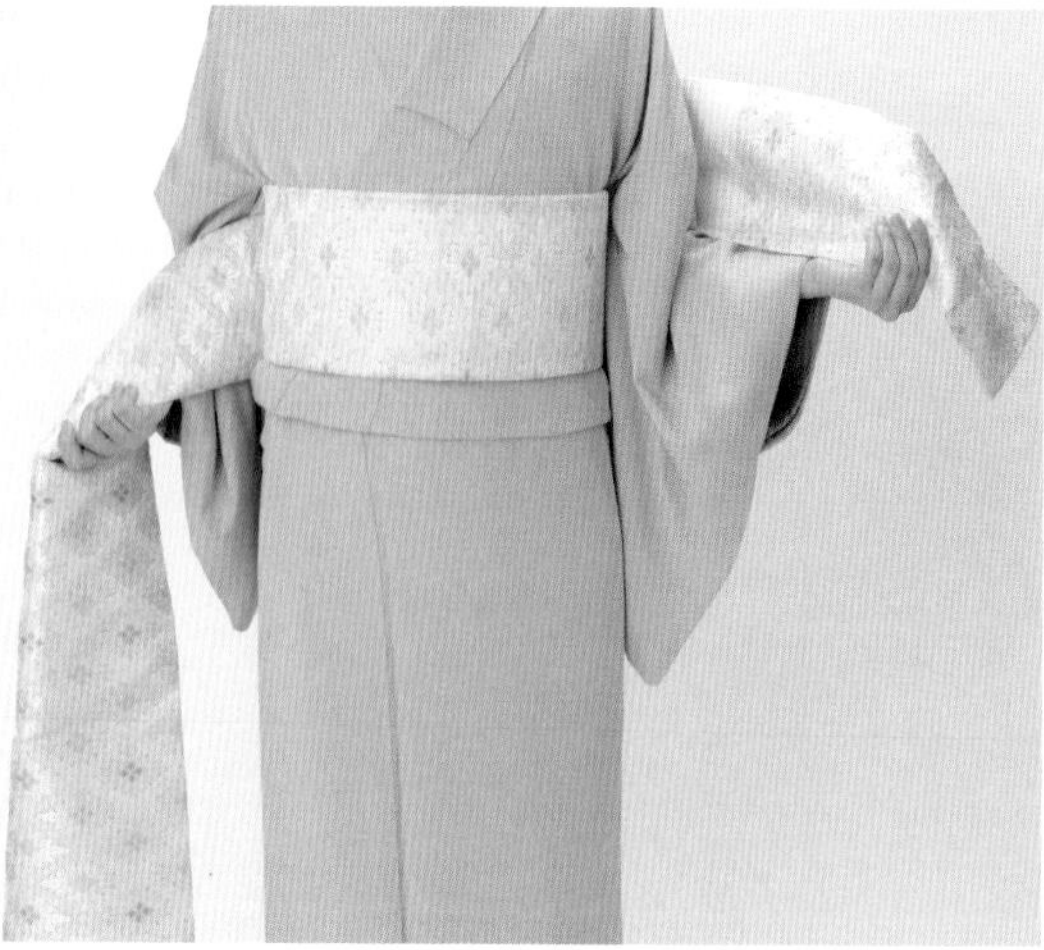

4 ふた巻き目

ひと巻き目でひと締めしてから、ふた巻きする。もう一度テとタレのワを持ち、しっかりと締める。

Point

右手はやや下向きに引っ張るようにすると、しっかり締まる。

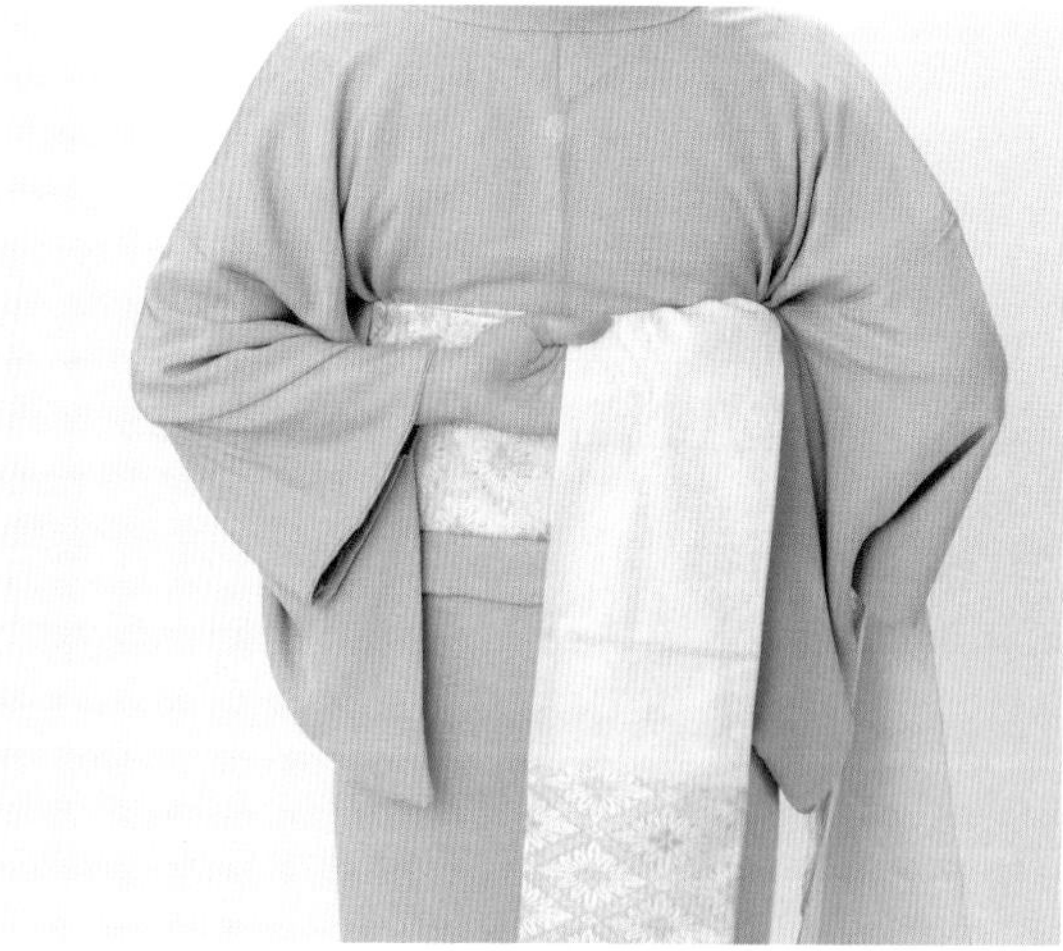

5 テ先を肩から下ろす

テ先を後ろに下ろし、ワになっている側を背中心まで送る。

6 帯を交差させる

胴帯の下線とテの交点を左手の親指で押さえる。

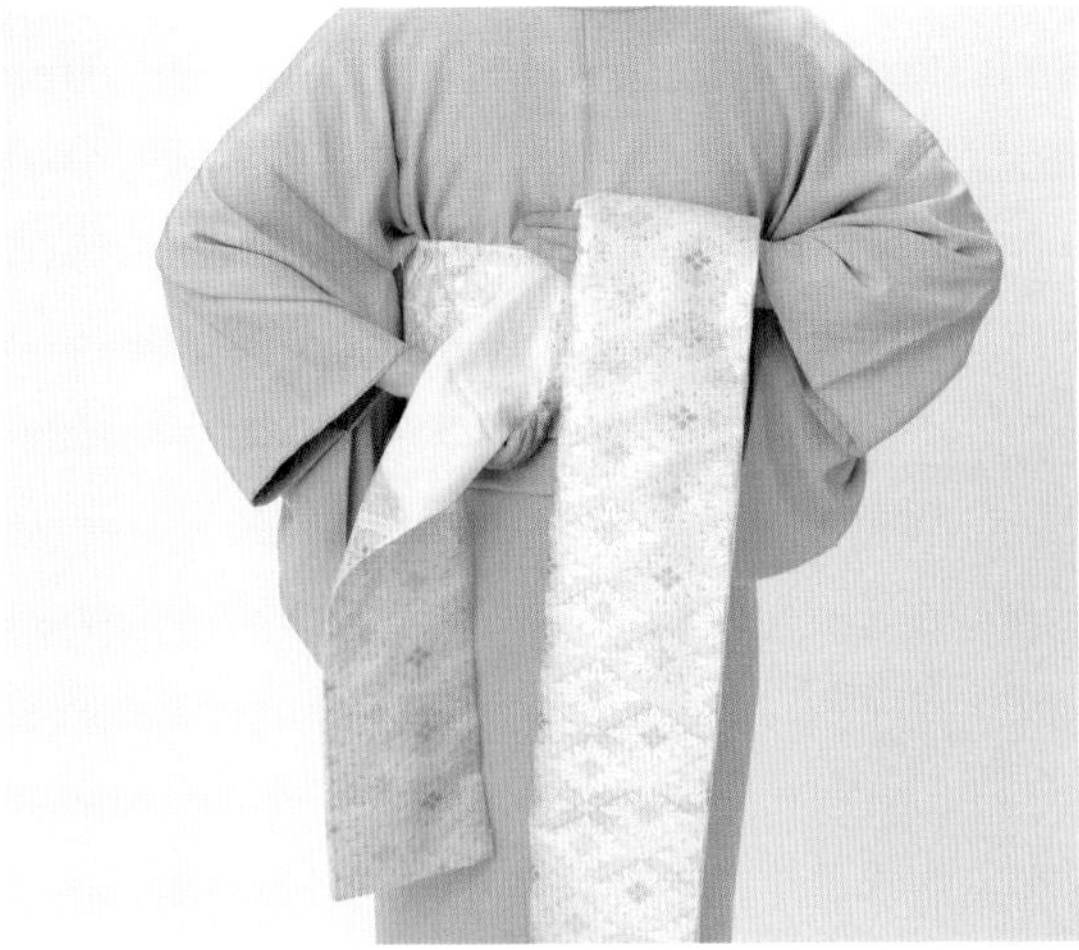

7 折り上げる

左手の交点はそのままに、右手は返すようにして、背中心を意識しながら折り上げる。

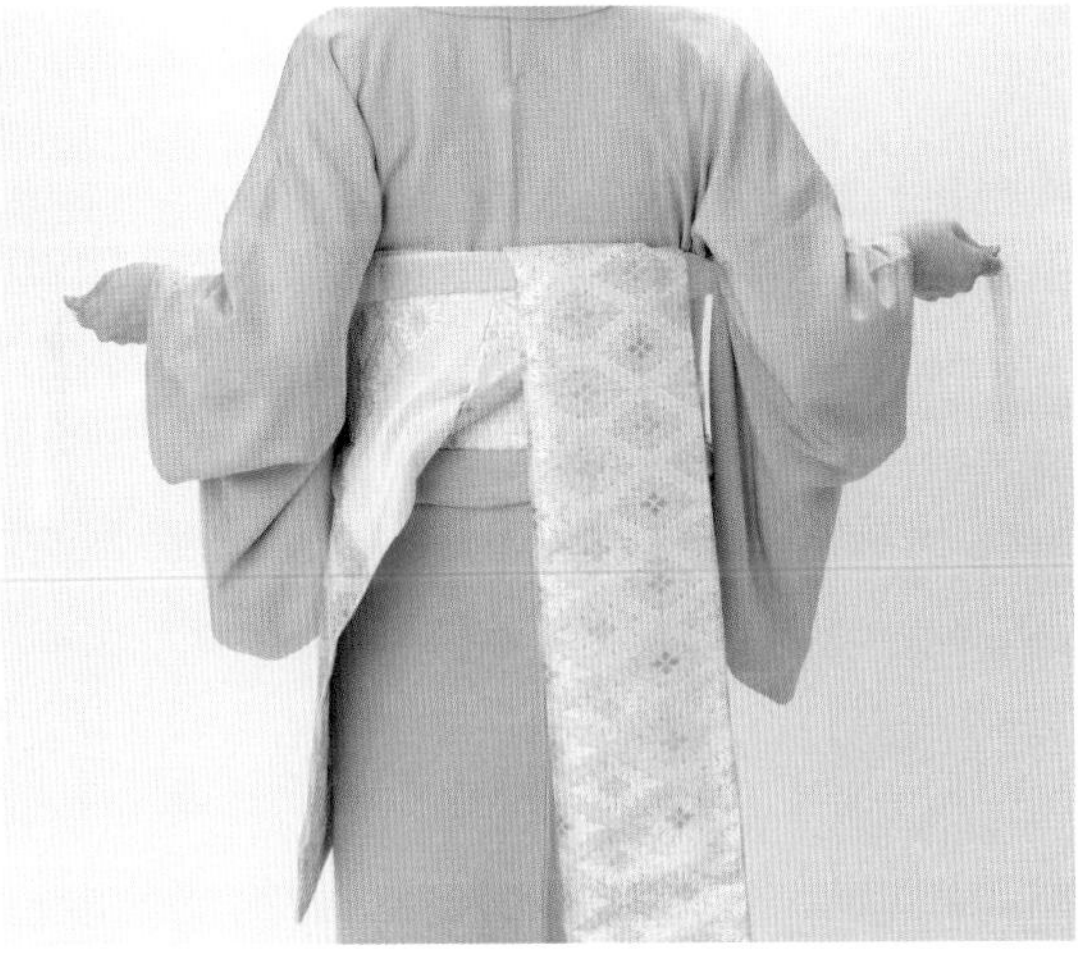

8 仮ひもを結ぶ

帯の上線に沿って仮ひもをかけ、前で仮結びしておく。テ先はワを下にして、仮ひもにはさむ。

見せたい柄があるときは、ここで鏡でチェックする。

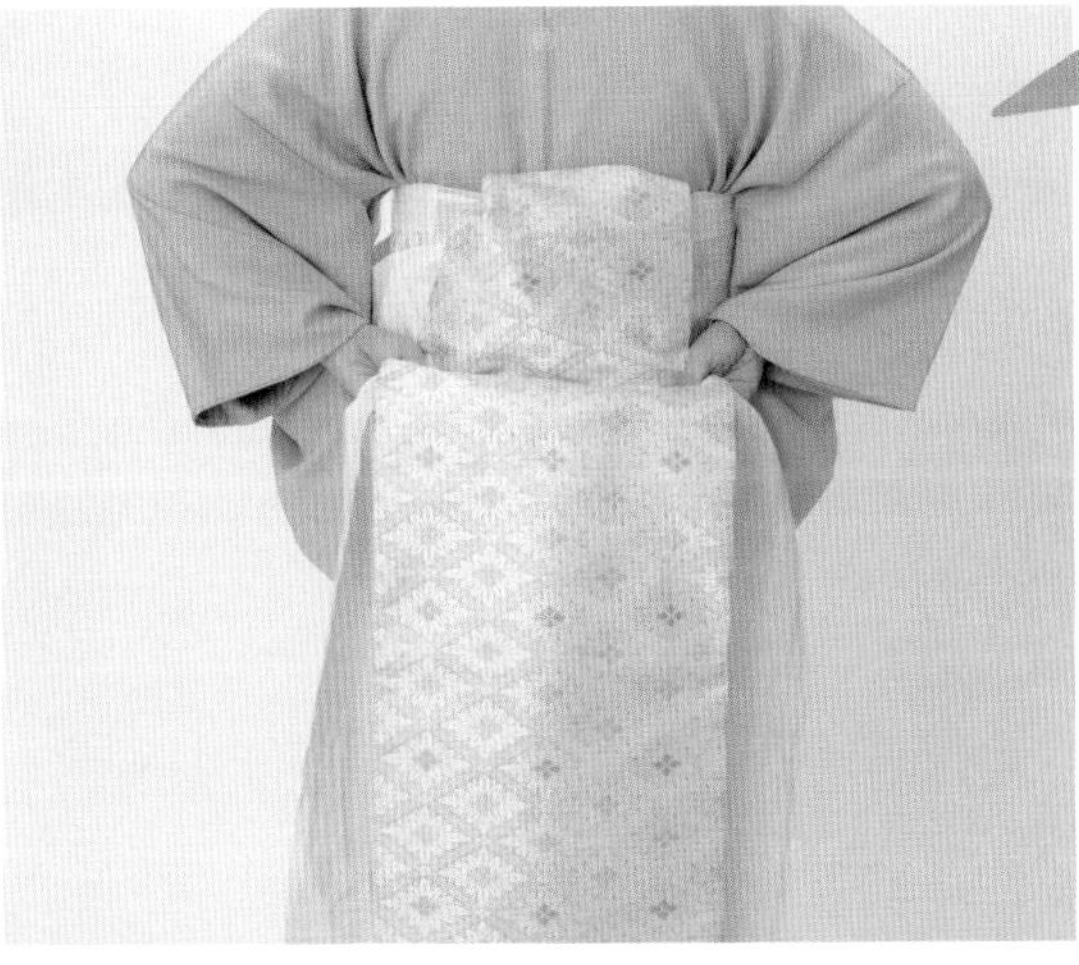

9 帯枕を当てる

タレ先から約70センチの帯幅中央に裏側から帯枕を当て、親指で両脇に向かってしわを伸ばし布目を通す。

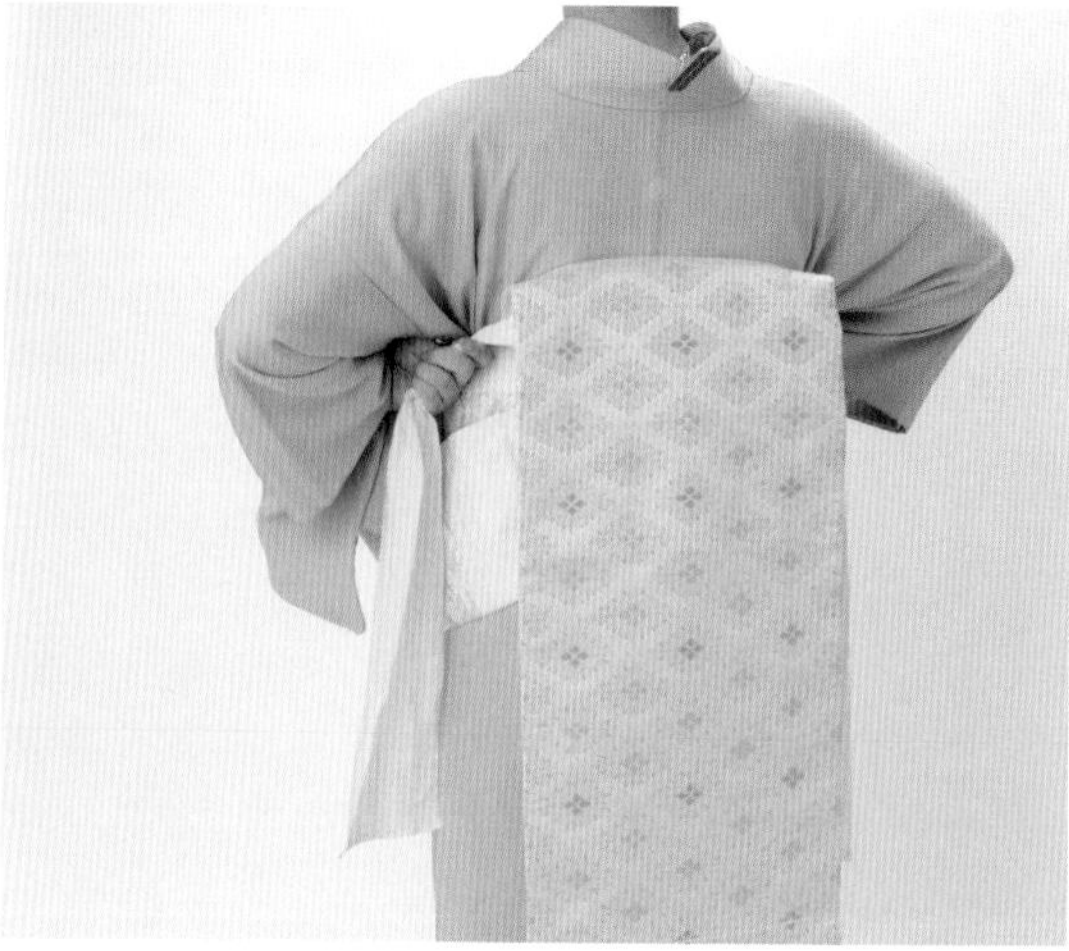

10 お太鼓の山を作る

手刀を切ってお太鼓を仮に上げてから、お太鼓の山を両手で胴帯の上に乗せる。帯枕のひもは両脇で下方向にしっかりと引き、体に沿わせて前で結んでおく。

Point

帯枕は胴帯の上に乗せるように。下すぎると不安定になる。

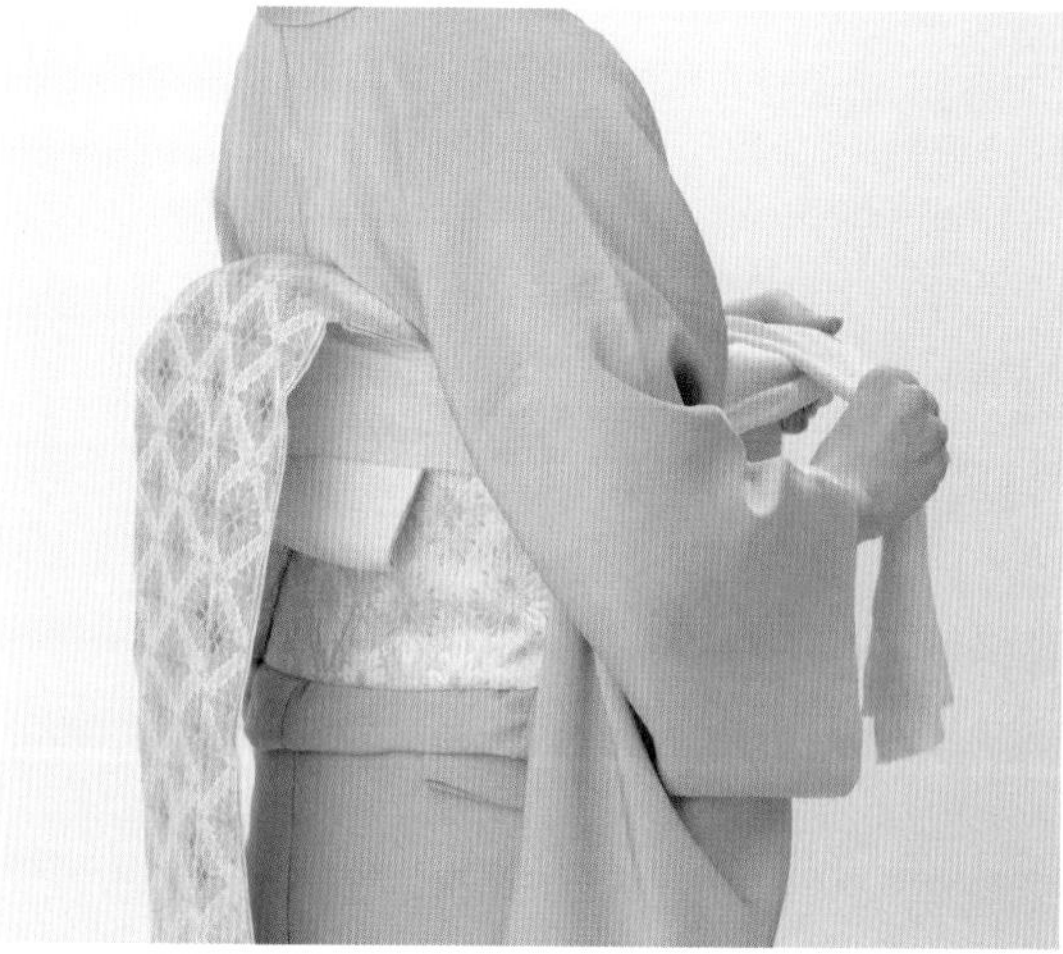

11 帯揚げをかける

帯山の布目を通すために帯枕の下を両側から左右に引き整える。帯揚げを帯枕にかぶせる。両耳を引くようにしながら前で仮に結んでおく。帯揚げは帯枕にかぶせる前に表裏を確かめること。

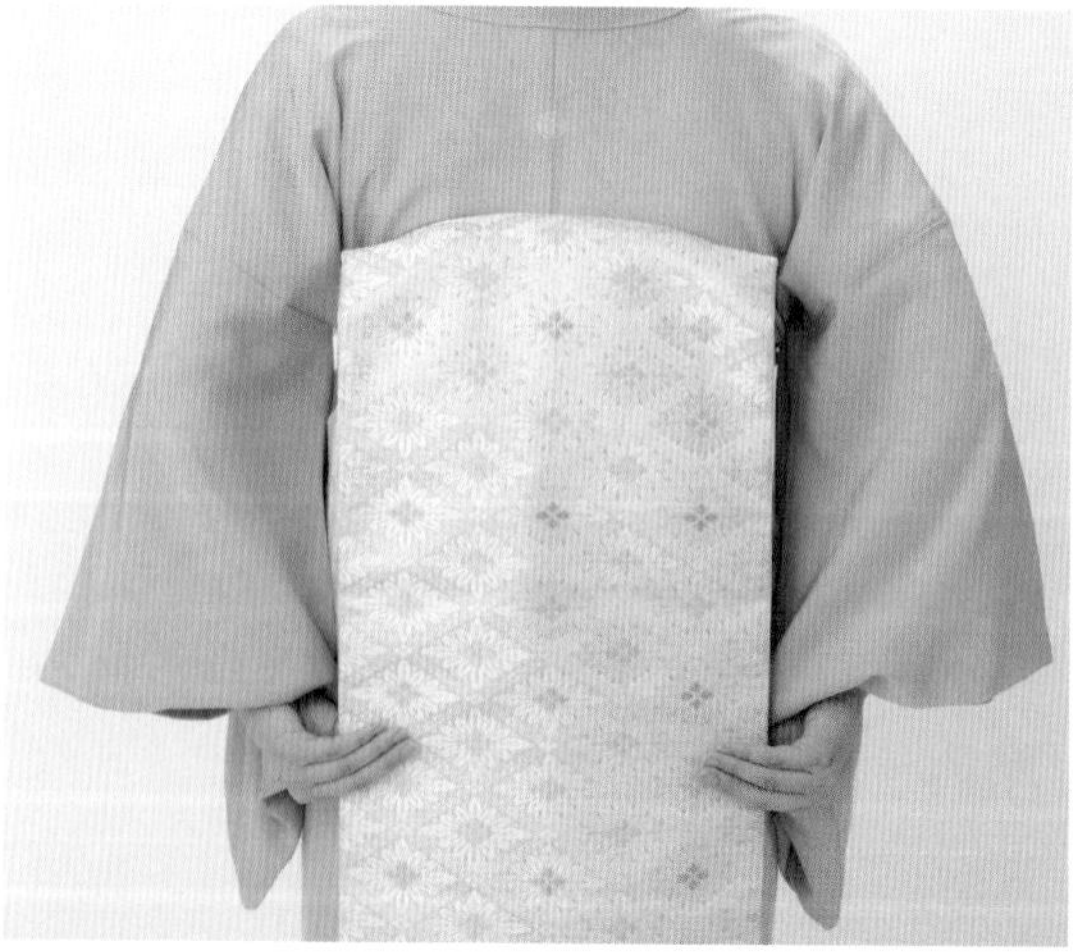

12 帯位置を決める

両手を軽く下げ、腕を伸ばして指先くらいのところの帯を持つ。

13 お太鼓の形を作る

⑫の状態のまま自然にひじを曲げると、だいたいお太鼓の形となる。

14 タレを決める

タレ先の位置はヒップのふくらみの少し上。タレの長さは人差し指(7～8センチ)くらい。

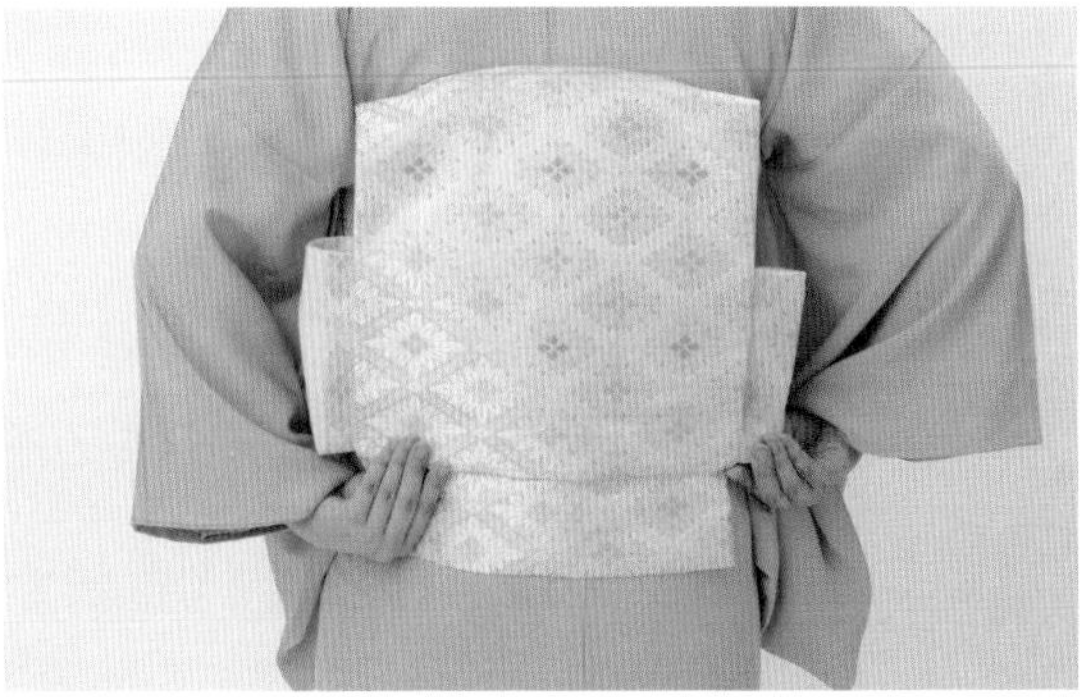

15 テ先を通す

テを決め線に沿わせて右に引き、テ先は人差し指ひと関節分(2～3センチ) ほどお太鼓から出す。

Point

右手をお太鼓の中に通して引き出すとやりやすい。

16 テ元の残りを入れ込む

左側のテ元の残りは内側に入れ込み整える。

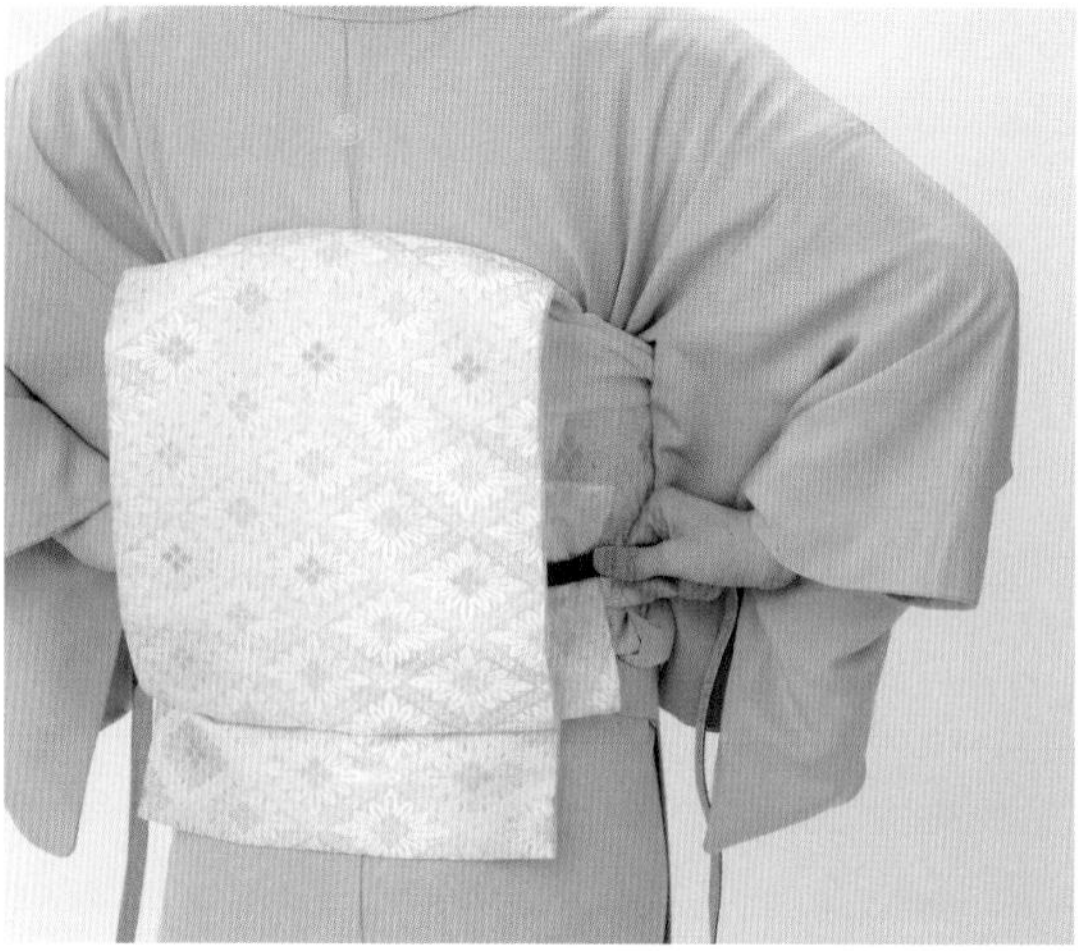

17 帯締めを通す

お太鼓の中のテを押さえ、右手で帯締めを持ってお太鼓の中に通す。

Point

最終的に、お太鼓に余分なたるみがないかや水平になっているかをチェックする。

18 帯締めを結ぶ

95ページを参考に帯締めを結び、仮ひもを引き抜く。

19 帯揚げを結ぶ

95ページを参考に帯揚げを整える。

帯締めの結び方

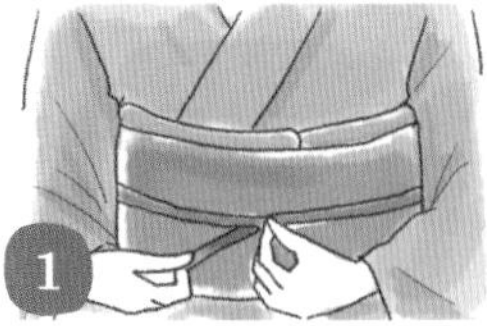

1 左右の長さを揃え、左側を上に重ねてひと結びしてから、結び目を左親指で押さえる。

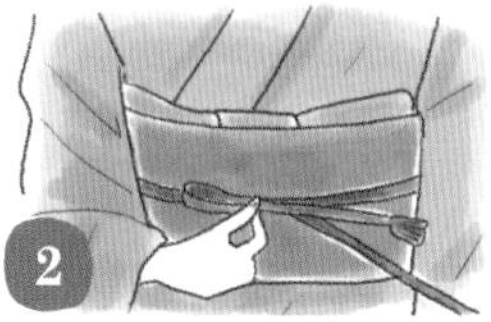

2 右側で輪を作り、交点を右親指で押さえる。

3 下になったほうを結び目のところから折り下げ、交点を左親指で押さえる。

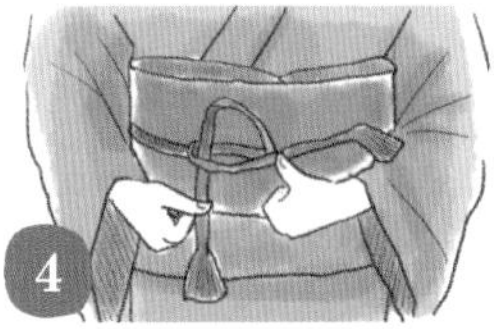

4 上になった房を手前に半返しして表を向け、輪の中に入れる。

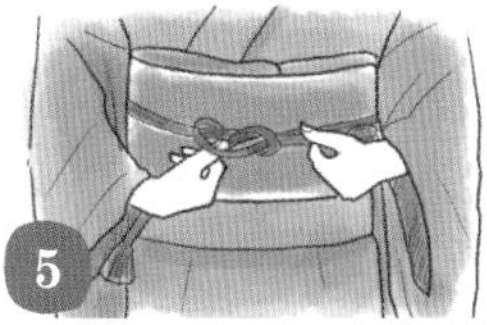

5 右親指で結び目のきわをしっかりと押さえ、左側を引く。次に両方を左右に引き締める。房をできるだけ後ろで帯に収める。

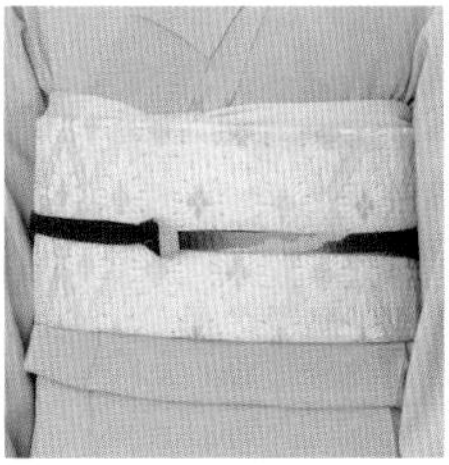

帯揚げの結び方

1 帯揚げを三つ折りまたは四つ折りにする。

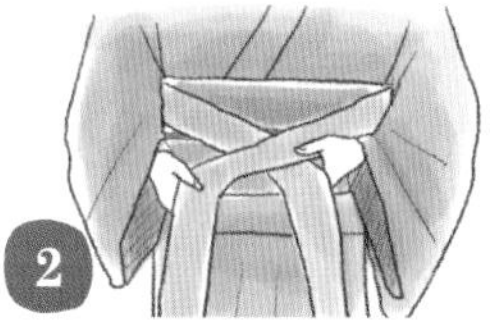

2 上前(左)を上にして交差する。

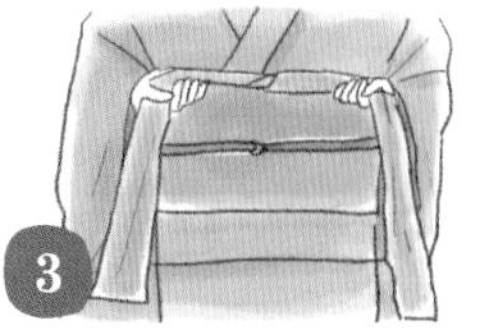

3 ひと結びする。

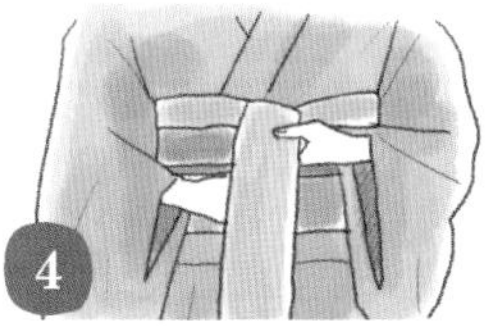

4 縦にして、結び目の上をきれいに整える。

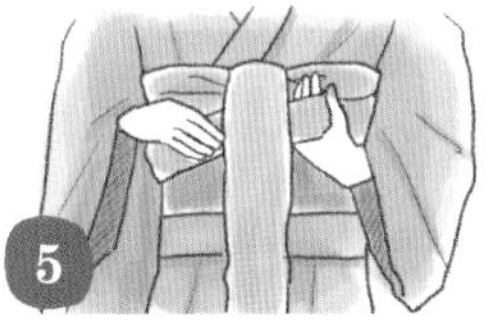

5 下になったほうで左から右に輪を作り、上になったほうをまっすぐに下ろし、下から輪の中に通す。

6 左人差し指を結び目に入れ、上から下にすべらせて結び目が俵形になるようにしながら右側を引く。

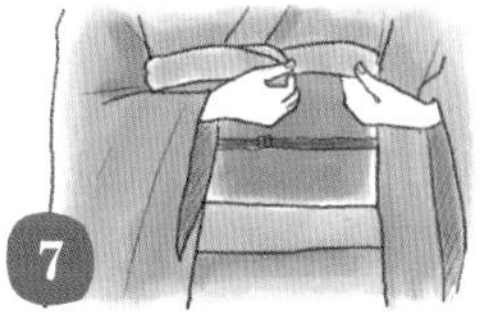

7 帯揚げの残りを折りたたんだ袋の中にきれいに収める。

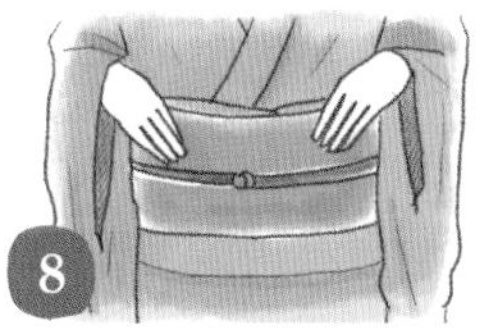

8 中心を帯の中に入れ、指でしごきながらすべてを入れ込む。

着物を着る前の準備

着物を着る前の日の準備

着物を着る前の日までに、小物類も含めてすべてコーディネートして準備しておきます。帯締めや帯揚げも決めておけば、スムーズに着られます。また、着付けに必要なひも類や帯枕なども用意しましょう。

長襦袢に半衿がついているかどうかも必ず確認します。襦袢、着物ともに着物ハンガーにかけ、しわを伸ばしておきましょう。しわが取れないなら、当て布をしてアイロンをかけます。

当日はヘアメイクを済ませ、足袋を履いてから着付けます。

半衿の付け方

1

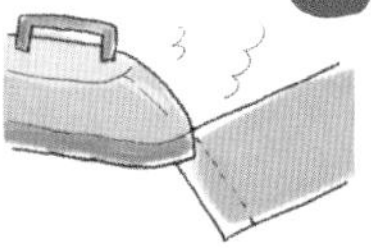

半衿の両端を2〜3センチ折り込み、アイロンをかけてからしつけ縫いする。

2

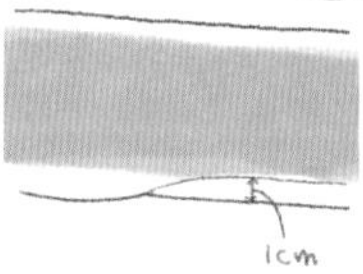

半衿のふちを約1センチ折ってアイロンをかける。

3

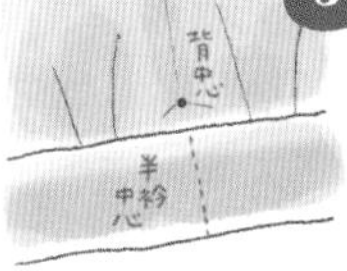

長襦袢の背中心と半衿の中心を留める。

4

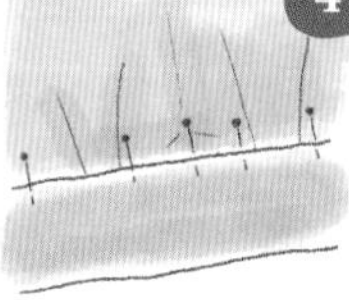

長襦袢の衿芯より2ミリほど被せた位置にまち針を打つ。

5

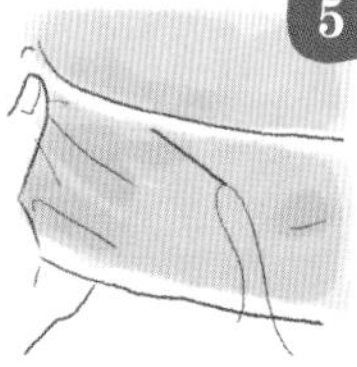

外側の背中心から衿先に向かって縫う。

6

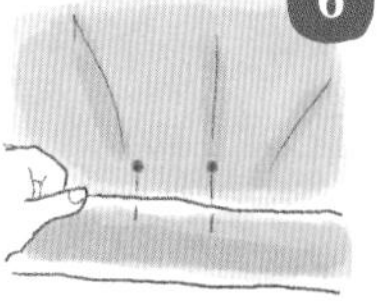

内側を縫うために仮留めをした後、背中心から引っ張りながらまち針で留める。

7

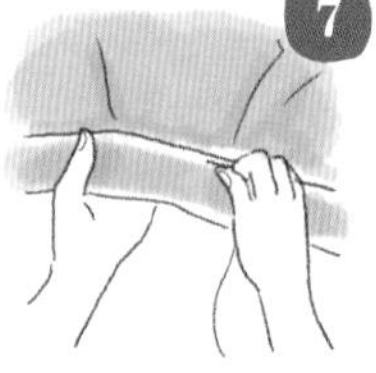

背中心から衿先に向かって、くけ縫いで縫う。

8

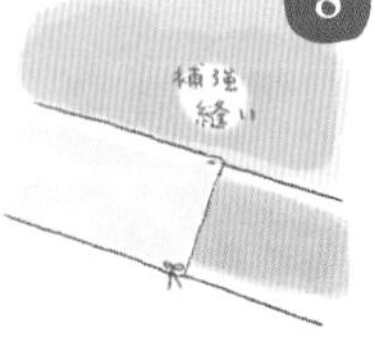

半衿の端を引いて縫い留め、たるみをなくす。

補整の仕方

直線裁ちの着物をきれいに着るためには凹凸をなくして体を筒形に整える必要があります。補整が必要な箇所は体型により異なりますが、ウエストのへこみにタオルを一枚巻くだけでも仕上がりが違ってきます。

初心者こそ、補整をしたほうが着物をきれいに着ることができるといえます。

● **必要なもの**

コットン

タオル

ガーゼ

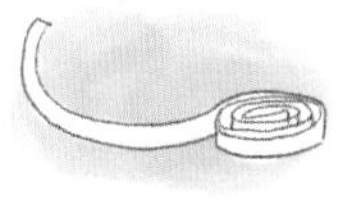
綿テープ

● **ウエストの補整**

三つ折りのフェイスタオル二枚を帯状にして、ウエストに巻く。

● **前肩の補整**

1メートル丈のガーゼを三つ折りにし、鎖骨のくぼみの部分にコットンを入れて胸元でV字に合わせ綿テープで押さえる。

● **ヒップの補整**

ヒップのくぼみに合わせてタオルを折り、綿テープで押さえる。

● **みぞおちの補整**

ハンドタオルを三角に折りたたみ、鎖骨用ガーゼの下側に入れる。

着付け6

着物を着たときの悩み

悩み① 衿が乱れる

身八つ口から手を入れて引っ張る

衿が乱れる大きな原因は身幅が合っていないということ。サイズの合った着物を着ましょう。胸がある人は和装用のブラジャーを使用してみてください。衿元がゆるんだときは身八つ口から手を入れて引っ張り、最後に前側のおはしょりを下に引っ張ります。

悩み② 裾が着ているうちに広がってしまう

身頃のずれを直すのが一番

裾が広がってくるのも寸法の問題が大きいです。特に小さい着物を無理して着ると下前が入っていないため、裾が広がりがち。裾が広がったときは、まっすぐ立って身頃のずれを直し、下がってきた部分を腰ひもに入れ込めばいいでしょう。

悩み③ おはしょりがぐちゃぐちゃになる

帯の下からなでるように整える

おはしょりは体を大きく動かすと崩れてしまうことがあります。腕の上げ下ろしを大きくしないようにします。

また、おはしょりが崩れたら身八つ口から手を入れて整えた後、手を帯の下側に入れて、なでるように横に動かし、たるんだ部分を脇へ送ります。

着物を着てお手洗いに行くときの注意

ピンチを持っておくと便利

大前提として和式より洋式に。股上の浅い下着をつけていれば着付けが乱れにくくなります。トイレに入るときは、まず袖をまとめて裾を左右に分け、たくし上げた着物をピンチで留めます。裾を下ろすのは便器から十分に離れてから。落ち着くことが大切です。

ヘアとメイク

和装の髪型の基本は、アップスタイルという髪の毛を上げて作るヘアスタイルになります。髪の毛を下ろしていると着物が隠れてしまうので、着物を着るときは首元や帯がよく見えるようにアップスタイルを心がけることが大切です。ショートヘアの人でもそのままにせずに髪飾りなどで工夫しましょう。

ヘアアクセサリーは着物に合うかんざしなどを用意し、フォーマルではバレッタのような洋装に合わせるアクセサリーは使わないように気をつけましょう。

すっきりとした髪型は、着物をより美しく見せます。かんざしなどのアクセサリーやコームを使ってきれいに見えるまとめ髪を作りましょう。

着物ヘアのコツとポイント

アクセをうまく使って

アップスタイルでも、ボリュームを持たせてゴージャスにするか、小さくまとめてシックに見せるかで印象は大きく変わります。シーンや着物の雰囲気を考慮しましょう。

　自分が場の主役の場合は、華やかでゴージャスなスタイルを。生花や造花の髪飾りで作るフラワースタイルは、周囲を明るくする華やかさが人気です。逆に、ゲストとして招かれた場なら主役より目立ってしまうのはＮＧ。すっきりとしたまとめ髪がおすすめです。着物と比べて首から上がシンプルになりすぎてしまうときは、かんざしやリボンなどでバランスを取りましょう。

● ショートボブなら

両耳を出すのはすっきりしすぎるので、片耳だけ隠れるようにおだんごを作ってアシンメトリーな仕上がりに。

● ショートなら

ショートの人はハーフアップがおすすめ。シンプルになりすぎるときは、髪飾りなどをプラスしましょう。

● ロングなら

毛量が多いロングヘアは、毛束を編み込んでまとめやすく。緩やかに編めば落ち着いた雰囲気になります。

● セミロングなら

結ぶにも下ろすにも半端なセミロングは、毛先を内側に入れ込んで作る夜会巻きがおすすめ。

覚えておきたい簡単ヘアアレンジ

くるりんぱ + 髪飾り

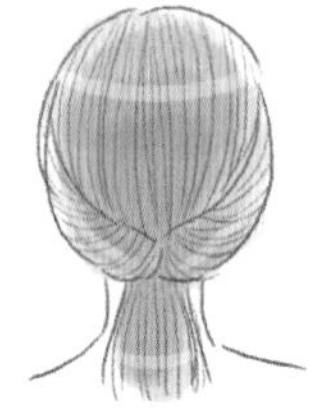

1

前髪も含めたすべての髪の毛を一つにまとめ、くるりんぱします。

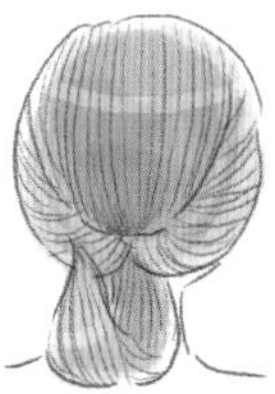

2

くるしんぱした毛束を、もう一度同じ位置でくるりんぱします。

3

くるりんぱをくり返し、余っている髪の毛をすべて入れ込みます。

4

結び目の近くに髪飾りをつけて、華やかさをプラスします。

くるりんぱ + 三つ編み

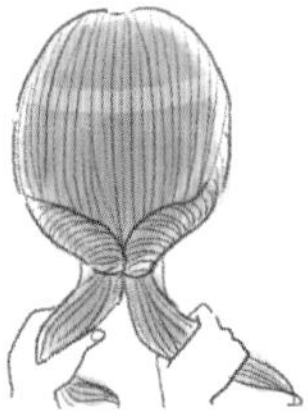

1

一つ結びした髪をまとめてくるりんぱします。

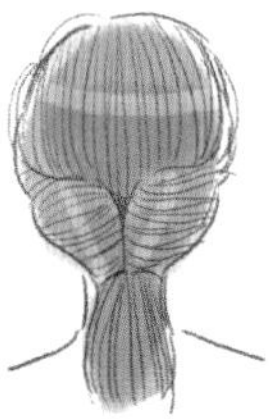

2

襟足の髪とくるりんぱした毛束を二つに分けて再度くるりんぱします。

3

まとめた髪を、ゆるく三つ編みにします。

4

三つ編みした毛束を、くるりんぱした部分で隠れるようにピンで留めましょう。

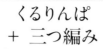

三つ編みアップ

1

髪を二つに分け、それぞれをざっくりと三つ編みにします。

2

指の先で少しずつ編み目をくずし、ルーズなこなれ感を作ります。

3

三つ編みの片方を持ち、反対側の耳の後ろに向かって斜めに上げた位置にピンで固定します。

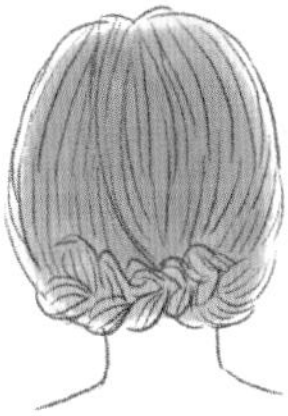

4

クロスするように反対側も固定します。ゴムが目立つようなら、飾りのピンで隠します。

巻きつけておだんご

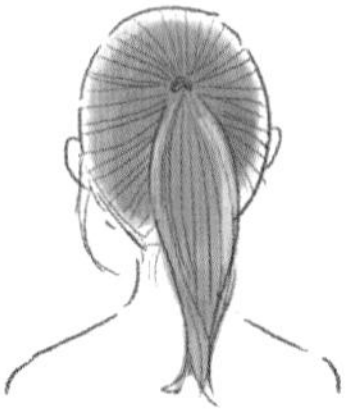

1

顔まわりに後れ毛を少し残して、ポニーテールを作ります。

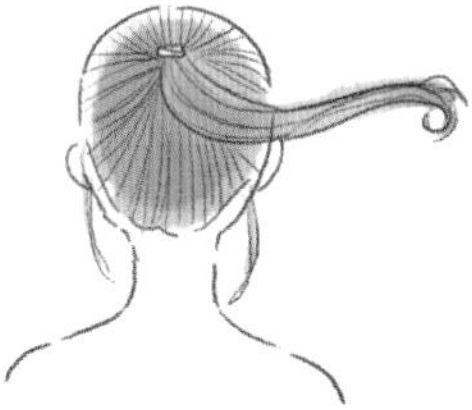

2

まとめた毛束をくるんと返して輪を作り、根元をゴムで結びましょう。

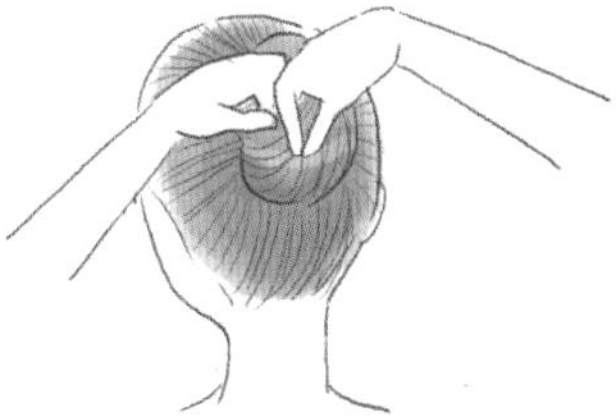

3

トップと輪の部分の髪をつまんで、ふんわりと動きをつけます。

4

残しておいた顔まわりの毛束の一部をねじり、おだんごの根元に巻きつけてピンで固定します。

和装メイクのコツとポイント

しっかりメイクしつつにぎやかにしすぎない

和装と洋装のメイクで一番異なるのは、立体的かそれとも平面的かということ。和装メイクでは正面から見たときの美しさが重要です。肌に陰影をつけるのではなく白めに仕上げましょう。

目元は、アイカラーを派手にするより、アイラインを目尻中心に入れて切れ長に仕上げます。眉は太く短くします。リップはきちんと色を入れ、チークはふんわり丸くのせます。

イメージとしては日本人形のような感じです。いつもより明るめに仕上げた肌にくっきりリップ、切れ長の目元が基本です。

ポイント 1 いつもより明るめの肌色に

ベースメイクには十分時間をかけます。コンシーラーなどでしみやくすみを消し、いつもよりワントーン明るい肌色のファンデーションを使います。陰影をつけるより、平面的に仕上げましょう。

ポイント 2 目元はすっきりモノトーン

目元は切れ長に。アイシャドウを多色使いするよりモノトーンメイクを。アイラインは目尻にしっかりと入れ、つけまつ毛をつけるときは目尻だけにつけるタイプに。

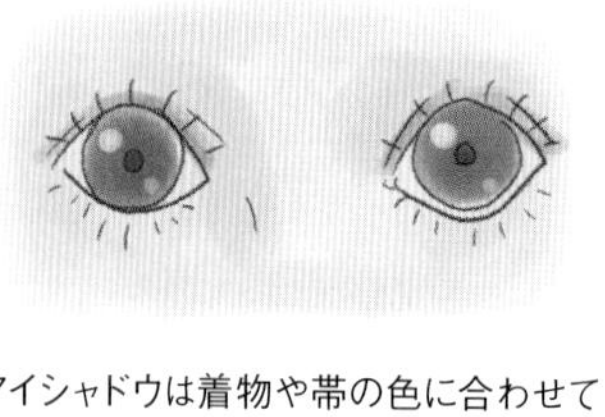

アイシャドウは着物や帯の色に合わせて控えめに。

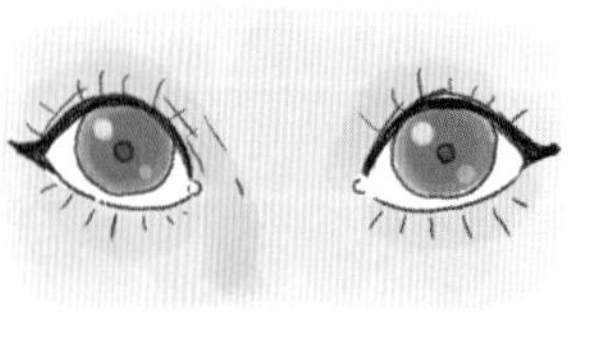

目尻中心にアイラインやつけまつ毛を。

いつもより明るいファンデーションを。

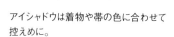

ポイント 3
眉はしっかり短めに

眉を長めに丸く描くと洋風の顔立ちになってしまいます。眉は太く短めにしましょう。細眉は着物にはあまり合いません。顔がぼやけないよう、太めに短く、濃い眉にしたほうがよいでしょう。

ポイント 4
リップは丸みを持たせて、色は明るく

いつもはリップは地味な色という方も和装のときは少し明るめの色をつけましょう。ファンデーションでしっかり唇の色を消してからきちんと塗ります。やや小さめにおちょぼ口風に描いたほうがいいでしょう。

ポイント 5
チークは丸くほんのり紅く

チークはリップに合わせた色をほんのり控えめに入れます。シャープに入れるのではなく、ふんわり丸くがポイント。チークは入れすぎないほうが和装には合います。

いつもより顔が大きく見えるほうが着物にはよく合う

小顔メイクにすると着物に顔が負けてしまいます。大顔メイクが着物にはいいのです。

和のふるまい

着物は長い裾や袂、ふくらんだ帯など、洋服とは形状が異なる部分が多くあります。立ちふるまいといっても難しいことではなく、これらの扱いに気を配ることで自然と姿が美しく見えるようになります。また、美しい立ちふるまいは着物に汚れやしわをつくことの予防にもなります。着物を丁寧に扱うよう意識しましょう。

立ち方

背筋はピンと伸ばす

首筋が一直線になるように
スッと伸ばしましょう。

**両手は自然に
合わせる**

指先を伸ばすのではなく、
軽く握るように自然に両
手を合わせます。

**体は少し
斜めに傾ける**

体はまっすぐではなく、や
や前体重にして立つとほ
っそりした印象に。

**内股気味にしつつ
片足は後ろに引いてもよい**

内股で立ち、正面から見て奥にあ
るほうの足を親指一本分後ろに引
きます。

これが美しく見えるコツ

**体の向きに気をつけると
美しさが引き立つ**

着物の柄は左身のほうがより引き立ち、また多くの人は左の顔のほうが美しく見え、着物の柄も引き立ちます。そのため、真正面を向いて立つのではなく、体をやや斜めにして、顔だけ正面に向けましょう。背筋を伸ばすことも大切です。

写真では?

撮影の際は直射日光を避けるようにしましょう。日陰だと顔や着物に陰影ができず、肌が美しく見えます。

座り方（いす）

目線はまっすぐ

顔は正面を向いて、俯かないように気をつけましょう。

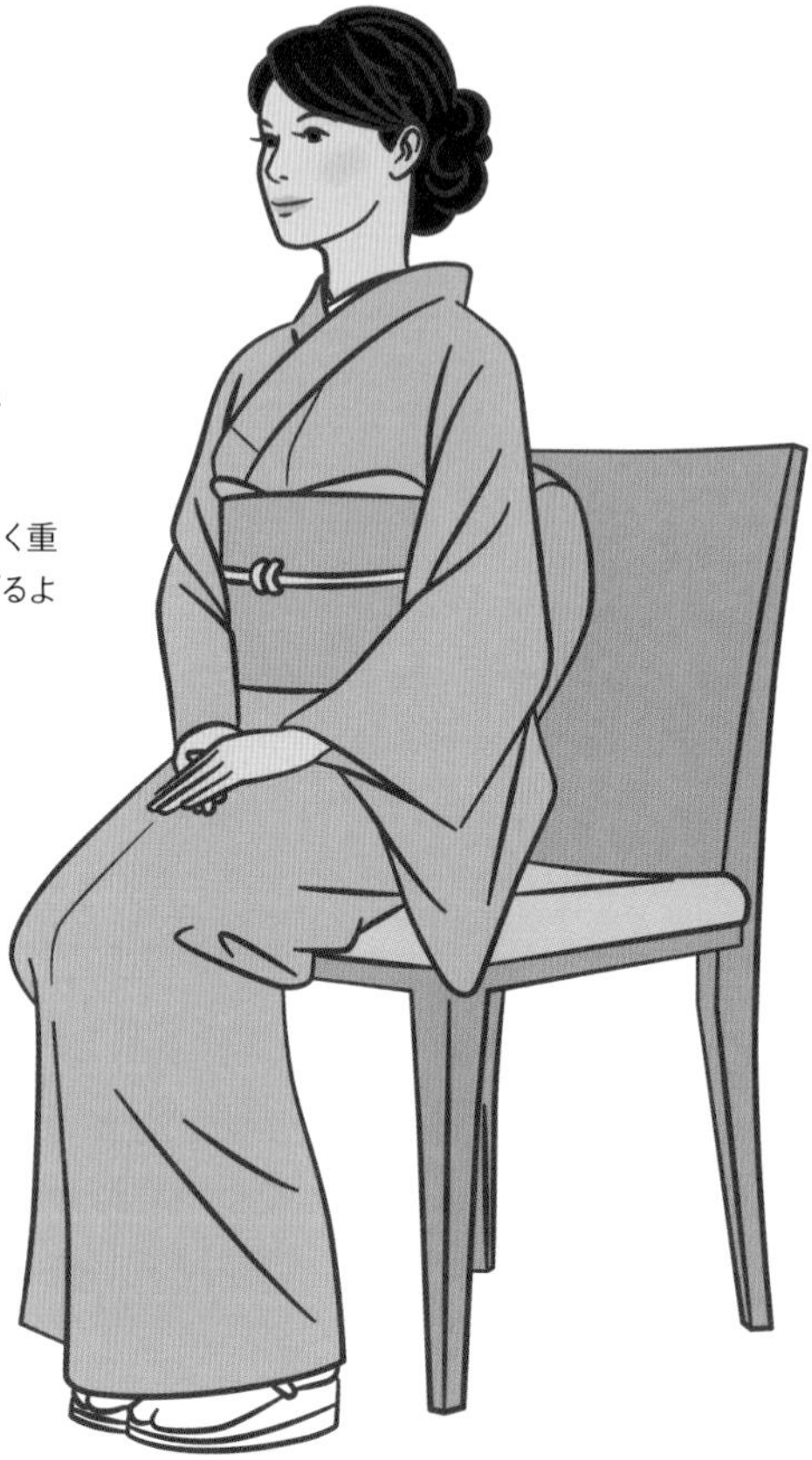

手はももの上で軽く重ねて

両手はももの上で軽く重ねます。背筋が伸びるよう意識しましょう。

背筋はピンと伸ばす

浅めに腰掛け、お腹に力を入れて背筋を伸ばしましょう。

足は揃えて開かない

膝を揃えて着物を膝の後ろに入れ込むように裾の長さを調整します。

これが美しく見えるコツ

帯を潰さないよう背もたれには寄りかからない

帯が潰れないように背もたれから体を離し、浅く腰かけましょう。少し胸を張るようにすると、きれいに背筋が伸びます。膝の後ろにできたしわは整えて直しましょう。

電車では?

電車やバスのつり革につかまるときは、腕を隠す意識で反対の手を袖に添えましょう。

歩き方

目線は少し伏し目がちに

目線は3メートルほど先の床を見るように、やや伏し目がちにしましょう。

荷物は左手で持つ

風呂敷包みやバッグは左手で持ち、右手は空けておきます。

足は引きずらず音を立てない

足を引きずったり、パタパタと音を立てないように注意します。

小股で足をまっすぐ運ぶ

歩幅を小さめに、一本の線をはさむ感覚でまっすぐ歩きます。

背筋はピンと伸ばす

立ち姿同様、背筋を伸ばすと美しい歩き姿になります。

これが美しく見えるコツ

歩幅は小さく、足はやや内股に

内股を意識して、両足の膝頭をつけて歩幅は履物一足分を目安にしましょう。一本線をはさむようにやや足を内側に向けると、裾がひるがえらず、着崩れもしにくくなります。

雨の日は?

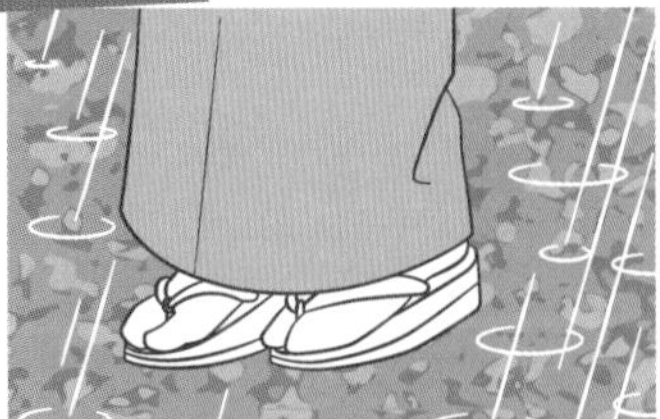

着物を守るため、雨コートを羽織りましょう。歩くときは小さな歩幅でつま先に力を入れて泥はねを防ぎます。

階段の上り下り

1 上りでは、右手で上前と下前を5センチほどつまんで少し持ち上げてつま先で上ります。

2 下りる際も上前と下前を右手で5センチほどつまみ、つま先から下りていきます。

3 振袖のときは右手で両方の袖の袂と上前をいっしょに持って上り下りをしましょう。

おじぎの仕方

和室

両膝を揃えて正座をし、手を畳のへりの手前で「ハ」の字に置きます。頭から腰までを一直線に保ちながら前に傾けましょう。

洋室

背筋をまっすぐ伸ばし、両足を揃えて立ちます。手を体の前で合わせ、お尻がつき出ないようにお腹に力を入れておじぎをします。

車に乗り込む、降りる

1

車に背を向け、右手で上前を少し引き上げます。振袖の場合は袂を左手で持ちます。

2

座席に腰を下ろし、頭を車内に入れてから両足を浮かせて体を回し、車に入ります。

3

帯を潰さないよう浅く腰掛けます。降りるときは逆の順に行い、裾が汚れないよう注意します。

荷物はどうする？

荷物はまとめて左手で持つのが基本です。風呂敷包みは左手に乗せて右手で軽く支え、ハンドバッグは左腕にかけましょう。荷物は自分の体からはみ出さないように持つと、美しい佇まいを保つことができます。

履物の脱ぎ方

1

片足のつま先を浮かせ、鼻緒の先の前つぼからそっと足を外します。完全に脱がないよう注意。

2

もう片方の足も同様に、足を鼻緒の前つぼから外しましょう。

3

右手で上前を持ち、式台の中央を避けて上がります。体を少し斜めにすると楽に上がれます。

4

履物に向き直ってひざまずき、右手で履物の向きを変えて揃えます。左手は右の袂を押さえます。

和室でのふるまい

客間に通されたときはふすまのそばに座り、主人の入室を待ちます。上座を勧められたら「失礼します」と断ってから座ります。

和室を歩くときは畳のへりを、室内に出入りするときはふすまや障子の敷居を踏まないように注意します。

正座をする

1
右足を少し引いて、右手で上前を少し引き上げます。

2
左手で上前の太ももあたりを押さえ腰を落とします。右手で上前をなでながら膝をつきましょう。

3
膝の間をこぶし一つ分空けて両膝をつきます。膝の裏を左右に引き、すっきりさせましょう。

4
両足の間に腰が収まるよう座り、両膝をやや浮かせて上前裾の乱れを整えてから座り直します。

座布団に座る

1
座布団の両端の中ほどにこぶしをつき、片膝ずつにじるようにして座ります。

2
座布団に乗ったら、前に空きができないように座り、両手を軽く重ねます。

立ち上がる
座布団から立つときは逆の順序で動きます。座布団を足で踏まないよう注意します。

食事のとき

1 乾杯や、何かものを取るときは、もう一方の手を袖口に添えるようにしましょう。

2 ナプキンは膝に置きますが、一角を帯揚げの上からはさむと広い範囲を覆えます。

3 食事の際は懐紙を用意します。受け皿にしたり、口元を隠すときに便利です。

礼装のときの扇子の扱い

扇子は立ち姿の挨拶では右手で根元を持ち、左手の親指を上に、そのほかの指を下に添えて支えます。

手にしていないときは、前帯の左側の、帯のひと巻き目とふた巻き目の間に2～3センチ出して挿しておきましょう。

トイレのとき

1 袂の中央を帯締めにはさみます。トイレが狭いときはパウダールームで行いましょう。

2 着物→長襦袢→裾よけの順にめくり上げていき、胸のあたりまで引き上げましょう。

3 振袖の場合は袂を軽く結んでから裾をたくし上げて袖を裾に包み込むようにします。

手を洗う

手を洗う前にハンカチを衿元にはさんでおくと、衿汚れを防げます。手を洗った後は、それで手を拭いてもいいでしょう。

手を洗うときは水が飛び散らないように注意します。袂が邪魔な場合は帯の隙間か帯締めにはさんでおきましょう。

着物のレンタル

レンタルは料金の範囲をきっちり確認するのが基本

着物をレンタルするとき、最も大切なのはどこまでが料金に含まれるかということです。着付けはどうか、半衿はどうするか、長襦袢は必要かなど、レンタル業者によって含まれる範囲はさまざまです。しっかり確認しましょう。

また、結婚式や成人式などでレンタルするときは事前の試着は欠かせません。インターネットの画像やパンフレットだけでは実際の顔映りがわかりません。試着は大切です。

クリーニングが料金に含まれているのか、そもそもクリーニングに出してくれるのか、アフターフォローについてもチェックしてください。

注意するポイント

1 試着できるかどうか
パンフレットなどの写真は目安にすぎない。試着して鏡映りをチェックしよう。

2 価格には何が含まれるか
小物類などがどこまで含まれるか、半衿はどうするかなど。

3 受け渡し方法をチェック
当日お店で引き取るのか、郵送してくれるのか。返却方法も確認を。

4 しみをつけた場合はどうするか
アフターサービスはきっちり確認を。補償システムもチェックしよう。

5 着付けをしてくれるかどうか
着付けのサービスはやっているのか。その場合価格はどのくらいか。

6 ヘアセットやメイクサービスはあるのか
当日のヘアセットなどがレンタル料金に含まれているかどうかをチェック。

7 クリーニングは自己負担か、やってくれるのか
雨が降った場合などにクリーニングをしてくれるか、また有料か無料かを確認。

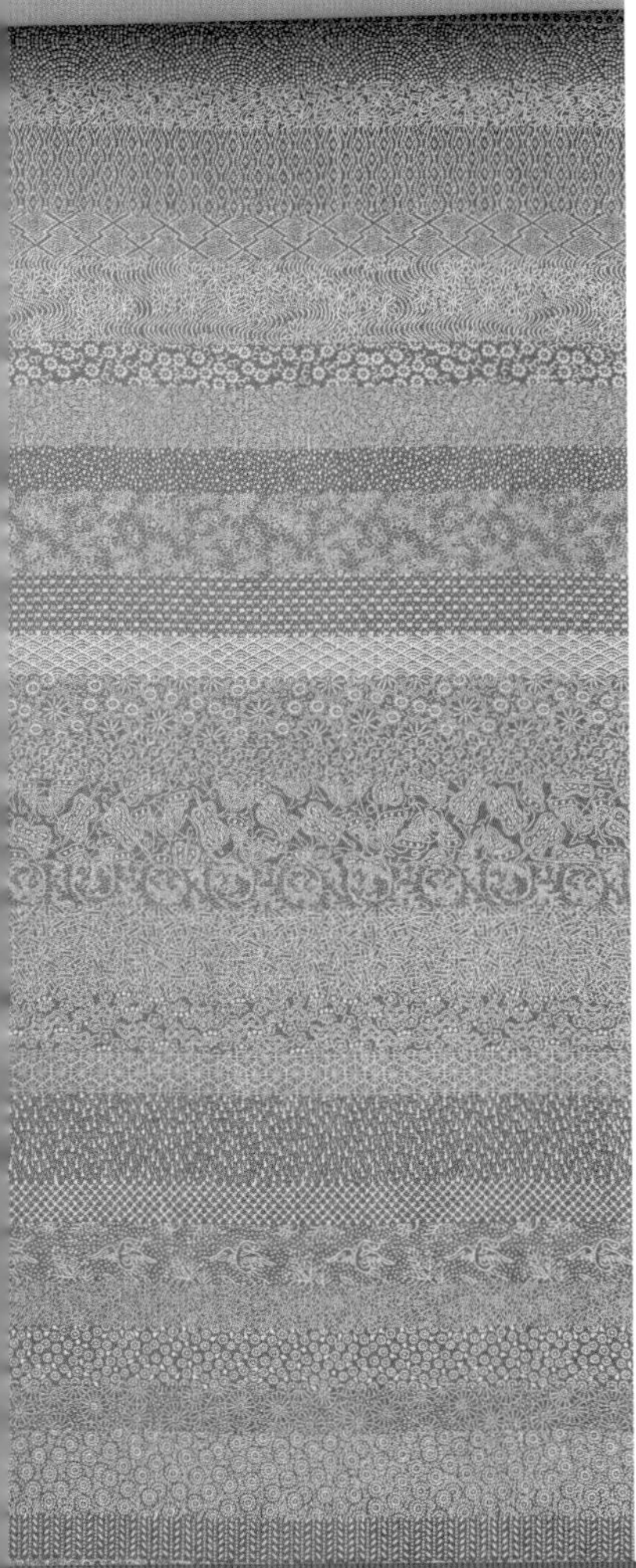

第3章

着物を買う

着物を買うときの
流れから、
帯揚げや
帯締めなど小物類、
手入れの
仕方までを解説

着物の買い方、仕立て方

着物の基本はあつらえ 余裕を持って準備を

着物の基本はあつらえです。反物を選び、着る人の寸法に合わせて仕立ててもらいます。

反物を染めるところから始まる着物もあります。洋服のように、買ってきてすぐ着られるというものではありません。

結婚式やパーティなど着る日が決まっているなら、そこから逆算して余裕を持って、着物を仕立てるようにします。また、着物はそれだけで着られるものではなく、帯や襦袢といった付属品もいろいろ必要なこともお忘れなく。

着物を着るためには帯や帯締め、帯揚げ、長襦袢なども必要です。その色合わせは楽しいものですが、最初は何をどう揃えていったらいいか迷うもの。初心者の方は周囲に着物をよく着ている方がいれば尋ねてみてください。

まずは何のために着物を買うのかを明確にしよう

着物にはTPOがあります。結婚式に着る着物と食事会や観劇に着る着物は異なります。まずは目的をはっきりさせることが重要です。

1 どうして着物が欲しいのか。着る目的は決まっているのか。

なんとなく着物を着てみたい。それでももちろんよいのですが、着物は着るシーンと季節を選びます。どういうときに着るかを想定しないと着物を選ぶこともできません。

2 予算はどのくらいか。

無尽蔵に予算をかけられるものではないでしょう。ただし、安ければよいというものでもありません。安いという理由で買っても着なければ損なだけ。かえって無駄です。

3 どうやって着物を買うのか。買うところに心当たりはあるのか。

着物は呉服屋さん以外にインターネットや販売会でも購入できます。やはり高い買い物なので、できれば最初は誰かに紹介してもらったお店のほうが安心でしょう。

最初に買う一枚

● 小紋や紬

観劇や食事会など気軽に着られる小紋は、価格的にもお手頃なものが多く、初心者向けです。

● 色無地

色無地は紋がついていれば結婚式などでも着られます。着用範囲の広い着物です。

● 古着

まず着物というものを買ってみたいならおすすめ。サイズや状態をよく確認して。

着物を購入する流れ（仕立てるとき）

生地を選ぶ

紬など織り上がった反物から選ぶこともあれば、白生地から染める場合もあります。染めてもらう場合は3カ月から半年ほどかかることも。八掛の色も決めます。

1～2週間

見積もりを出してもらう

最終的にいくらで購入できるのか、仕立て代はいくらかかるのかなど見積もりを取ります。三店くらい、見積もりを取ってもよいでしょう。

1～2週間

採寸をしてもらう

購入することが決まったら、仕立てるために採寸をしてもらいます。購入店舗から仕立てに出すなら採寸もそこでします。

購入したらすぐ

着物には季節があります。夏の着物なら、帯や襦袢、帯締めなども夏用に。

帯や長襦袢をいっしょに買う？

着物を購入したときに、それに合わせて帯も見繕っておけばすぐに着られます。長襦袢もいっしょに仕立てれば安心です。帯締めや帯揚げなどをセットで買うのも手。

季節を考える

着物には季節があり、それぞれ「柄」「素材」「仕立て方」が変わってきます。たとえば同じ単衣の季節でも春に秋の柄である紅葉は着られないのです。

4〜6週間

仕立てに出す

着物を買った店から仕立てに出す場合も多いですが、インターネットなどで仕立ててくれる人を探して発注する場合も。安すぎる仕立ては不備が出ることもあります。

仕立て上がり

仕立て上がってきたら購入した商品で間違いはないか、八掛の色は合っているかなどのチェックをします。着る目的が決まっている場合、余裕を持って仕立て上がるようにしましょう。

着物を着る

着物だけでは着られない。付属品が必要

着物はそれだけでは着られません。腰ひもや帯板といった着付け用の道具も必要です。草履やバッグも用意しなければいけません。

小物類

足袋の基本は白。草履はフォーマルでもカジュアルでも使えるプレーンなものが一足目にはおすすめです。

- **足袋**
- **草履**
- **袋物**

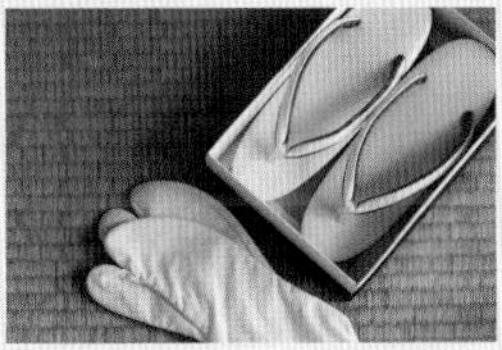

フォーマルな着物にはフォーマルな草履が基本。

襦袢など

着付けの道具は方法により違ってきます。便利グッズなどもあるので、必要に応じて揃えるとよいでしょう。

- **襦袢**
- **肌着類など**
- **ひも、伊達締めなど**

襦袢を着物に合わせて仕立てることもあります。

帯まわり

格と季節は帯にもあり、着物と合わせなければいけません。帯締め、帯揚げとの全体のバランスも重要です。

- **帯**
- **帯揚げ／帯締め**
- **帯枕／帯板**

帯締めを変えるだけでも雰囲気は変わります。

着物はどこで購入すればよいか

1 呉服店

知人の行きつけを紹介してもらっても

呉服店は店により品揃えが異なります。できれば二～三店舗は入って比較してみましょう。知人に行き付けの店があるなら紹介してもらうと安心です。心配なら家族や友人といっしょに行くのがおすすめ。着装してもらってから買うかどうかを決めましょう。

2 展示会・販売会

いろいろな着物を一度に見られる

デパートの催事場やホテルなどで開かれる展示会は複数の小売店の着物を一堂に見られて便利。着付け教室などで開催される販売会で買うこともできます。

展示会などは特商法という法律が適用され、七日以内であればキャンセルも可能です。

大手チェーンやデパートは初心者の味方

呉服店はやはり入りづらいもの。その点、デパートの中の呉服店や大手チェーンなら入りやすいかも。着物に触れるためにもまずは入ってみましょう。

3 ネット店舗

安く買いたいならネット店舗も候補です。ただし、実際の品物を見られるわけではないので、口コミなどをしっかりチェックしてください。着物に限らず、ネット店舗の中には粗悪品をごまかして安売りしている店もあります。リスクはつきものと覚えておきましょう。

4 オークション

ネットオークションではさまざまな古着が売られています。一見、かなりお得に見えるものもあります。ところが、購入してみたら写真では写っていないところに、しみがいっぱいなんてことも。ネット店舗と同じくリスク覚悟で利用しましょう。

古着の購入の仕方

古着は文字どおり誰かが着たことのあるもの。新品とは異なるチェックポイントをお教えします。古着は失敗することもありますが、昔の着物にしかないよさもあるものです。

手軽に楽しめる古着は着物初心者におすすめ。

サイズは大丈夫？

昔の着物は着丈や袖丈が短いものが多いです。つんつるてんでは、どんなに気に入ったものでも着ることはできません。サイズはきちんと確認しましょう。

状態は大丈夫？ においは平気？

しみやほころびなどはもちろんですが、注意したいのがにおい。防腐剤のにおいや体臭は洗ってもなかなか落ちないものです。においがきつい着物はやめたほうが無難。

洗張や仕立直しはできる？

古すぎると洗張や仕立直しができない着物もあります。また、安い古着を買ったとしても、洗張や仕立にかかる金額は新しいものと同じ。結果的に高くつくこともあるので注意。

着物の価格に目安はあるの？

定価はあってないようなもの　見る目を養うことが大事

着物は生地代だけでなく、仕立て代、裏地（胴裏・八掛）など仕上げにいろいろかかります。まずは見積もりを取ってどれくらいかかるかを確認しましょう。

同じ着物でもどこで買うか、誰に仕立てを頼むかなどで価格は変わってきます。同じ反物でも仕立てや小物、流通経路によって、結果的に倍以上の価格差がつくことも。見る目を養うことが重要です。着物は高い買い物です。一店舗で決めるのは危険。また、衝動買いや妥協して買った着物は結局着ないこともよくあります。きちんと吟味して購入を。

素材	価格の目安（反物の価格）
黒留袖	30万円 ～ 150万円以上
色留袖	30万円 ～ 150万円以上
振袖	20万円 ～ 150万円以上
訪問着	20万円 ～ 100万円以上
付け下げ	10万円 ～ 100万円以上
小紋（絹）	5万円 ～ 100万円以上
小紋（木綿）	3万円 ～ 20万円以上
小紋（ポリエステル）	1万円 ～ 5万円以上
紬	5万円 ～ 100万円以上
帯（袋帯）	10万円 ～ 300万円以上
帯（名古屋帯）	5万円 ～ 70万円以上
帯（半幅帯）	2万円 ～ 20万円以上

※作家物、産地物などで高額なものもあります。

Q　安かろう、悪かろうはホント？

A　よほど見る目がなければ、掘り出し物は意外とない。安い着物は結婚式などには向かないかも

安いことが理由で買ったものは結局後悔することも。フォーマルの場合、着物は価格相応のことが多いもの。結婚式などで着たいなら、ある程度は高価なもののほうが失敗しません。

Q　高価になりやすいのはどんな着物？

A　素材が絹のものと作家物は高いです

やはり絹の着物は高くなる傾向があります。また、名高い産地の着物（結城紬など）や作家物の着物も高価。それだけの価値があるということです。

いくらかかるか、書き入れてみよう!

着物	反物	円	◎
着物	仕立て代など	円	◎
長襦袢	反物	円	○
長襦袢	仕立て	円	○
半衿		円	○
帯		円	○
帯揚げ		円	○
帯締め		円	○
帯板/帯枕		円	△
肌着類		円	△
ひも類		円	△
伊達締め		円	△
足袋		円	○
草履		円	○
袋物		円	○
その他必要なもの			
合計		円	

◎=絶対に必要　○=着回しもできる　△=一回買えばよい

(着物:反物・仕立て代など) 既成品の着物もあるが、高級なものは仕立てが必要。
⬇
中古品はお直しなどにお金がかかる場合も。

(長襦袢:反物・仕立て) 既成品もあり。

(帯・帯揚げ・帯締め) 帯に合わせて揃えてもいいし、着回ししても楽しめる。

(帯板/帯枕・肌着類・ひも類・伊達締め) 一回購入すれば使い回しできる。

(足袋) 白足袋が基本。

(草履) 着物の格で草履も変わる。

(袋物) カジュアルなら洋装のバッグでもOK。

⬅補正用品や和装用のブラジャー、ショールや羽織など、シーンごとに小物が必要になります。

➡反物の価格=着物の価格ではありません。
反物代は洋服の布代と同じ。加工代や裏地代などがかかります。

着物の採寸の仕方

必要な寸法は五つ

❶ 身丈
❷ 裄丈
❸ 袖丈
❹ 袖幅
❺ 前幅／背幅

❶ 身丈は身長が目安になります

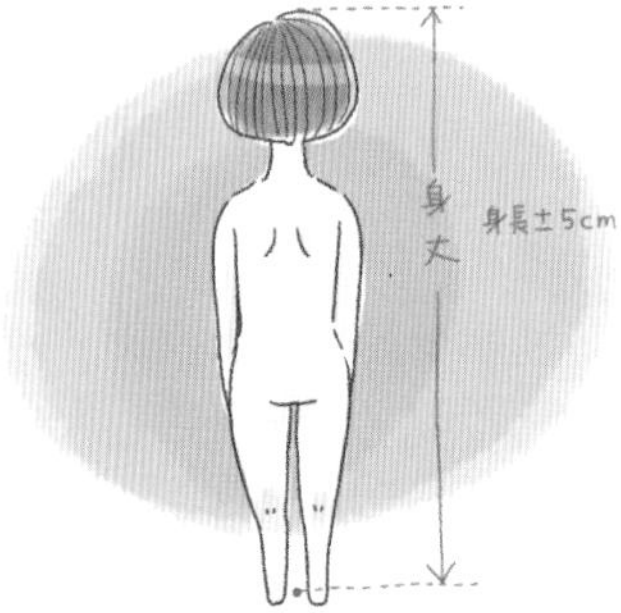

身丈とは着物の長さのこと。身長が目安で、身長プラスマイナス5センチほどです。

❷ 裄丈は腕の長さのことをいいます

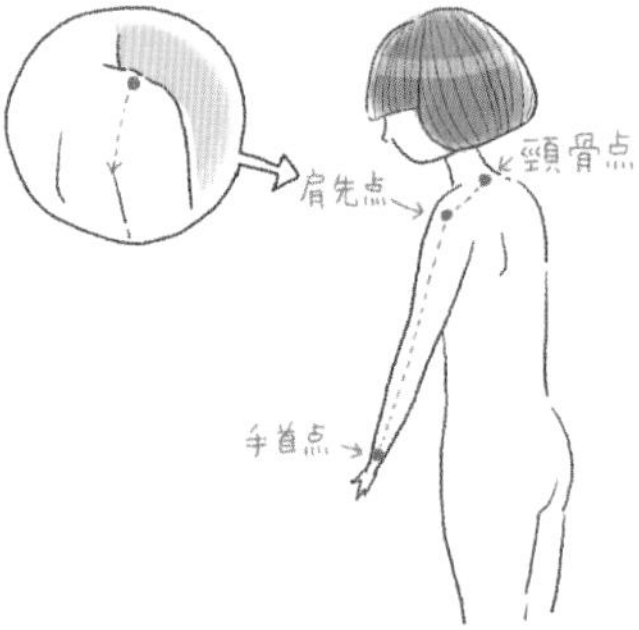

首の後ろの頸椎点から肩をまっすぐ通り、腕のつけ根の肩先点から手首まで。それが裄丈になります。測るときは腕を水平に伸ばして測ります。

身丈と着丈

着丈とは着付けたときの着物の長さのこと。
ただし、採寸で着付けを計ることはありません。

❸ 袖丈は袖の上下の長さのこと。好みで決めてよいものです

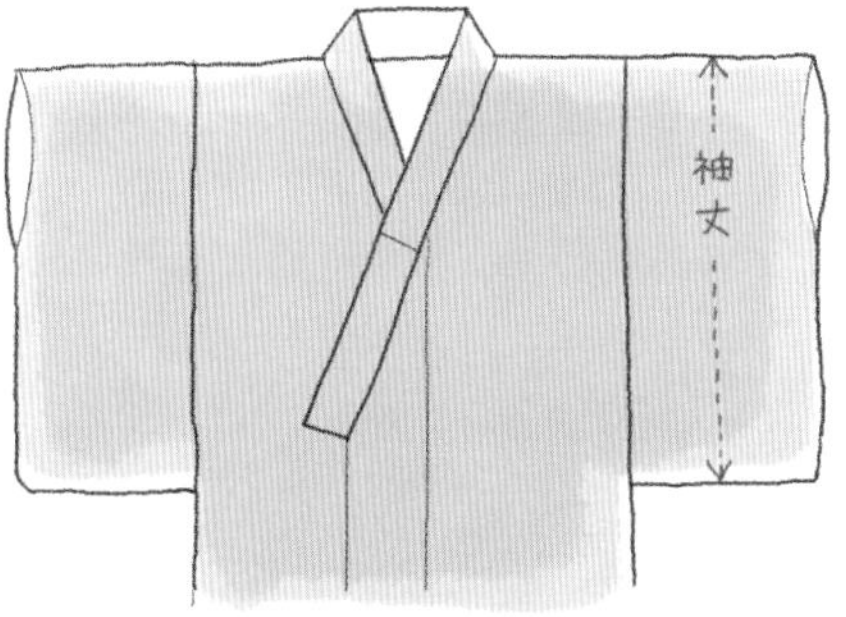

袖丈は袖の上下の長さを指します。好みで決めていいのですが、だいたい1尺3寸(約49センチ)程度。長襦袢、着物、羽織の袖幅を統一しておくと便利です。

袖丈の統一　長襦袢や羽織と着物の袖丈を揃えておくと便利

❹ 袖幅は袖の左右の幅のこと。自然と決まります

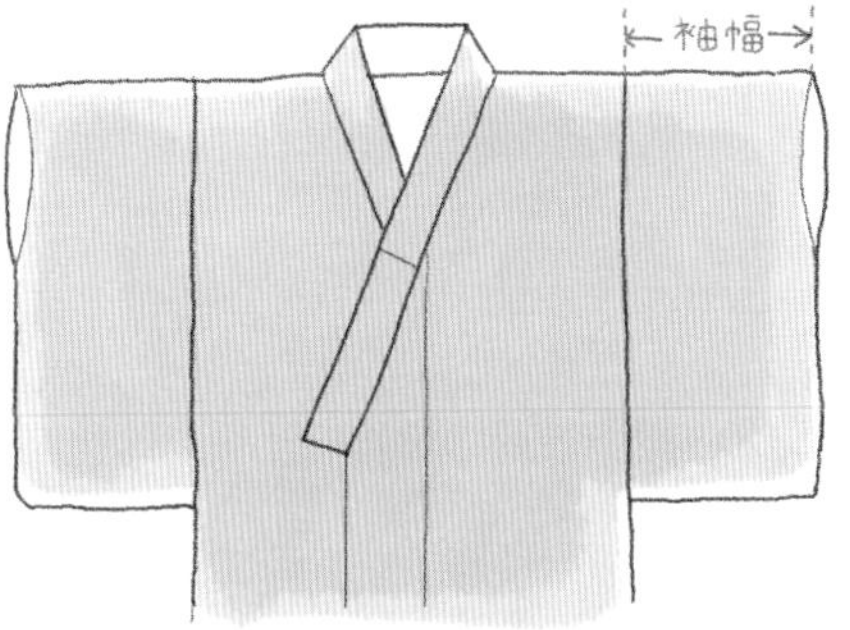

袖の左右の幅のこと。着る人に合わせて調整します。肩幅を袖幅より少し短めにすると形がきれいに仕上がります。

❺ 前幅、後幅はヒップの寸法から出します

前幅=ヒップの寸法×¼+2センチ

後ろ幅=ヒップの寸法×¼+4センチ

文字どおり前身頃の幅が前幅、後ろ身頃の幅が後ろ幅です。左記の計算式はだいたいの目安です。

ヒップより胴回りや胸のほうが大きい場合は大きい方に合わせます。

尺貫法《しゃっかんほう》と鯨尺《くじらじゃく》

着物の寸法はセンチではなく、今でも寸法を尺貫法、つまり尺や寸、分で表します。1尺=約38センチ、1寸=約3.8センチ、1分=約3.8ミリが目安です。また、寸法を計るときは鯨尺といわれるものさしを使います(曲尺《かねじゃく》は長さが違うので注意)。

着物の「小物類」

色や素材だけでなく季節感を取り入れる

コーディネートは着物と帯だけで完成されるものではありません。帯揚げや帯締めはもちろんのこと、袖からちらりとのぞく長襦袢のおしゃれ、半衿の工夫なども重要なポイントになってきます。草履や袋物（バッグなど）と合わせてトータルで考えましょう。

　また、こうした小物類は色や素材も大切ですが、季節感を取り入れることが面白さの一つ。季節を先取りしたり、合わせたりするのが大切です。

帯揚げや帯締めは自分の持っている帯や着物一つに対して複数持っていると、コーディネートの幅が広がります。

小物のいろいろ

●襦袢

肌襦袢と裾よけの上に着るもの。裾まである長襦袢のほかに、裾よけとセットで用いる半襦袢もあります。

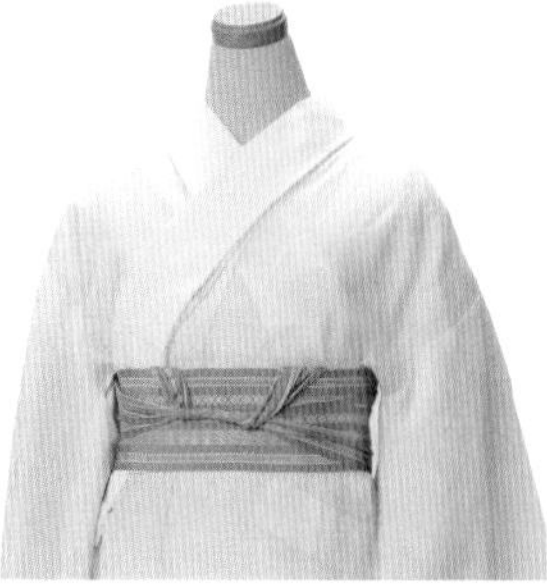

●半衿

長襦袢の上につける衿。汚れ防止と装飾の両方の意味合いがあります。

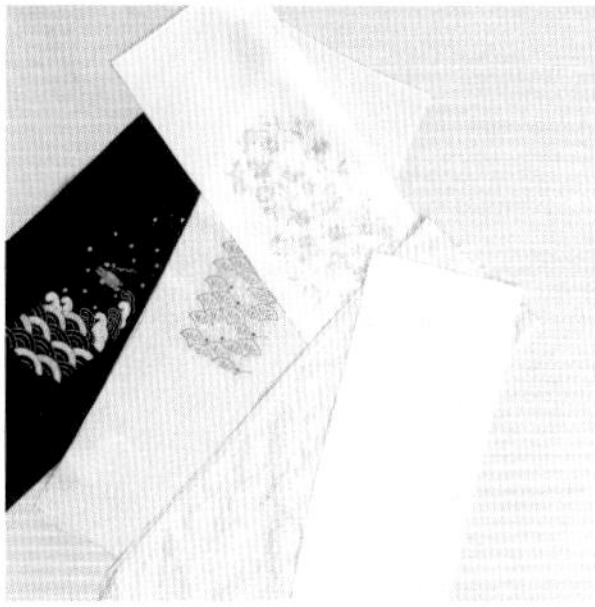

●帯揚げ

帯枕にかぶせて前で帯の上端に収めます。ちりめんや綸子、絞りなどがあります。

●足袋

基本は白足袋です。四枚こはぜや五枚こはぜがあります。ソックスのように履くタイプも。

●帯締め

帯の中央で結ぶひものこと。帯を支えて固定します。着こなし全体のアクセントとしても重要です。

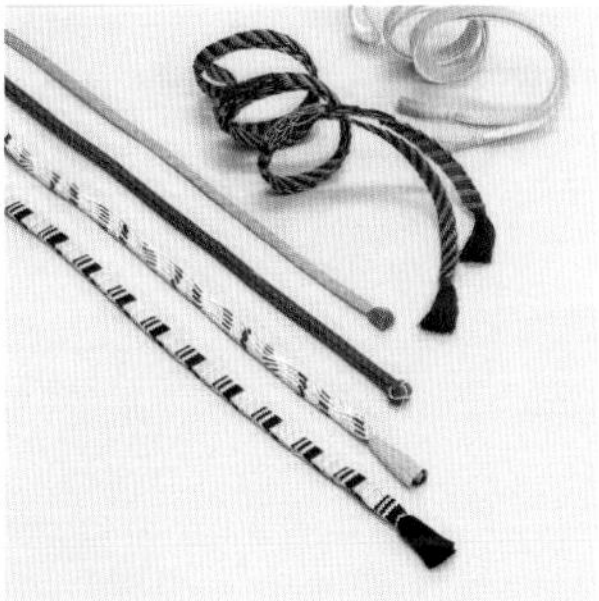

●履物

フォーマルからカジュアルまで着物に合わせて履く草履も変わってきます。

●帯留め

帯締めに通して使います。装飾性が高く、アンティークのものやブローチ風のものも。

●袋物

結婚式などでは金や銀の入ったバッグを使います。カジュアルなら洋装のものも使えます。

小物1

襦袢

裾まである襦袢が長襦袢です。生地は綸子、ちりめん、羽二重などです。

二部式

半襦袢と裾よけでセット。ポリエステル素材の既成品は自分で洗えるので手入れがしやすいです。

長襦袢

もともとの形。着物と違いおはしょりがないため、自分用に仕立てたほうがきれいに着られます。

❸

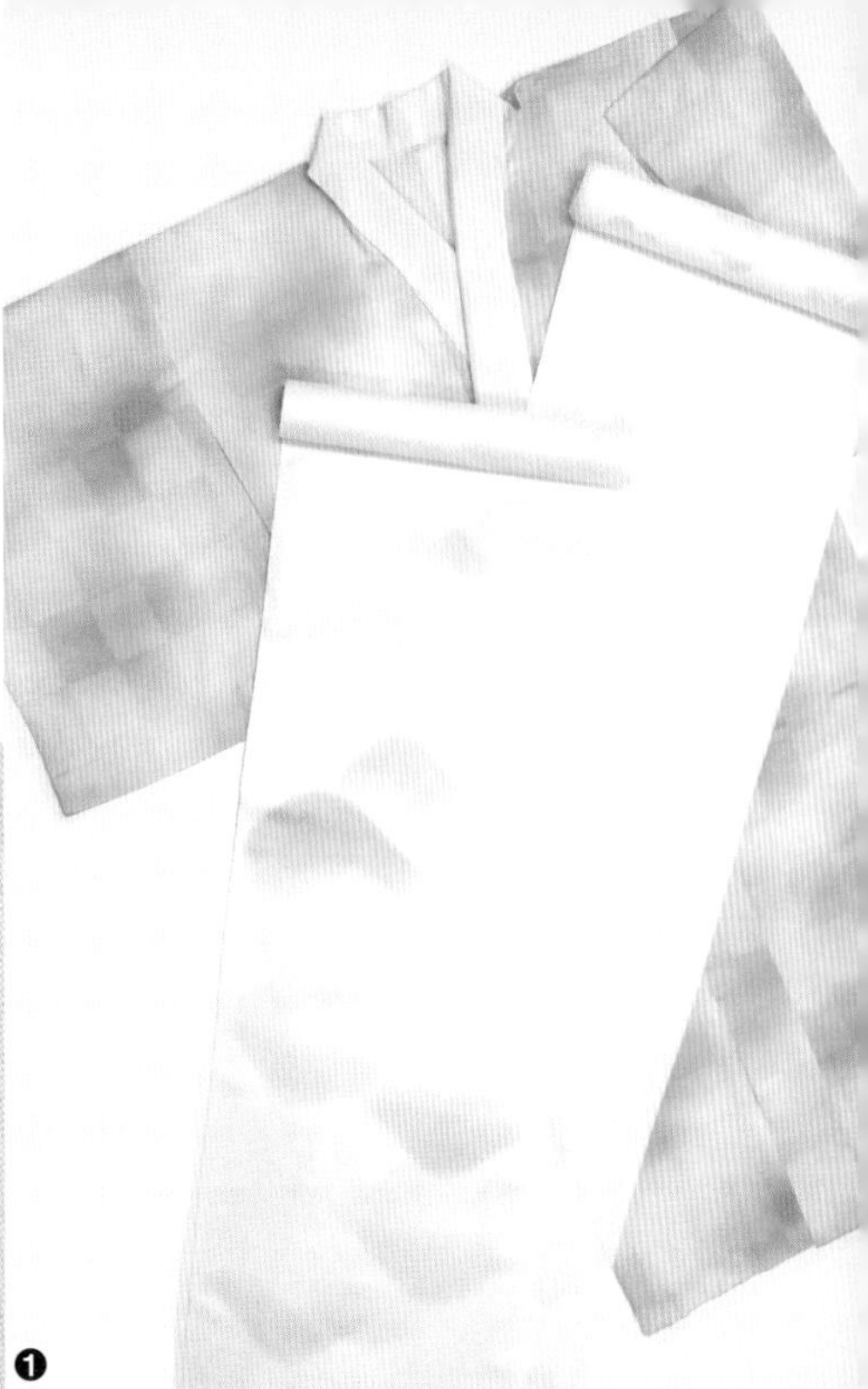

❶

❷

❶ フォーマルな襦袢

黒留袖や色留袖の長襦袢は白と決まっています。色無地や訪問着なら淡い色やぼかしの長襦袢で構いません。生地は綸子、ちりめん、羽二重など。

❷ カジュアルな襦袢

カジュアルな着物の場合は色ものの長襦袢をよく用います。基本的に袖からのぞくだけなので、少し派手めでも大丈夫です。綸子、ちりめんのほか、ポリエステルのものも。

❸ 夏の襦袢

夏用の長襦袢は絽や紗、麻などを用います。洗える麻がおすすめです。薄物は透けるので濃い色はあまり向きません。

小物2

帯揚げ

帯揚げはおしゃれのポイントに

帯揚げはおしゃれのポイントの一つ。絞りの飛び柄や刺繍の入ったもの、竜巻絞りなど、さまざまな手法の帯揚げがあります。上品でやさしい色調のものはフォーマルなよそおいのときに重宝します。最近はプリント柄の帯揚げも。モダンな柄も多くあります。

無地の帯揚げを揃えて

無地の帯揚げを複数持っていると、いろいろ使えて便利です。濃淡取り混ぜて持っていると、同じ帯、同じ着物でも違って見えます。

夏は濃い色が意外と素敵

帯揚げにも夏用があり、麻や絽を用います。淡い色の夏用の着物に、少し濃いめの帯揚げを合わせるとすっきり引き締まって見えます。

小物3

帯締め

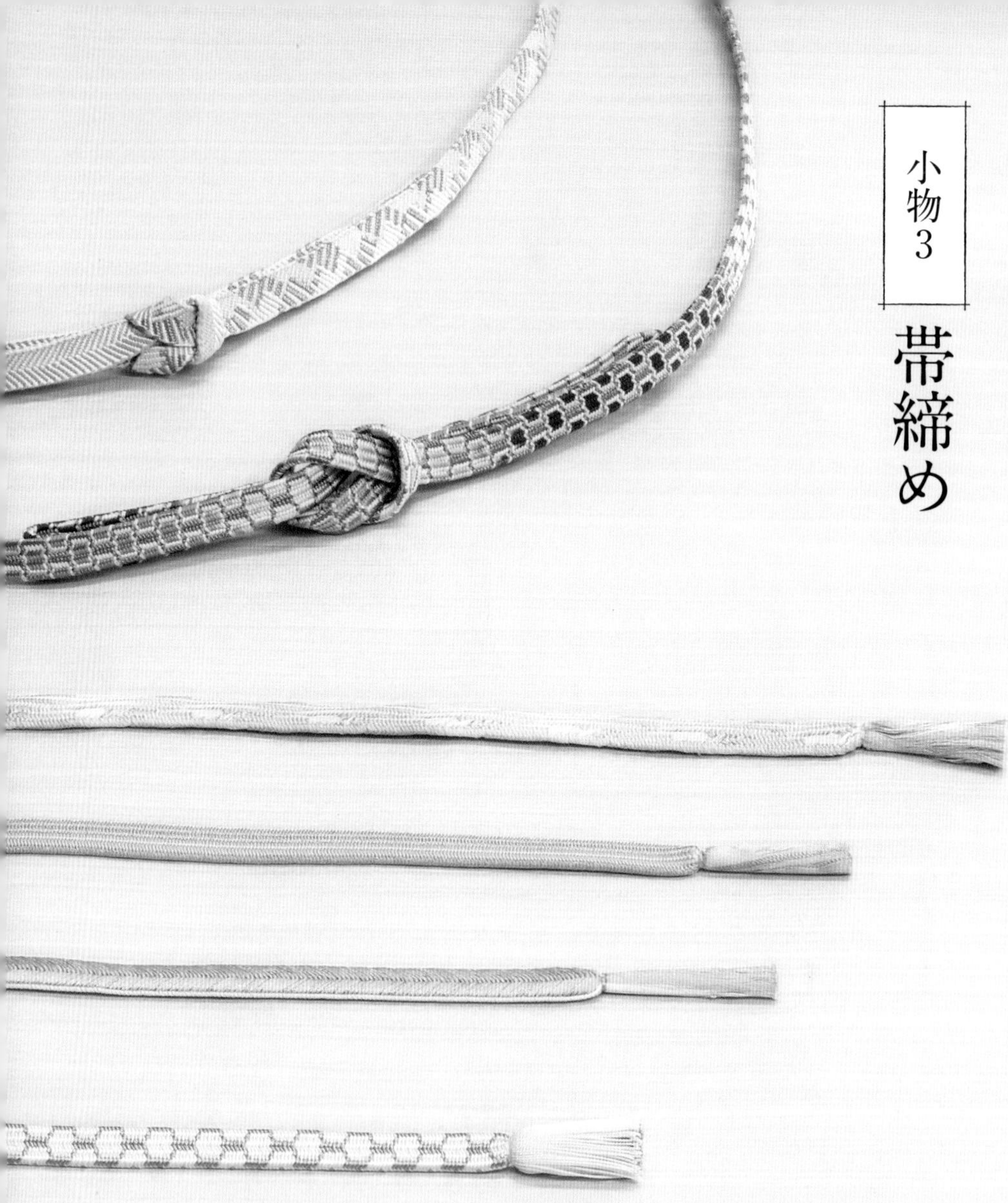

フォーマルな帯締め

礼装には金糸や銀糸の入った平組の帯締めを用いるのが一般的です。平組の帯締めは手の込んだものが多く、高級感があります。

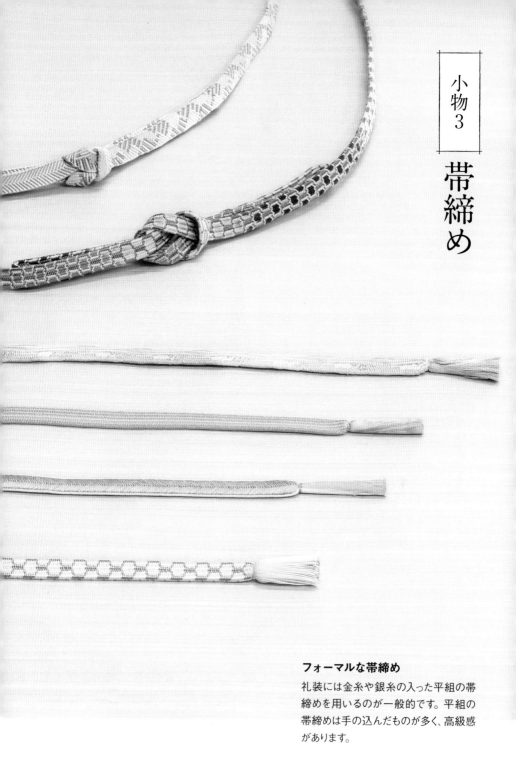

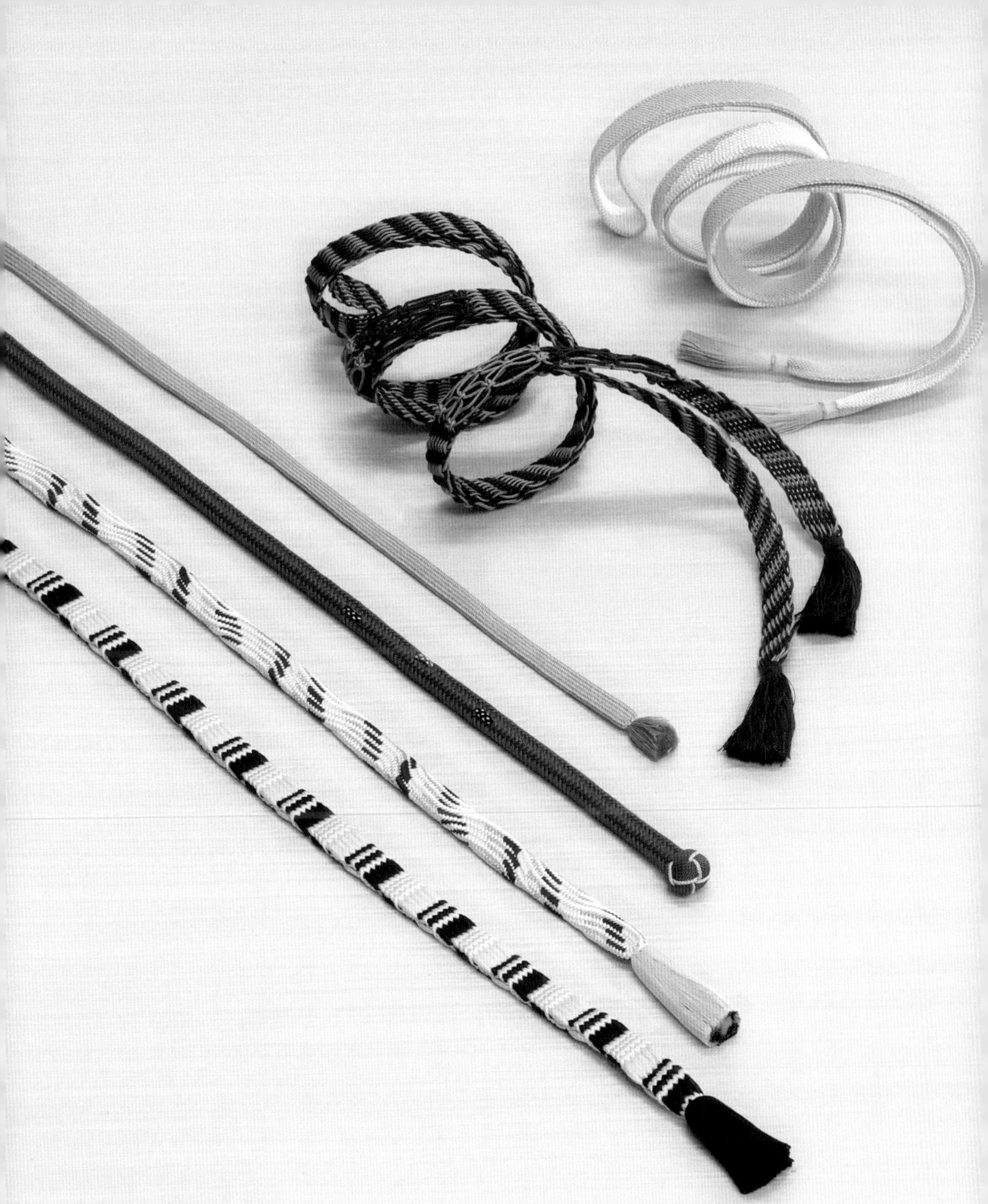

カジュアルな帯締め

小紋や紬などカジュアルな着物では帯締めも個性的なものが映えます。最近は海外製の安いものもありますが、やはり締め心地はしっかり作られたものには敵わないようです。

小物4

帯留め

美しい装飾品。素材はいろいろ

帯留めは三分ひもと呼ばれる細い帯締めに通して使用します。アンティークなもの、絞りの布地を使ったもの、ガラス製のもの、焼き物、彫金などさまざまな種類があり、おしゃれを楽しめます。

小物5

半衿

半衿のおしゃれは
着物の魅力のひとつ

半衿は白が基本です（薄物には麻など夏用の半衿にします）。そのほか、刺繍衿やレース衿など色柄もさまざま。衿元にちらりとのぞくおしゃれな半衿は、カジュアル着物に欠かせません。

小物6

足袋

女性の足袋は白のキャラコのものが一般的です。白のほか、色足袋や柄足袋もあります。

基本は白足袋 こはぜの数に違いがある

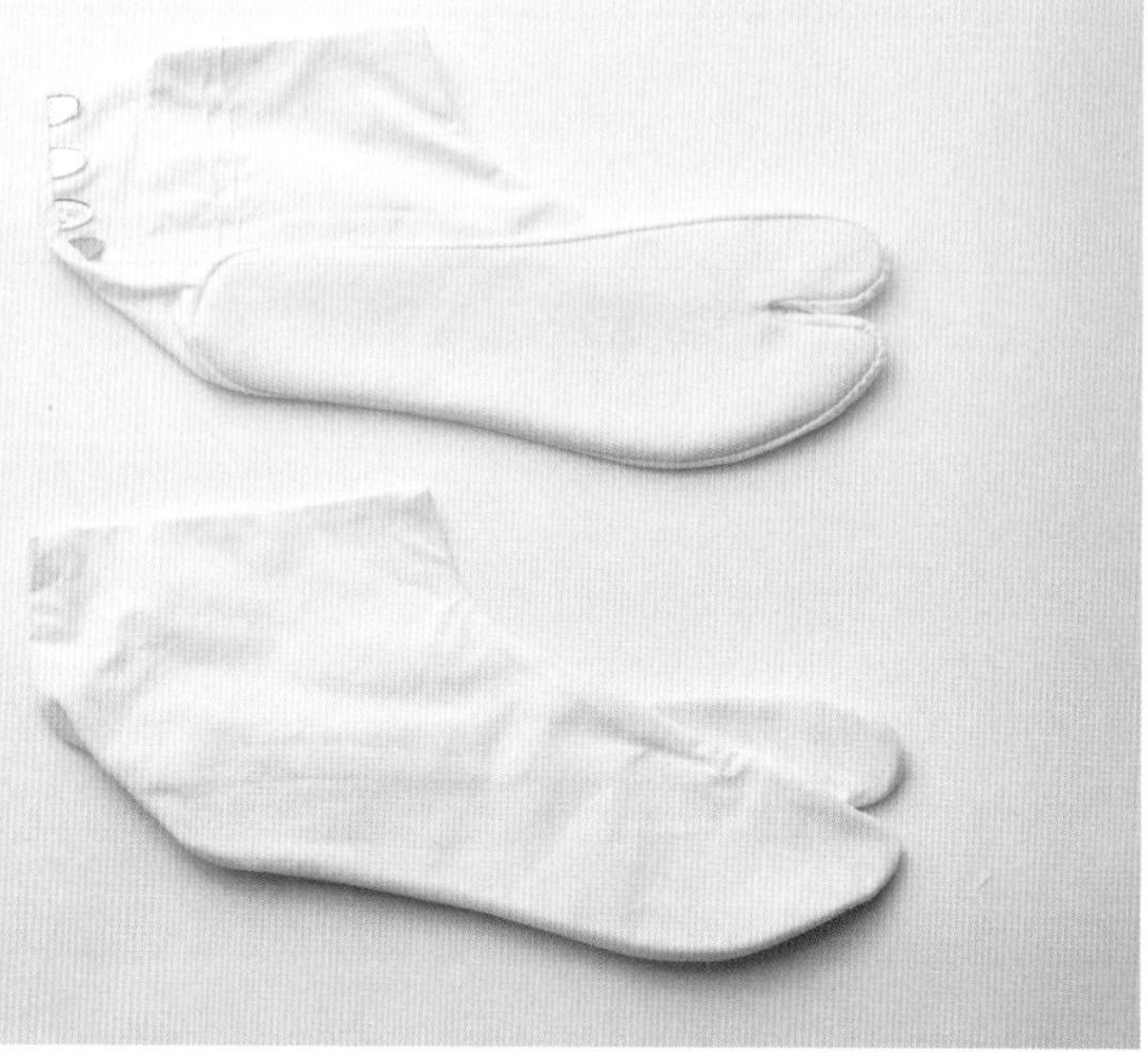

四枚こはぜ

こはぜ（留め具）が四枚ついた最も一般的な白足袋。ふだん着からフォーマルまで幅広く使えます。

五枚こはぜ

五枚こはぜは四枚こはぜより足首をしっかり包みます。踊りをする人なども使います。

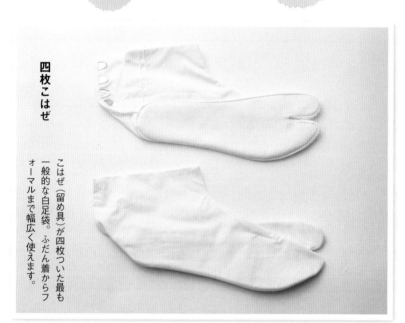

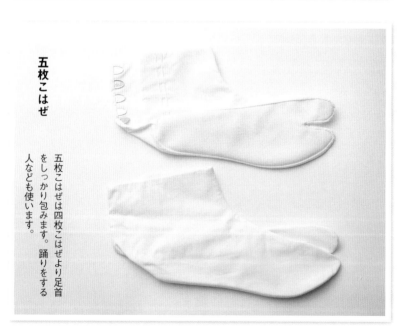

レースの足袋。ソックスタイプ。
繊細なタイプの着物によく合う。

黒のストライプの柄足袋。
無地に見える江戸小紋などに合わせても。

カラフルな足袋も人気

色の靴下を履くように、カジュアルな着物なら色足袋や柄足袋も楽しいもの。気をつけたいのは柄の着物のとき。大柄の着物に水玉などの柄足袋を合わせるとケンカしてしまうので、無地のほうが無難でしょう。

色足袋。からし色ならいろいろな
着物に合わせられる。五枚こはぜ。

モノトーンで気軽に履ける足袋。
ソックスタイプで履きやすい。

小物7 履物

草履はシンプルなものを最初に購入。カラフルな草履や下駄は好みで買い足していくとよいでしょう。

フォーマル

鼻緒に金糸が入ったフォーマルなもの。改まった席にぴったりな格のある草履。

フォーマルからカジュアルまで使える白の草履は一つ持っているととても便利。

カジュアル

鼻緒と側面の巻が同じ模様。無地の着物または細かい柄の着物に合わせたい。

天がブルーのさわやかなカジュアル草履。寒色系の着物とよく合う。

前つぼの赤がきいています。カジュアルではあるけれど、おしゃれ着にも使える雰囲気。

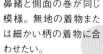

夏用

パナマ帽と同じパナマソウを使った夏用のパナマ草履。涼しげな雰囲気。

夏用のフォーマル草履。一足は持っていたい基本の草履の一つ。

下駄

白木の後丸下駄。天の赤と鼻緒の青海波模様で粋な雰囲気。

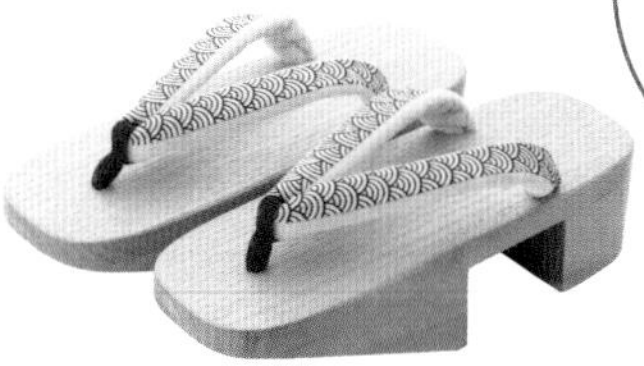

小判形で履きやすい右近下駄。糸を張り縞模様をつけた糸春雨塗り。

黒塗りの舟形下駄。草履型なので下駄の中でもきちんとしたイメージがあります。

天が網代の舟形下駄。夏のカジュアル着物に草履感覚で履ける下駄。

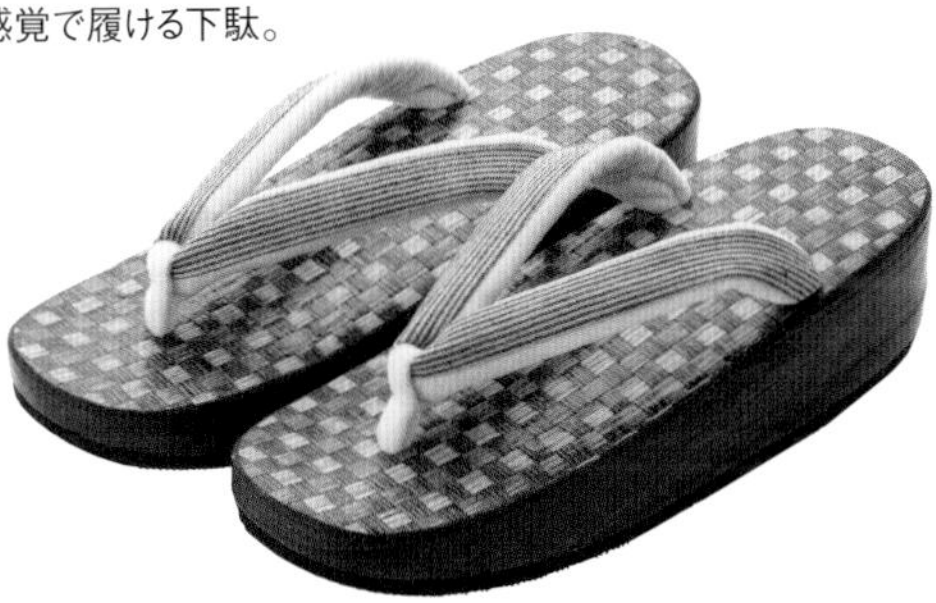

黒塗りの駒下駄。代表的な下駄の形。芸者さんが履いていたことから芳町下駄とも。

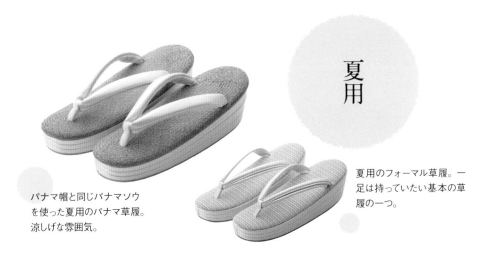

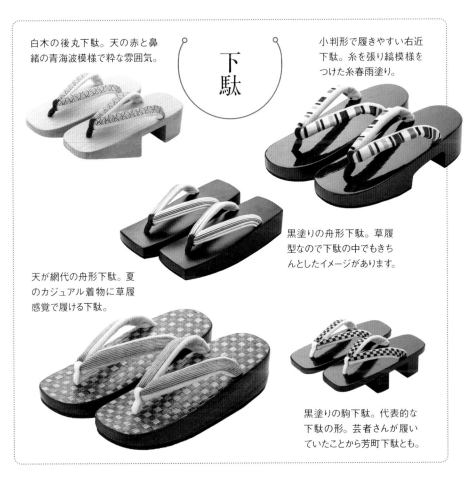

小物8 袋物

バッグは巾着型など昔ながらのものより、洋装でも使えるようなものが最近は人気です。

フォーマル

光沢があるクラッチタイプのフォーマルバッグ。白が基調でどんな着物にも合います。

フォーマルのバッグと草履がセットになったもの。一つ持っていればさまざまな場面で役立ちます。

ちょっとした結婚パーティなどにはこんな感じのハンドバッグで。茶色だから着物の色を選びません。

カジュアル

着物でも荷物が多いときには大きめのかごバッグを。カジュアルですが、きちんと感もあります。

かわいらしいかごバッグ。ナチュラルな茶のかごバッグは合わせやすく収まりのよい大きさです。

ざっくり編まれたバッグ。お稽古ごとなどでも荷物の形を気にせず入れることができて便利です。

着物の手入れ

しみや汚れは専門家に任せて

着物は洋服とは違い、着るたびに洗濯するものではありません。いつまでも美しい状態を保つよう手入れをしましょう。人間は水分のかたまり。着物は脱いだらすぐハンガーにかけてひと晩陰干しし、湿気を取りましょう。長襦袢も陰干しし、帯はほどいてすぐたたくようにしてしわを伸ばします。

しみや汚れがないか点検し、見つけたら専門店に処置を頼むようにしましょう。家庭で処置しようとすると、かえって汚れが広がる恐れがあります。手入れの済んだ着物や帯は畳《たとう》紙《し》に包んで収納します。

着物は着物用の和だんすに保管しておくのが一番ですが、ない場合は洋服だんすでも保管はできます。その場合、晴れた日や乾燥した日には扉を少し開けて湿気を逃しましょう。

※写真は畳紙に包んでいませんが、基本は畳紙に包んで保管を。

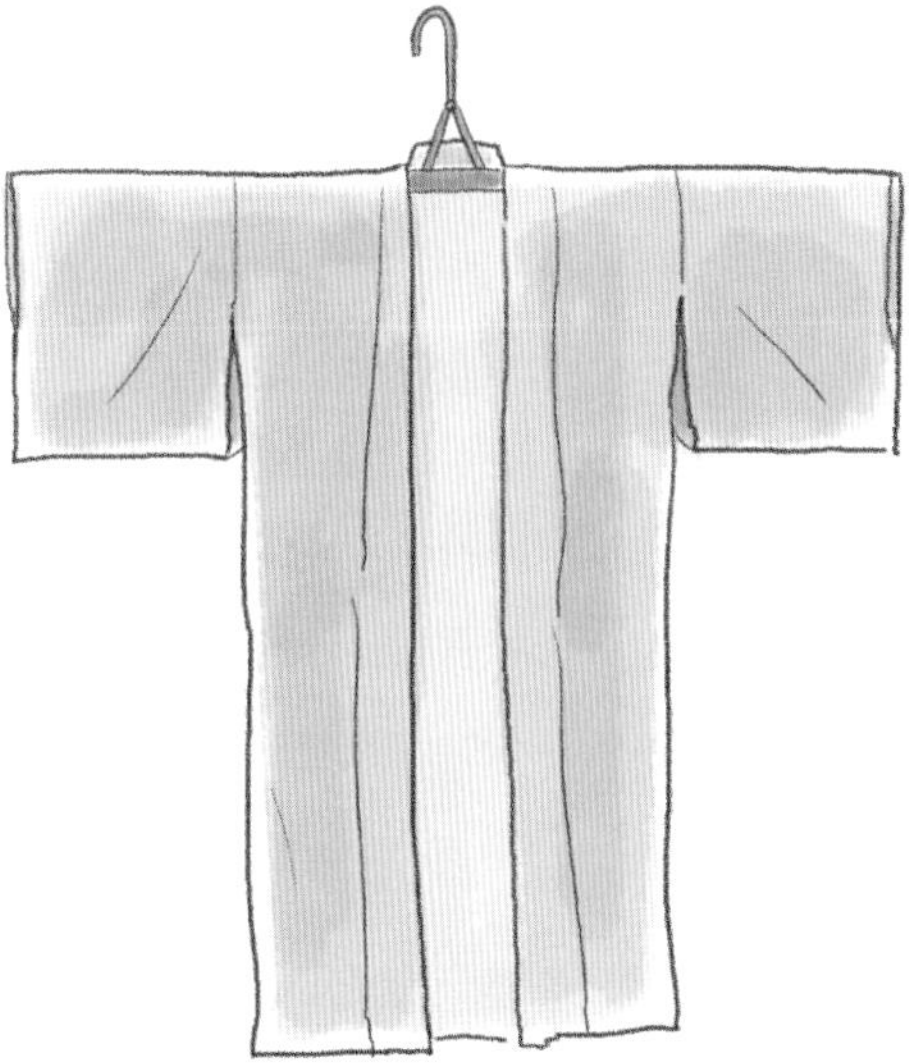

着物は脱いだらひと晩、ハンガーへ

着物を脱いだらすぐにハンガーにかけて陰干しします。かけじわがつきにくい和装ハンガーを使うのがおすすめです。

↓

半日〜一日干して湿気を飛ばしたら、畳紙に包んで収納しましょう。長時間吊るしておくと裾がたるんだ状態になるので注意。

帯締め

帯締めは引き出しの底に糊抜きした白木綿の布やうこんの布を敷いて収納します。房を揃えて収納しましょう。

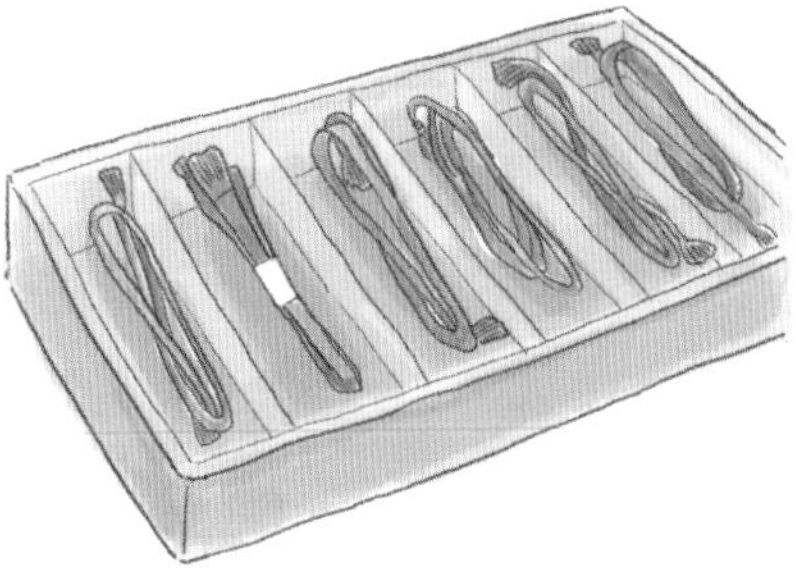

帯はほどいたらすぐにたたいて伸ばす

帯はほどいてすぐの、温もりが残っているうちにたたくようにしてしわを伸ばします。その後畳紙に包んで収納しましょう。

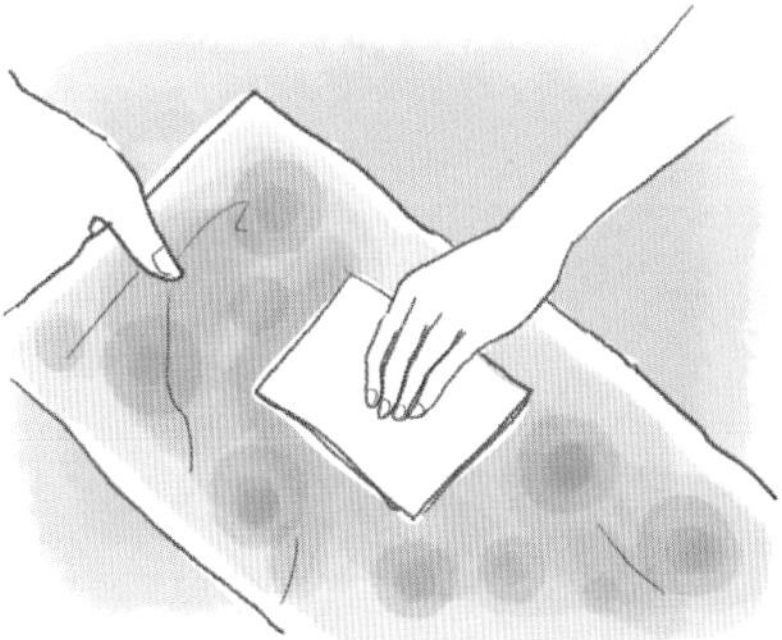

帯揚げ

四つ折りか巻いた状態が普通ですが、箱にしまうときは箱の深さに合わせて折りたたみ、白木綿の布を敷いて収納します。

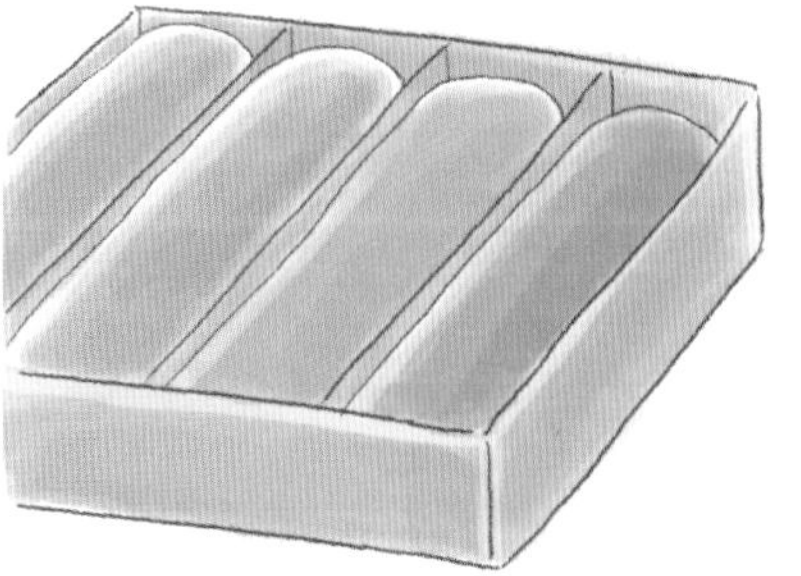

畳紙は窓付きが便利

たたんだ着物や帯を収納する畳紙は、中が見られる窓付きのものを選びましょう。取り出して確認する手間がかかりません。

着物のたたみ方（本だたみ）

着物は余分なしわができないよう、できるだけ大きくたたみます。「本だたみ」は、染め・織り問わず基本となるたたみ方です。

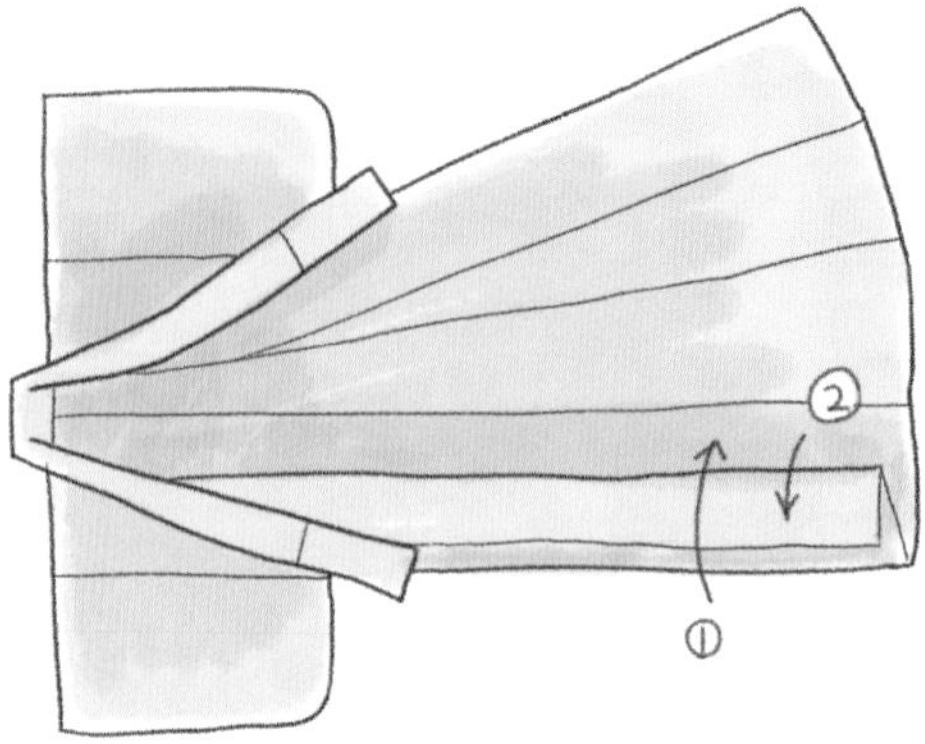

1 衿を左側にして、着物を平らに広げます。脇の縫い目で折り、下前の衽を衽線で折り返します。

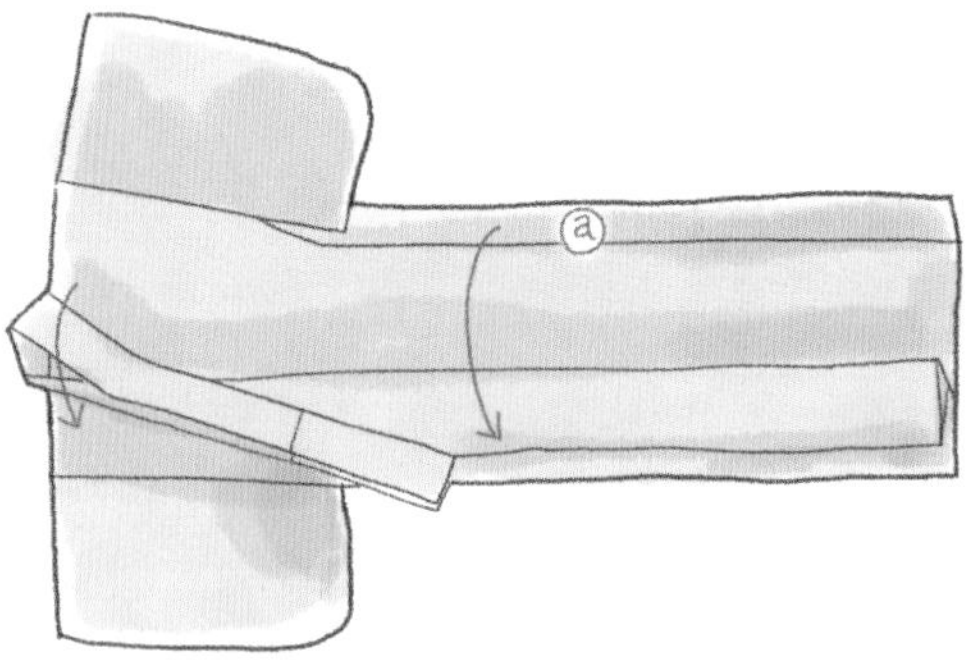

2 上前の衿と衽を下前に合わせ、脇縫い（a）を持って重ねます。背縫いの衿から少し下と衿肩の二つの角から、衿を内側に倒して折ります。

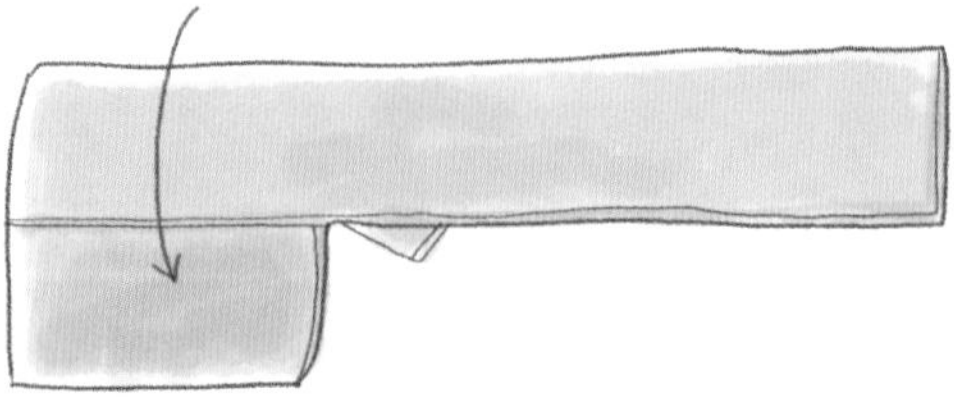

3 背縫いで折り、左の脇縫いを右の脇縫いに合わせ、左右の身頃と袖を重ねます。

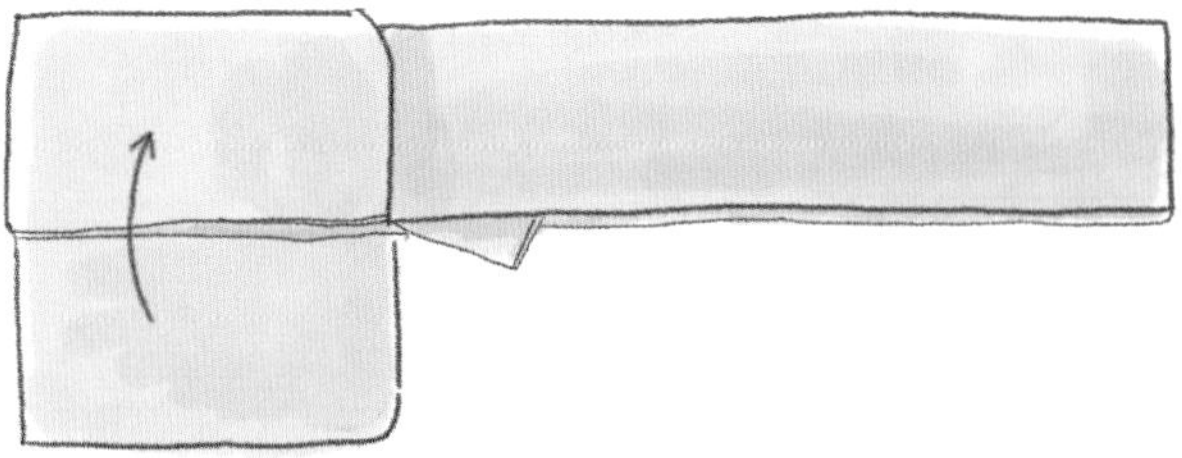

4 左袖を身頃の上に折り返します。このとき、男物は袖幅が広いので袖付きの縫い目より少し袖側を折ります。

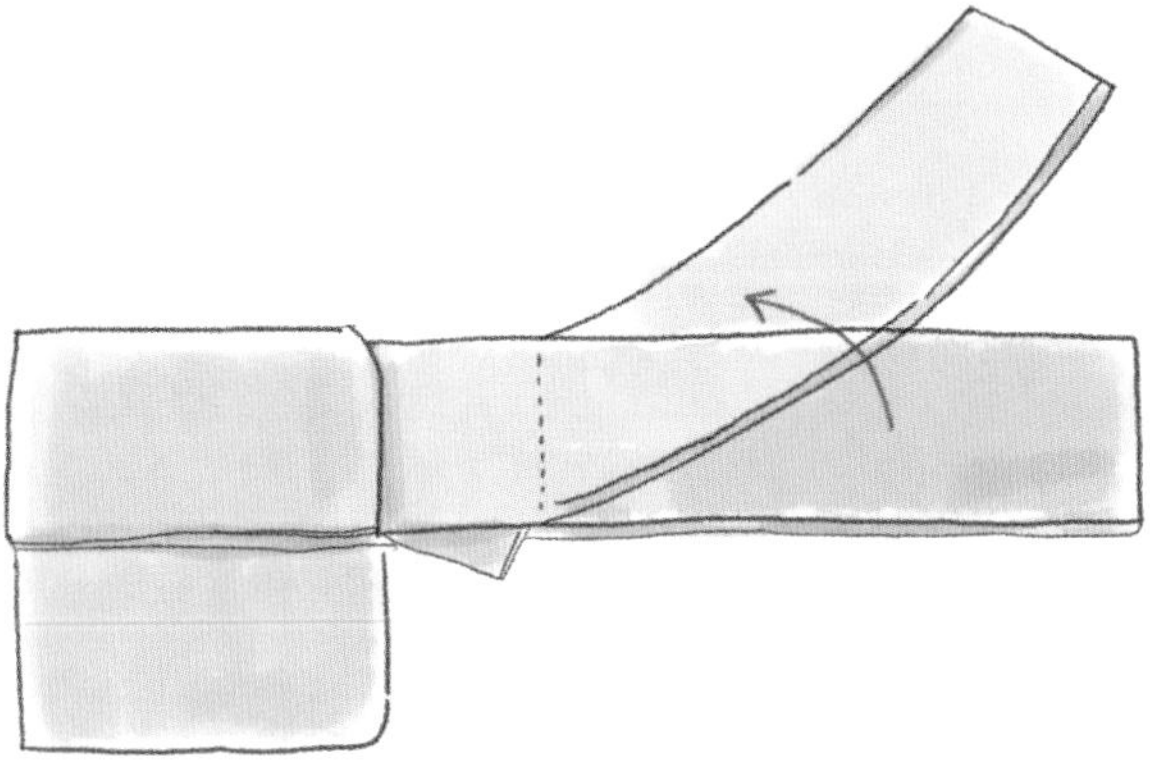

5 身頃の丈を二つ折りにします。右袖が手前にきている状態が正しい形です。

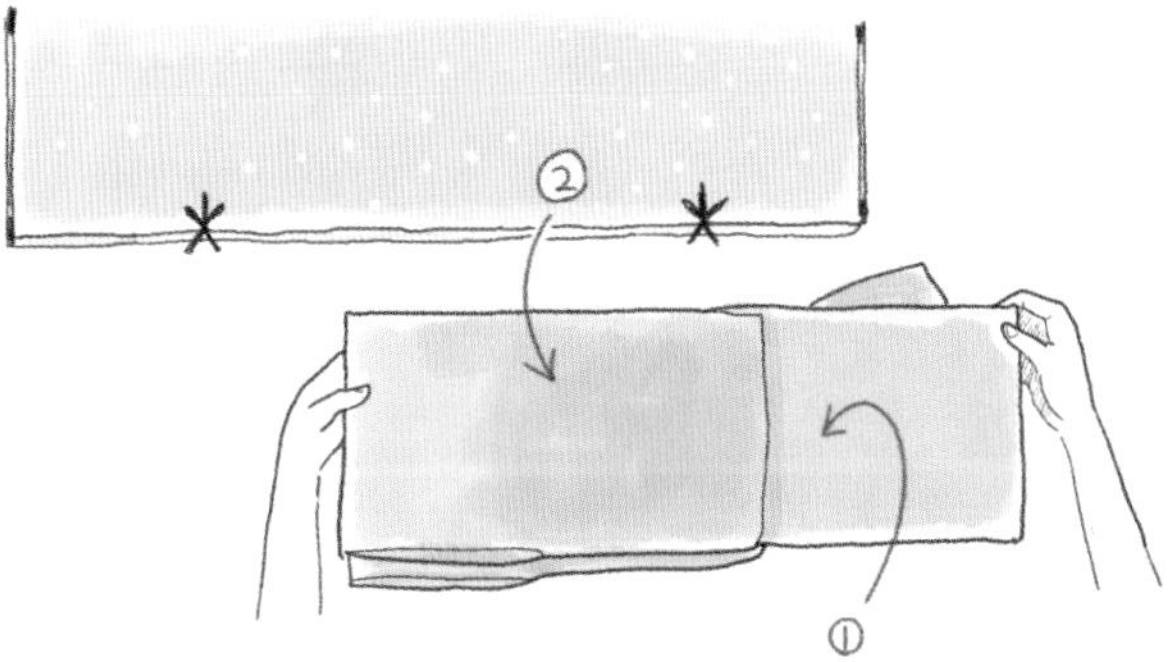

6 着物を持ち替えて向こう側に返し、右袖を身頃の上に重ねます。こうすることで着物が畳紙に入れやすくなります。

着物のたたみ方（夜着だたみ）

留袖のように比翼付きのものや豪華な刺繍を施した振袖などの、模様に折り目をつけたくない着物に適したたたみ方です。

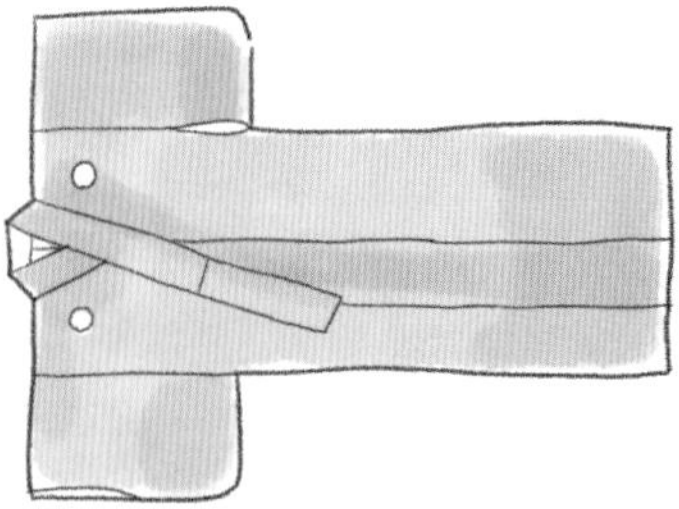

1

衿を左にして広げて両脇の縫い目で身頃を折って重ねます。下前に豪華な模様があれば、薄紙を当てましょう。

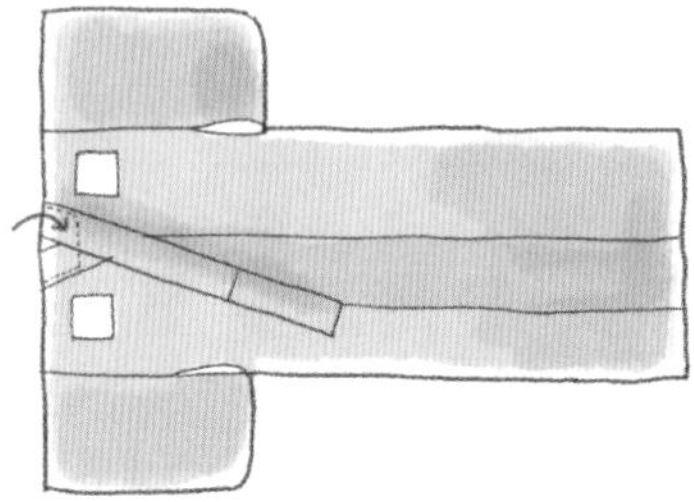

2

衿付け線から衿を内側にして折ります。紋があれば、薄紙を当てて汚れを防ぎましょう。

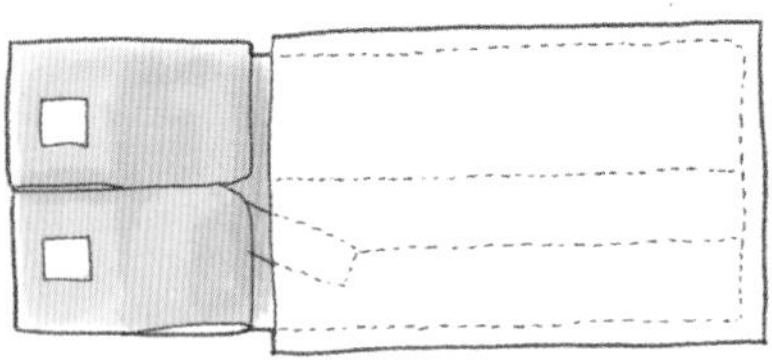

3

両袖を身頃に折り重ねます。袖の紋にも当て紙をします。模様全体を覆うように、薄紙を当てましょう。

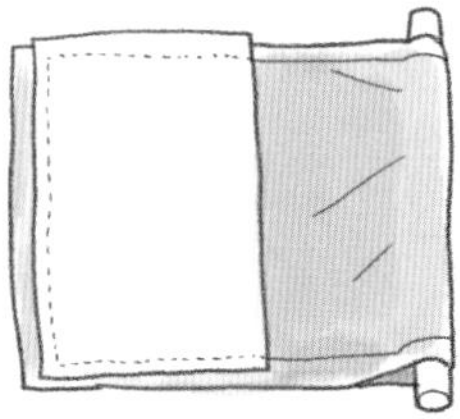

4

白い布や紙を丸めて芯を作り、折り目に当てて身丈を二つ折りにします。芯は市販されている枕状のものもあります。

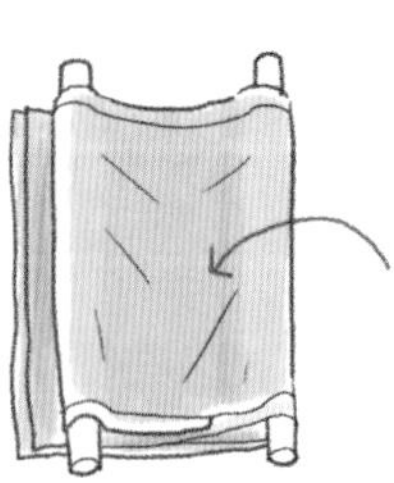

5

後ろ裾の模様にも薄紙を当ててから芯をはさみます。さらに二つ折りにしましょう。

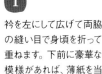

長襦袢のたたみ方

たたみ方は夜着だたみに似ています。長襦袢はたたみじわをあまり気にする必要がないため、小さくたたむことができます。

※ここで紹介しているのは本来は関東仕立ての長襦袢のたたみ方です。関西仕立ての長襦袢では折り目が少ない本だたみを好む場合もあります。

1

衿を左にして平らに広げます。両脇の縫い目で身頃を折り重ねましょう。

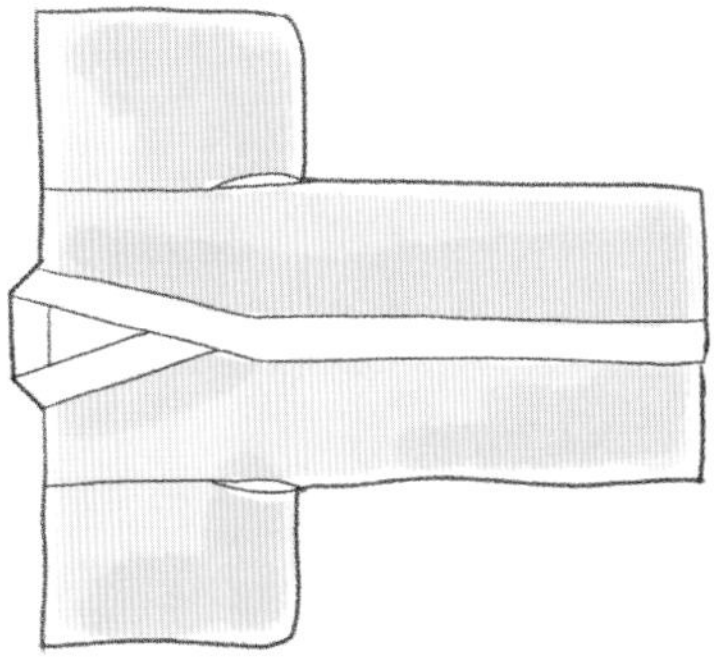

2

右脇縫いが身幅の中央に重なるように折り、袖口から袖幅の三分の二あたりで袖を折り返しましょう。

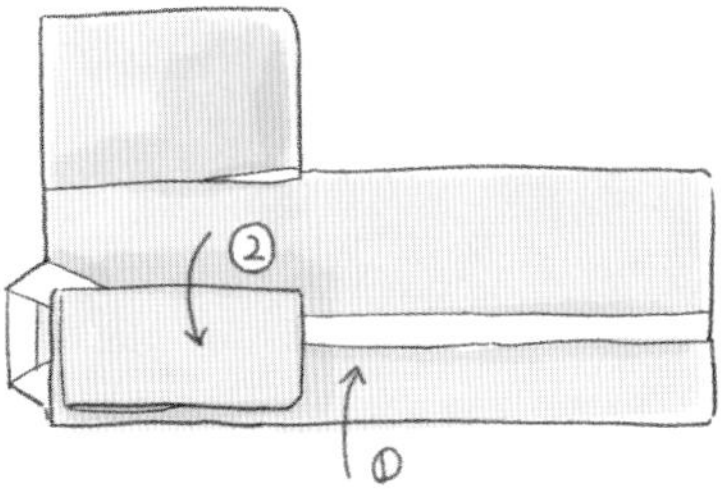

3

左側も同様に折りましょう。左袖を右袖の上に折り重ねます。

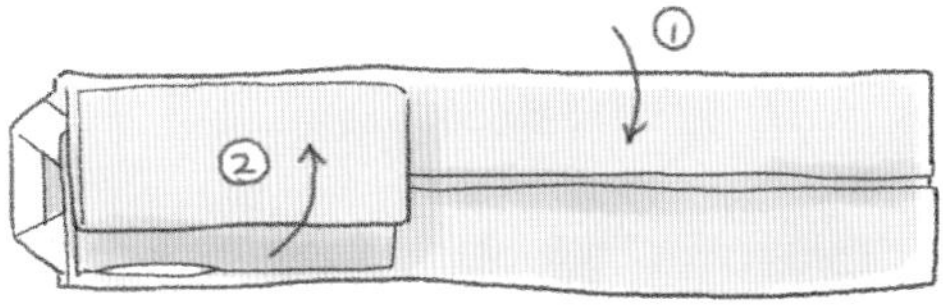

4

肩山から少し下に裾がくるようにして、身丈を二つ折りにしましょう。

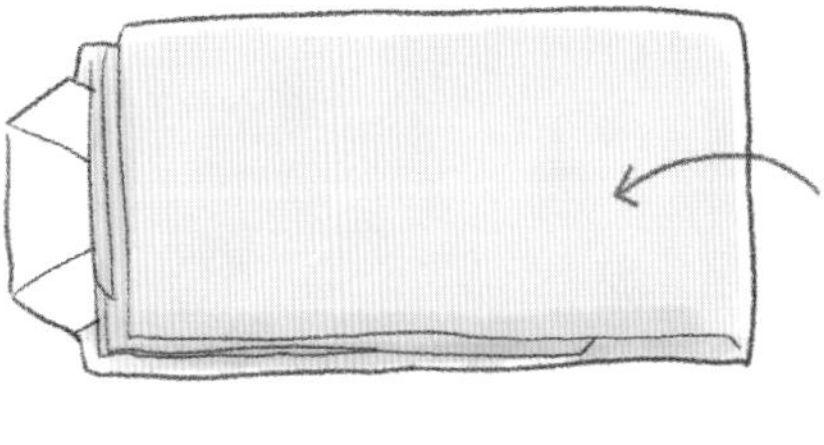

袋帯のたたみ方

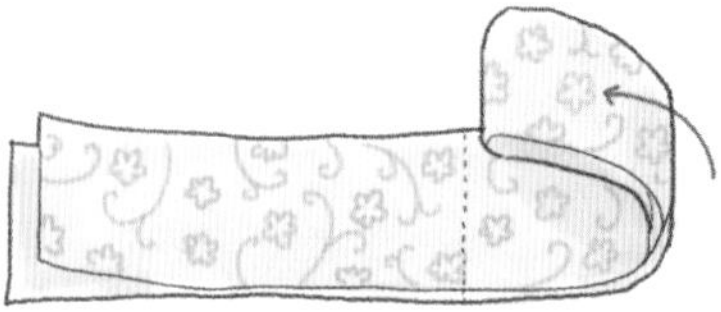

1

両端を揃えて二つ折りにします。その後、もう一度二つ折りにします。

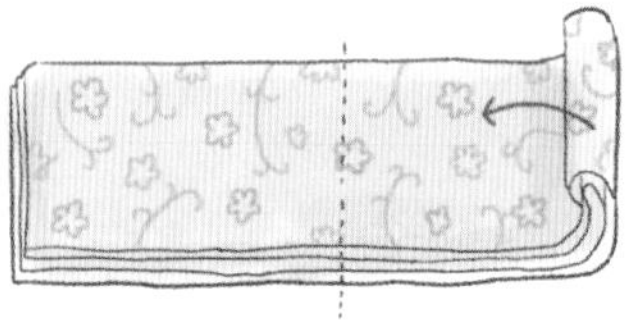

2

さらに、二つ折りにしましょう。

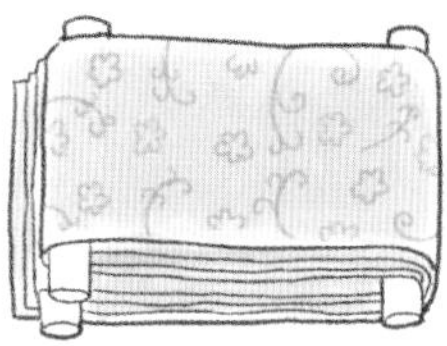

3

折り目に白い布や紙を丸めた芯を挟んでおくとより安心です。芯は市販されている枕状のものもあります。

名古屋帯のたたみ方

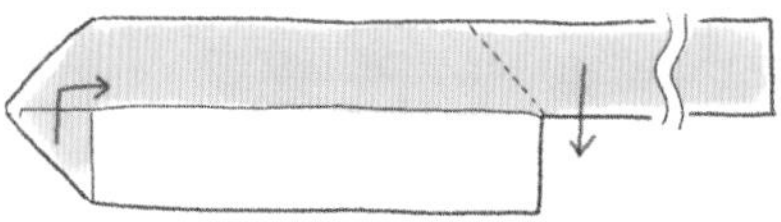

1

太鼓の表側を下に、タレを右にして置きます。胴帯と太鼓の境目を三角に開いて折り、胴帯を太鼓の裏に重ねます。

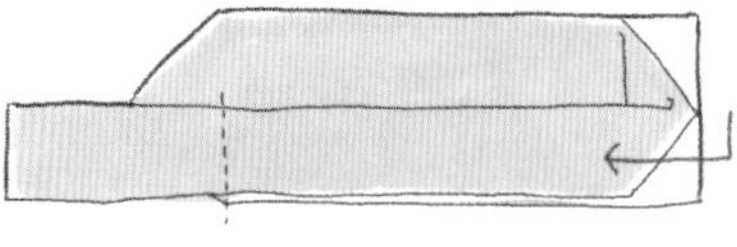

2

胴帯をタレの端で三角に折り返し、太鼓の上で胴帯を並べましょう。

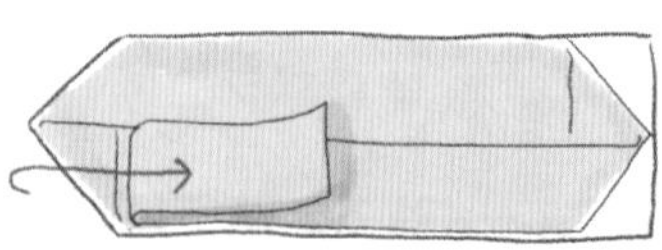

3

左に伸ばした胴帯を、太鼓と胴帯の境目で折り返します。

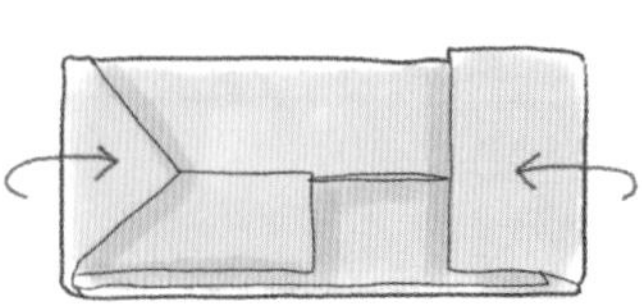

4

左側の三角の部分とタレ側を折り返しましょう。

※名古屋帯の仕立て方によりたたみ方は変わります。

着物をいつまでもきれいに着るために知っておきたいこと

脱いだらチェックする五つのポイント

❶ 衿

汗や皮脂、ファンデーションによる汚れがないか確認します。汗じみや汚れを落としましょう。

❷ 袖口

皮脂がつきやすい袖口は、日常的にブラシでこまめに汚れを落としましょう。

❸ 裾

泥はねや床のほこりがつきやすい箇所です。泥はねは完全に乾いてからガーゼでたたきます。

❹ 前身頃

食べこぼしなどの汚れがつきやすいので、しみを見つけたら応急処置をして専門店に出しましょう。

❺ 裏地

放置していると変色しやすいのが着物の裏地。風通しのよい場所でしっかり陰干しをしましょう。

着た後にすること

着終えた着物はすぐにしまわず、帯や襦袢、ひも類まですべてハンガーにかけて風通しのよい場所で半日〜一日陰干ししておきます。カビや変色の原因になる湿気をしっかり取りましょう。

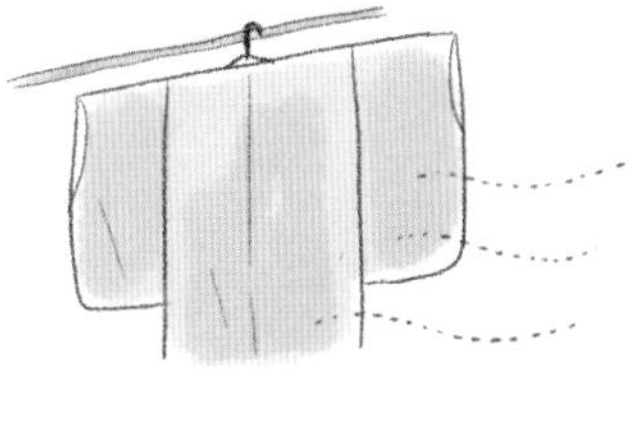

基本は
- ・こすらない
- ・ぬらさない
- ・温めない

油性と水性でしみは対処法が異なる

水性の汗じみは……

汗をかいたときは放置しておくと汗じみができてしまいます。麻の着物以外は専門の業者に手入れを頼みましょう。水でぬらしてはいけません。

油性のしみや汚れは……

しみの裏にタオルをあて、リグロインかベンジンを含ませた布でしみの周りからたたくように落とします。

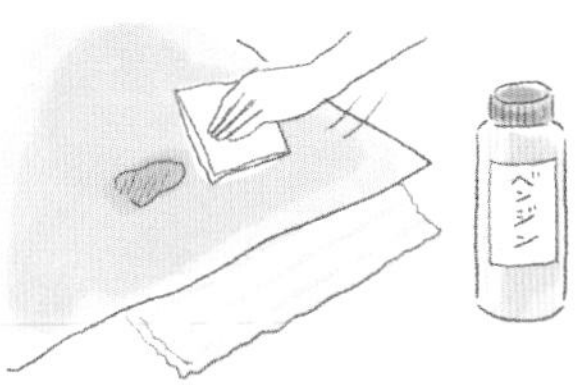

ほこりは……

別珍の小布団で着物を優しくなで、ほこりを取る。特に衿や袖口、裾は汚れやほこりがつきやすい。

（しわにならないように）

脱いだらすぐにハンガーで吊るしておくだけで、ほとんどのしわは取ることができます。

着物の保管方法

虫干しの期間

<table>
<tr><td rowspan="2"></td><td colspan="3">1月</td><td colspan="3">2月</td><td rowspan="2">3月</td><td rowspan="2">4月</td><td rowspan="2">5月</td><td rowspan="2">6月</td><td colspan="3">7月</td><td colspan="3">8月</td><td colspan="3">9月</td><td colspan="3">10月</td><td rowspan="2">11月</td><td rowspan="2">12月</td></tr>
<tr><td>上</td><td>中</td><td>下</td><td>上</td><td>中</td><td>下</td><td>上</td><td>中</td><td>下</td><td>上</td><td>中</td><td>下</td><td>上</td><td>中</td><td>下</td><td>上</td><td>中</td><td>下</td></tr>
<tr><td>虫干しの期間</td><td></td><td></td><td colspan="3">寒干し</td><td></td><td></td><td></td><td></td><td></td><td></td><td></td><td colspan="2">土用干し</td><td></td><td></td><td></td><td></td><td colspan="3"></td><td></td><td></td><td></td></tr>
</table>

※2 ～ 3日晴れの続いた乾燥した日に行う。
※着物を干す時間は湿気の多くなる朝と夕方は避け、10時から15時くらいまで。

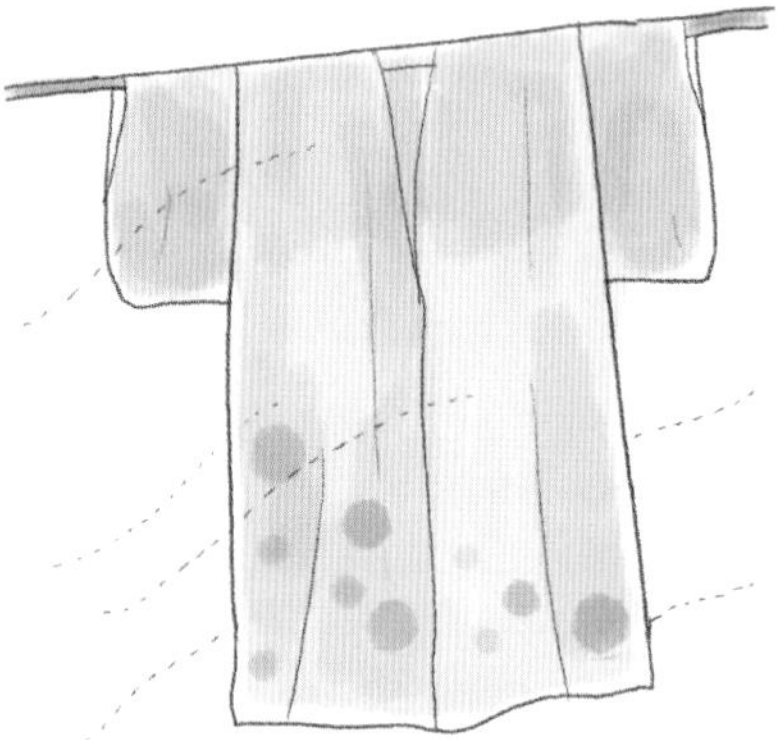

湿気の少ない時期に一年に一度は行いたい

着物や帯をたんすに入れたままにしておくと、湿気によるカビやガスによる変色の原因になります。そのため、一年に一度は湿気を払う虫干しを行いましょう。梅雨明け、秋晴れの続く10月、冬の2月頃が適しているといわれています。日の当たらない場所に着物や帯を裏返して干し、湿気の少ない10 ～ 15時に4時間程度置いておきましょう。

たんすへのしまい方

畳紙に包んで桐だんすで保管する

着物は畳紙という和紙に包んで、桐箱や桐だんすで保管するのが理想です。桐材は引き出し内の湿度を低い状態に調整してくれるため、防虫効果が高いのです。しかし、いくら桐だんすでも密閉性の高い部屋に置いてはいけません。風通しのよい部屋に収納してください。桐だんすがない場合は、収納ケースの底にすのこを敷いて通気性を確保しましょう。

第4章

着物を楽しむ

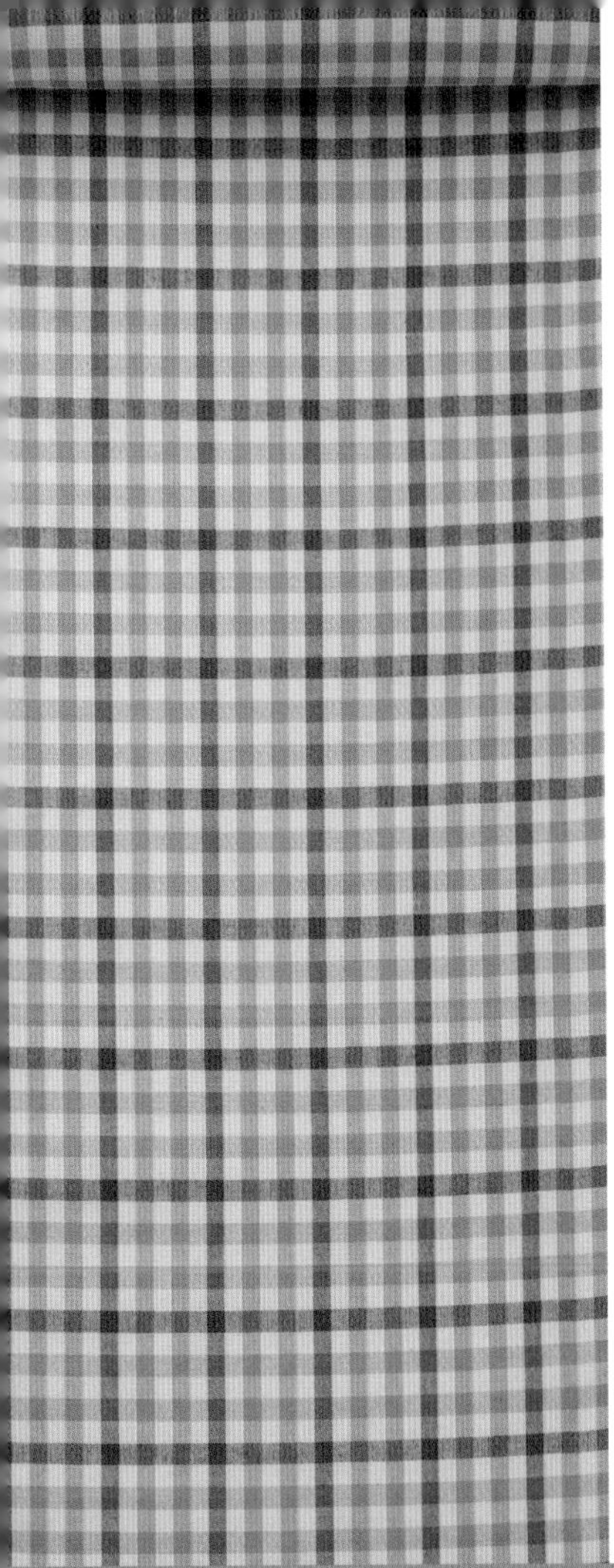

フォーマルから
カジュアルまで、
着物のコーディネートの
仕方を解説

「格」を楽しみ自分なりの「粋」を見つける

―フォーマルとカジュアル―

「着物のコーディネートを楽しむといっても、洋服とは違うだろうし……」。そんなふうに思っている方は多いでしょう。好きなものを好きなように着るのが基本ですが、悩んでいる方も多いと思うので、いくつか役立つセオリーをお教えします。

まず、「無地の着物に柄の帯」ならやぼったくはなりません。洋服と同じで柄と柄を合わせるのは難しいこと。無地の着物に、色味を合わせた柄の帯を組み合わせればまとまります。この無地の着物には遠目に無地に見える

江戸小紋なども入ります。

帯揚げや帯締めは最初は着物や帯の中の一色を使うようにすれば大丈夫。洋服的な考え方ではありますが、落ち着いた印象になります。慣れてきたら、反対色や差し色で冒険をしてみてください。

「柄の着物と柄の帯」の組み合わせは柄の大きさがポイント。小さい柄の着物に大柄の帯、またはその逆から始めてみましょう。そうすれば失敗は少ないはずです。

「格」については神経質になりすぎないこと。着物を着ているだけでそれなりに見てくれる時代でもあります。「格」を楽しみつつ、自分なりのおしゃれを見つけてください。経験を積み重ねることで「粋」に着物を着こなせるようになります。

帯を変えれば印象は
がらりと変わる

着物コーディネート

無地または無地に見える着物と柄のある帯の組み合わせは、帯と小物使いでイメージが変化します。

1 基本のコーディネート

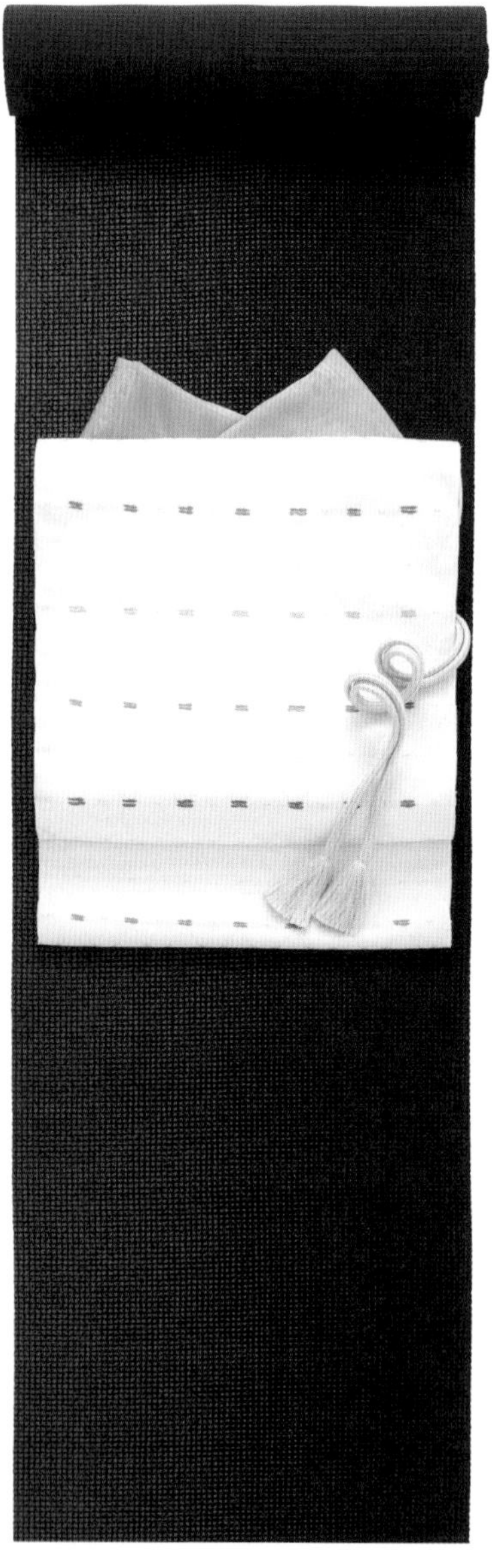

スマートカジュアルに使える着こなし。帯のきちんと感に合わせた帯揚げや帯締めを選んで。

履物は？

白のプレーンな草履なら着こなしを邪魔しません。足元まできちんと感を出しましょう。

2 モダンなコーディネート

個性的な帯を合わせるとがらりと雰囲気が変わります。真紅の帯揚げでより華やかに。

履物は？

帯や帯揚げと同じ「赤」がポイントに使われたカジュアルな草履。おしゃれ感が出ます。

3 粋なコーディネート

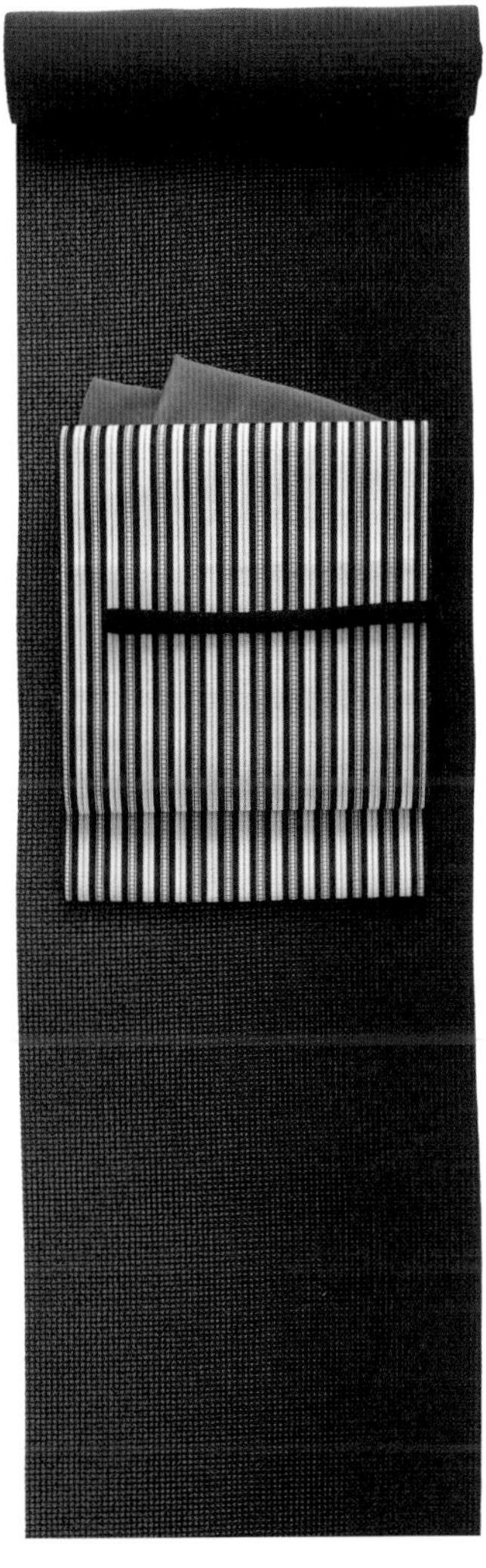

江戸っぽい縞の帯と合わせて粋な着こなし。寄席や歌舞伎鑑賞にぴったりなよそおいです。

履物は？

粋な着こなしには足元も下駄を合わせて。糸春雨塗りのモダンなデザイン。

フォーマル～セミフォーマル1

訪問着

紋のついていない訪問着はかしこまりすぎず、セミフォーマルに使えます。一枚あると便利な着物です。

レストランウエディングにも着られるゴージャス感のある訪問着

ゴールドが印象的な重めの訪問着。シャンデリア柄の帯と合わせてゴージャスな雰囲気。

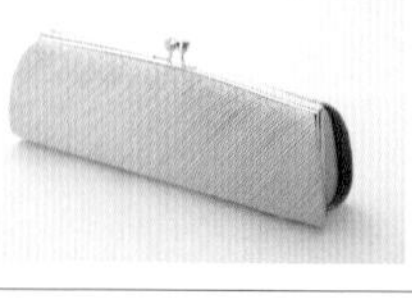

フォーマルな白バッグ

横長の形が個性的なフォーマルバッグ。小物でよりおしゃれ感が出ます。

七五三での母親に
30代のセミフォーマル

薄ピンクの訪問着は30代のセミフォーマルにぴったり。上品な袋帯できちんと感を。

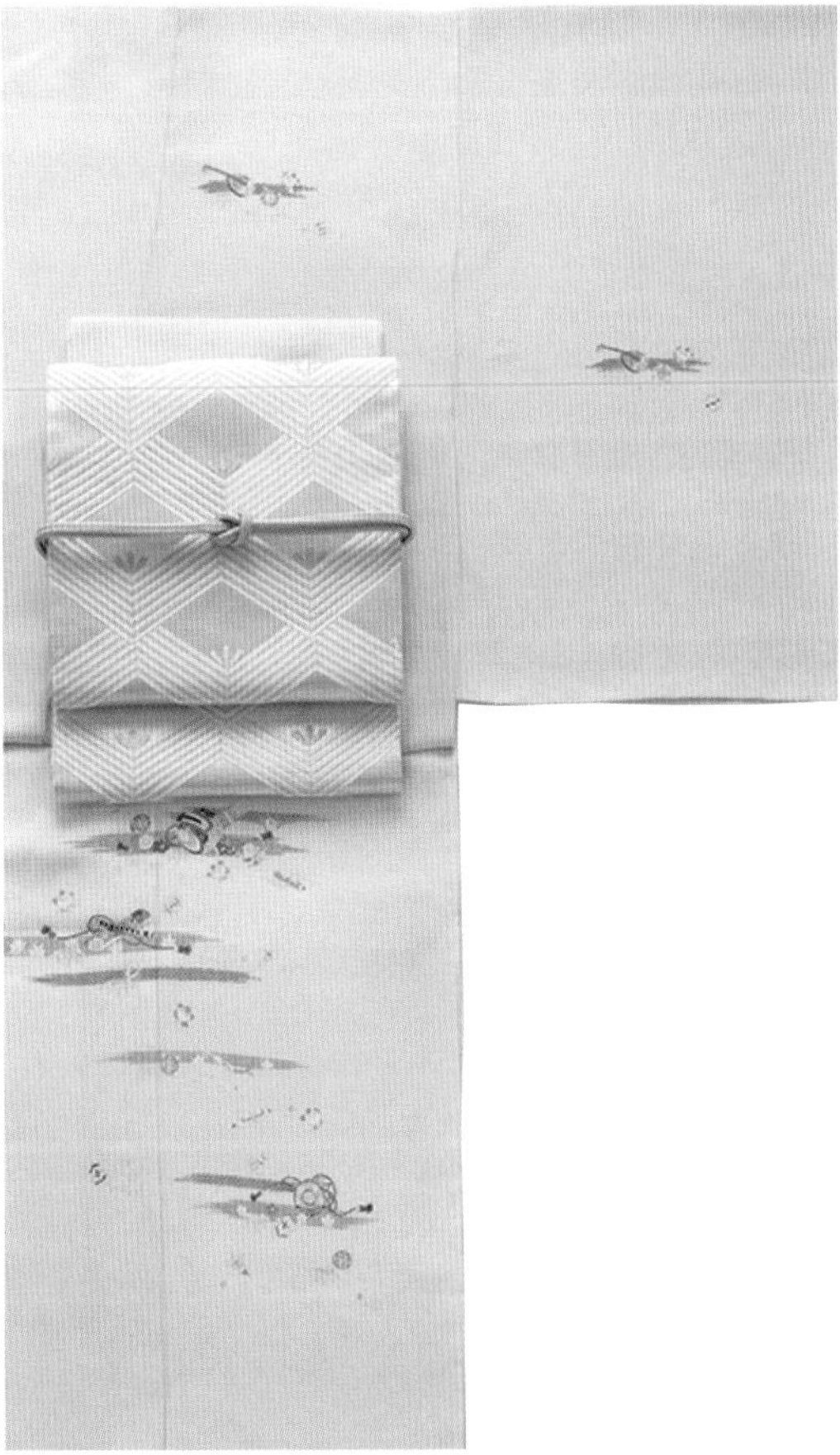

賀詞交歓会などに
ふさわしいよそおい

軽めの訪問着はビジネスの際に役立ちます。柄も小さめで主張しすぎません。

フォーマル〜セミフォーマル2

付け下げ〜小紋

付け下げや小紋でもフォーマルやセミフォーマルに使える着物はあります。帯もきちんとした袋帯を選んで。

お宮参りにきちんと感のあるよそおい

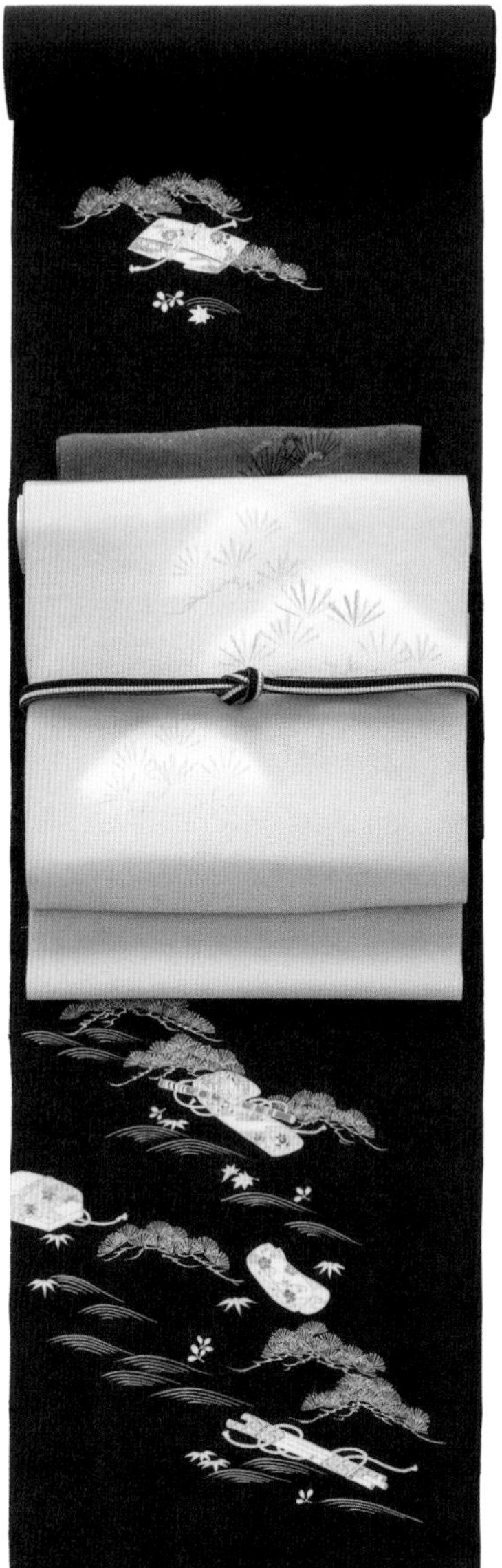

重めの付け下げ。松などをモチーフにした柄は孫のお宮参りなどおめでたい場にふさわしい。

セットなら使いやすい

バッグと草履がセットになったもの。フォーマルなセットは、一組持っておくと便利です。

上品さが光る小紋
しっかり見えるよそおい

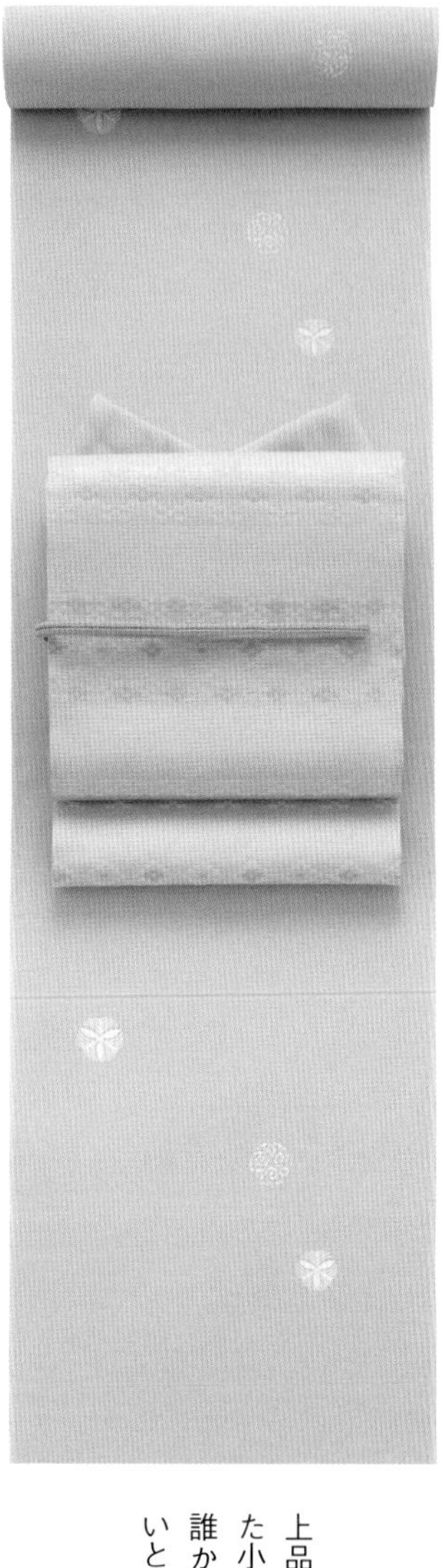

上品な雪をモチーフにした小紋。長寿のお祝いなど、誰かのためによそおいたいときに。

若めのセミフォーマル
軽めの付け下げは着やすい

かわいらしい柄の軽めの付け下げ。子供の入園・入学式にぴったりな春のセミフォーマル。

フォーマル〜
セミフォーマル3

パーティー

ホテルの宴会場でのパーティーなど、改まった席でこそ、着物は引き立ちます。

ホテルでのパーティーにぴったり 若めでモダンなセミフォーマル

無地の着物にはモダンな柄の都会的な帯を合わせて。帯揚げのピンク、帯締めのイエローが華やか。

洋服にも使えるバッグで

現代風のコーディネートだからこそ、
バッグもちょっとエスニックなものを
合わせるとおしゃれ。

顔見世で着られるような重厚感のある付け下げ

紅葉や小菊などが描かれた重めの付け下げ。重厚感があるから歌舞伎の顔見世などにも。

振袖ではないけれど華やかさを出したいときに！

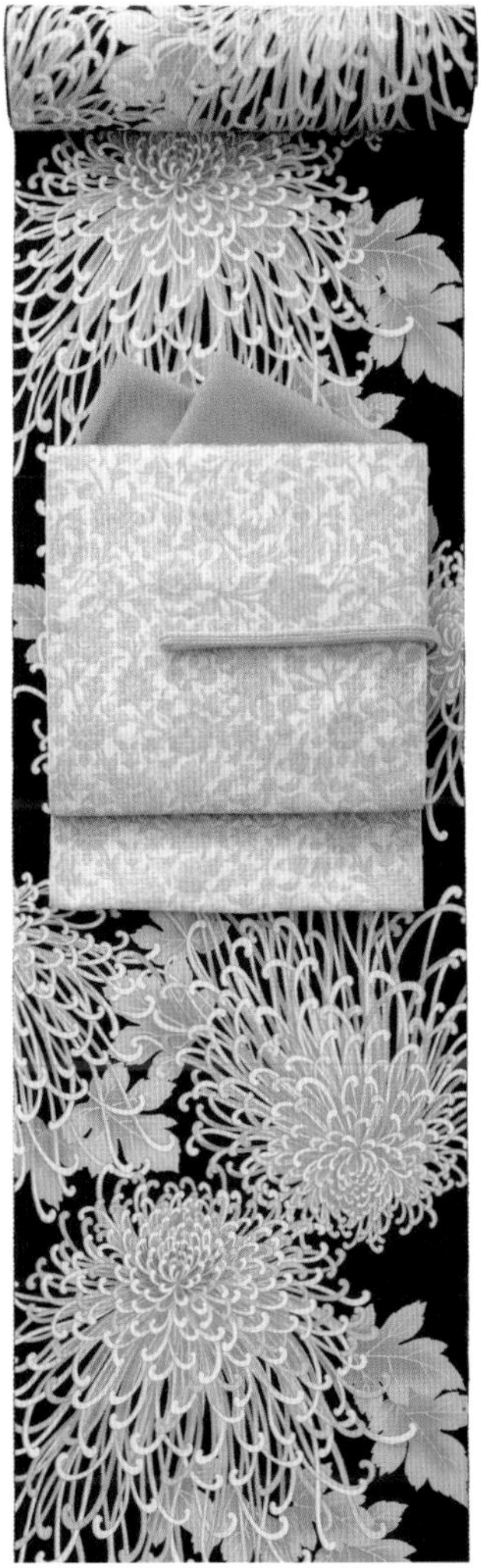

菊のモチーフが華やかかつ大胆に描かれた着物。振袖的な華やかさでカジュアルな結婚式にもOK。

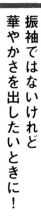

フォーマル〜セミフォーマル4

お茶会

お茶会は座っている時間が長いから帯が目立ちます。着物は無地風にし、帯にポイントを置くのがおすすめ。

お茶会で活躍する名物裂《めいぶつぎれ》を織り込んだ帯

代表的な名物裂模様の荒磯の帯。お点前する側でも大丈夫な着こなし。荒磯は鯉をモチーフとした吉祥文様。

名物裂模様とは？

室町時代から桃山時代にかけて、中国やインド、中近東から渡来した織物に見られる模様のこと。茶道の世界で珍重されています。

立礼席に帯の模様が映える

椅子に腰掛けてする立礼式の茶会に。刺繍された帯が華やかです。

お点前する人でも着られるしゃれた江戸小紋

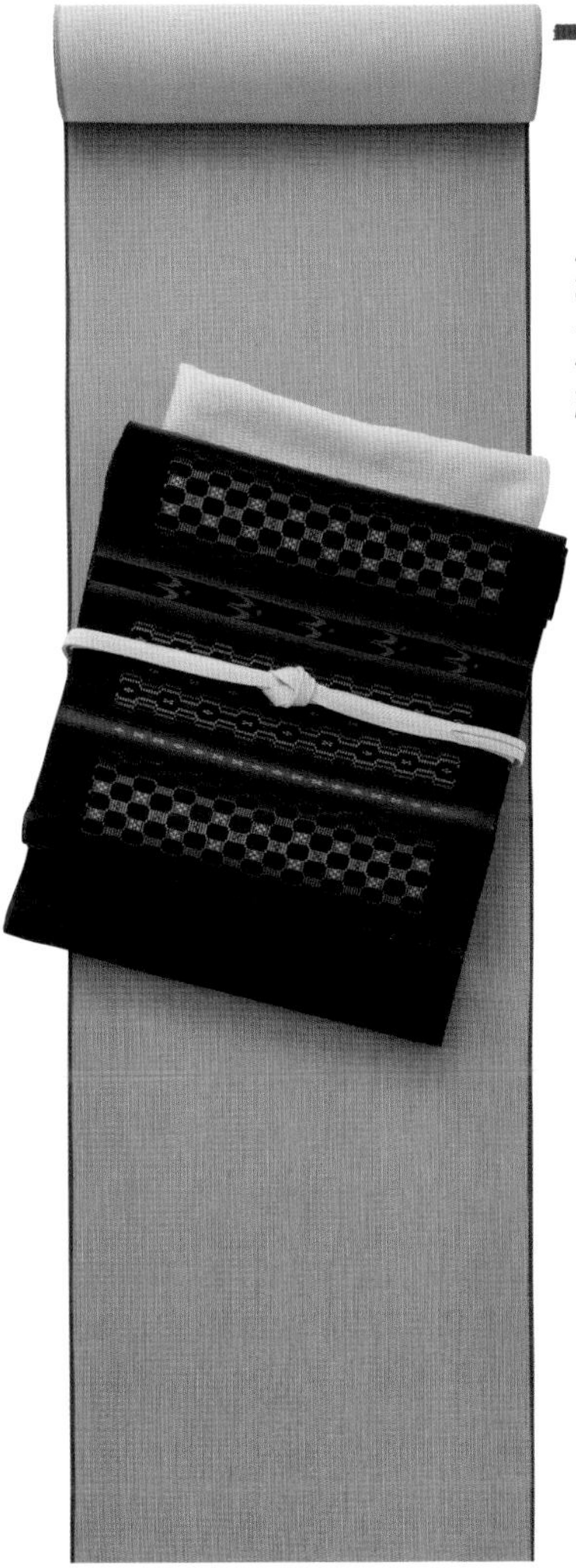

万筋といわれる縦縞の江戸小紋。添釜でのお点前など、やや改まったシーンでも活躍する着物です。

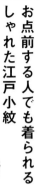

カジュアル1

春のよそおい

春は若草色や薄桃色などパステルカラーの着物が素敵。帯で個性を発揮して。

おめかし系できちんと見えるよそおい

親の長寿のお祝いなどでも着られるおめかし系。無地の御召に紫根染めの絞りの帯を合わせて。

無地の着物には大柄の帯を

江戸小紋など細かい模様は遠くから見ると無地に見えます。着物が淡い色なので、帯は大柄のものを合わせてもすっきり着こなせます。

バレンタインやホワイトデーに着物は季節を先取りが基本

ハートの帯留めがアクセント。着物は季節を先取りが基本。２月のバレンタインも春のよそおいで。

若草色が春らしさを醸し出すお花見にぴったり

ふんわりした若草色の紬。白の絞りも春らしい雰囲気。西陣の半幅帯を合わせてお花見に。

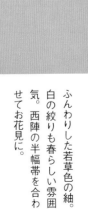

カジュアル2

夏のよそおい

夏はちょっと冒険した大人モダンな柄にも挑戦したい季節。綿絽の浴衣や木綿の着物なら低価格で遊べるかも！

モダンな浴衣ライブにも！

バラを図案化したモダンな柄の綿絽の浴衣。夏のライブや花火大会、スポーツ観戦に着ていきたい。

派手な色の鼻緒が浴衣を引き立てる

小判形で台にウエーブをつけた右近下駄。華やかな浴衣と鼻緒の柄の相性がよい組み合わせ。

夏の落語会に気軽で涼しい大人のよそおい

透け感のある麻の着物。近江縮の半幅帯と合わせて頑張りすぎないよそおい。落語会などに。

ビアガーデンにも着物で帯留めの遊びゴコロが光る

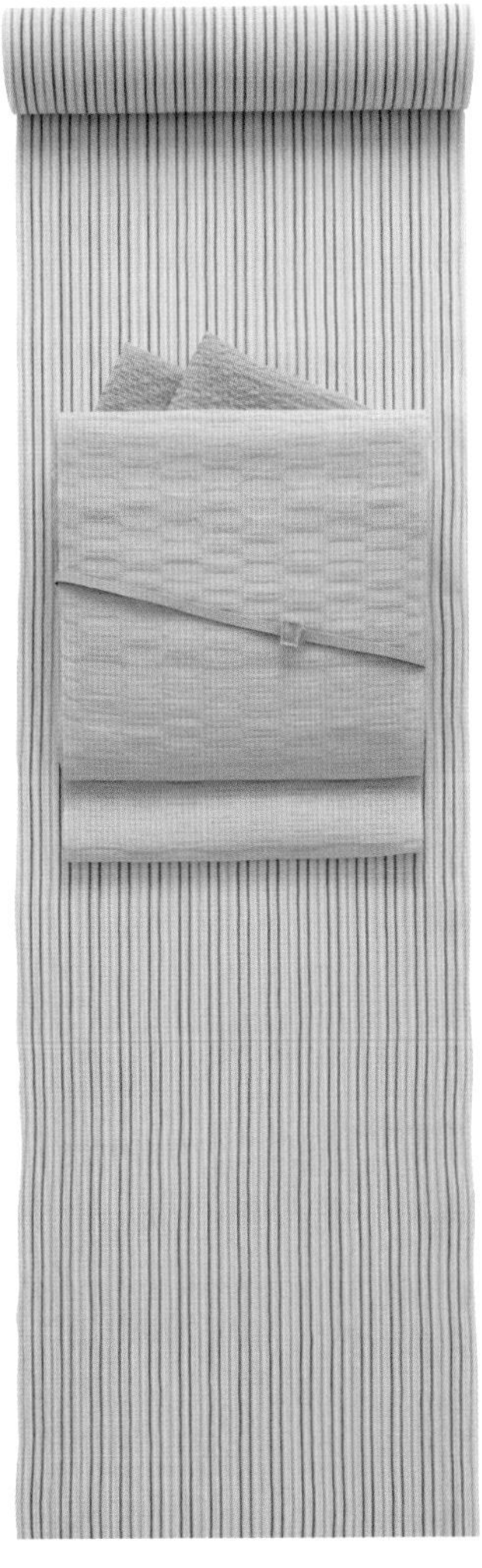

涼しげな麻の着物は小千谷縮。遊びゴコロあふれるビールの帯留めをつけてビアガーデンに！

カジュアル3

秋のよそおい

秋は芸術の季節。着物らしからぬ現代的な柄の小紋や紬で楽しんでみては。

初秋の美術館通いにぴったりなモダンな柄

菊を大胆に図案化した小紋。アールヌーボーな雰囲気。帯は博多織で八寸の名古屋帯。

草履もちょっとモダンに

鼻緒と側面にモダンな柄の入ったカジュアルな草履。現代的な着物にはこんな草履も楽しい。

ハロウィンパーティーに！着物らしくない柄が楽しい

毒々しいくらいの柄の着物には反対色の帯揚げをコーディネート。こんな組み合わせも時にはおすすめ。

秋の小旅行に軽くてしわになりにくい紬で

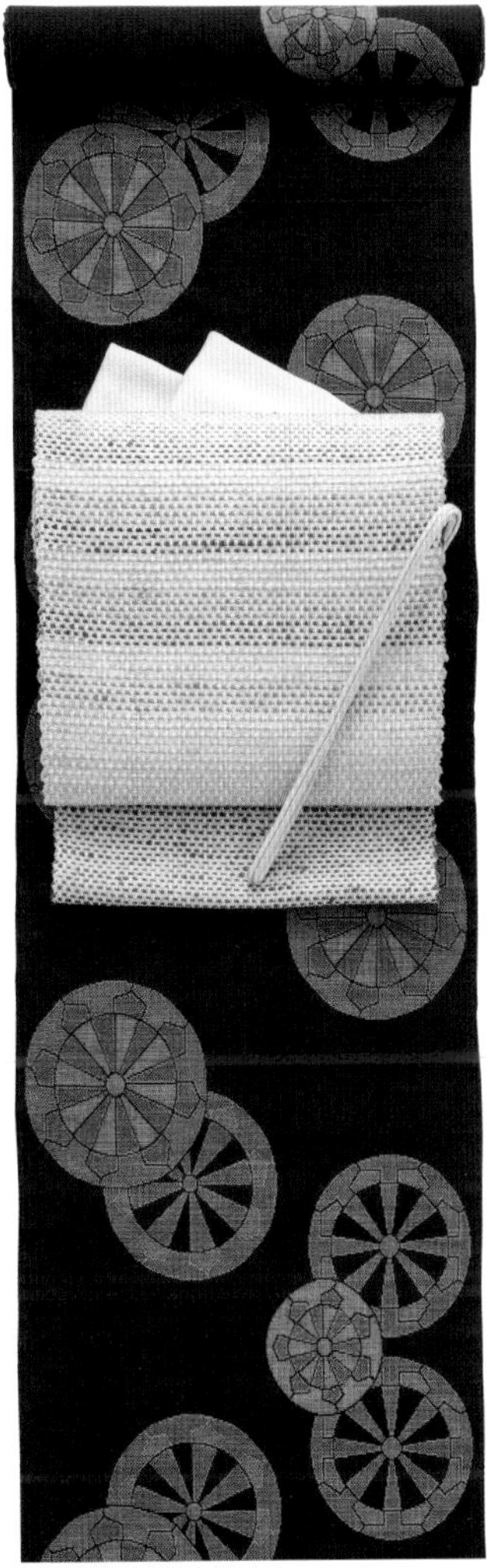

大島紬は軽くてしわになりづらく、旅のよそおいにぴったり。帯は手織りの感触が残る白鷹織のもの。

カジュアル4

冬のよそおい

冬の着物は少し温かみのある色合いのものを。
シックにまとめても帯揚げなどに色味を足すと◎。

今どきのお正月にぴったり かしこまりすぎず、でもきちんとした御召

西陣織の御召は仰々しすぎなくて、今どきのお正月にぴったりのよそおい。帯は紬で八寸名古屋帯。

下駄でかしこまらない雰囲気に

草履でもいいけれど、気軽な外出ならこんな駒下駄を合わせても楽しい。

クリスマスパーティーに
アーティスティックな染めの着物

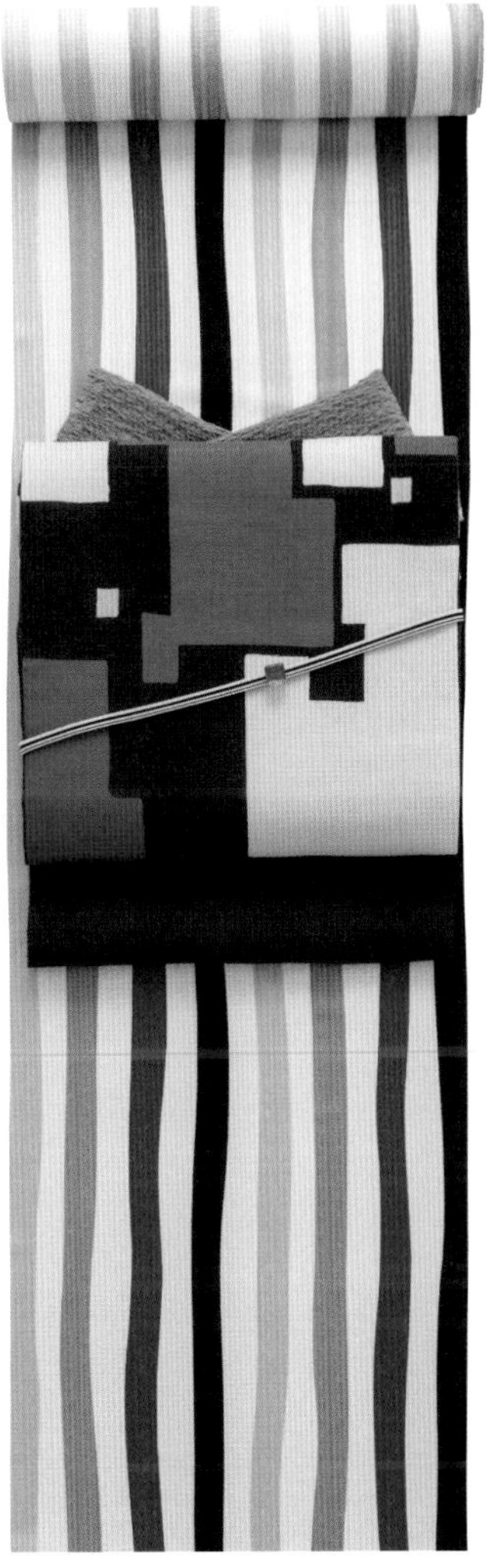

不規則な縞模様が楽しい。幾何学模様の帯と合わせると、着物なのにどこか洋風でクリスマスにも。

年末年始のちょっとした
集まりや行事に着ていきたい

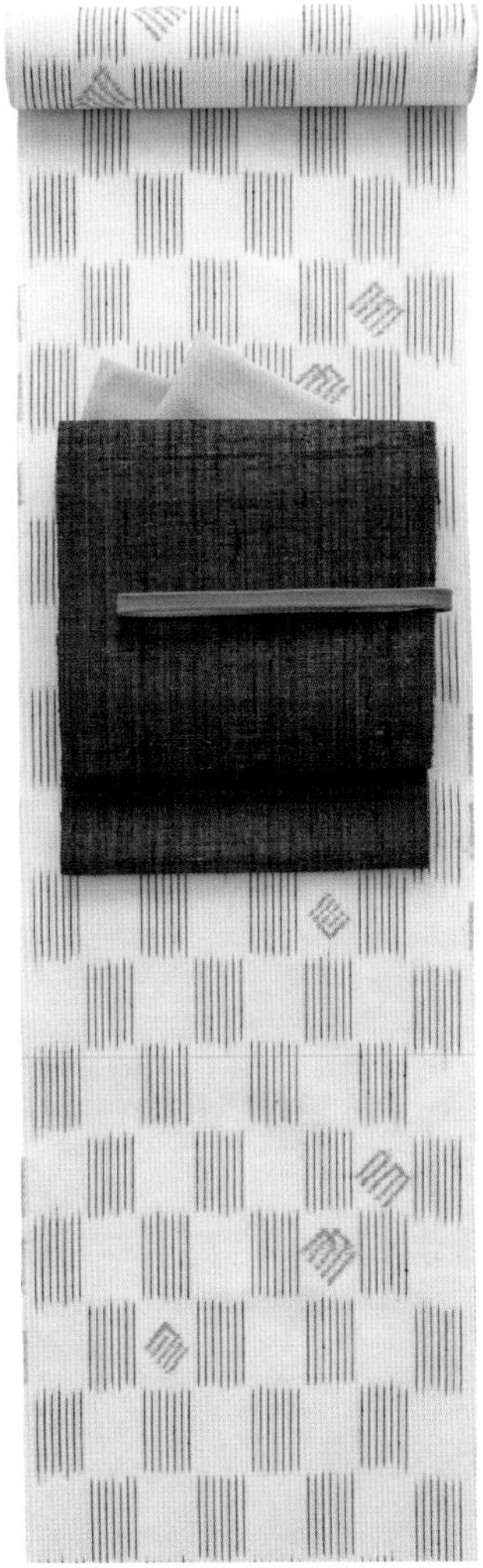

置賜紬の着物。源氏香（香道で使う幾何学模様）をモチーフにした柄で改まった席でも着られます。

カジュアル5

正統派小紋

中間色の小紋は、どこかきちんとした雰囲気。帯に格の高いものを合わせればちょっとしたパーティーにも。

上品な小紋 結婚記念日に着ていきたい

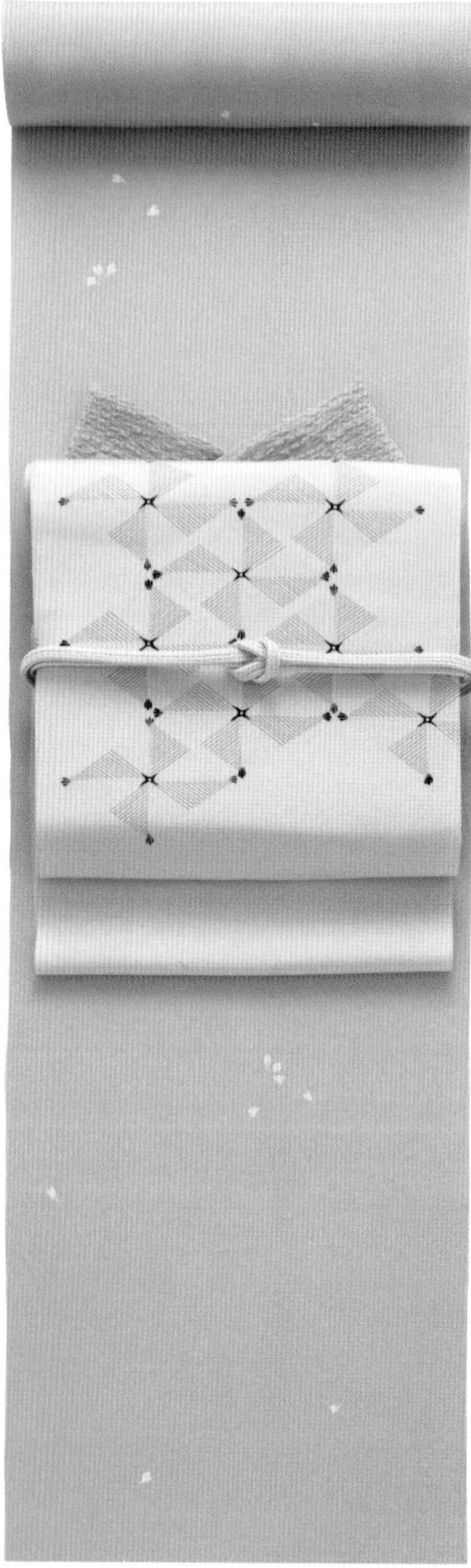

桜の花びらが描かれた上質な小紋。桜は春の柄ですが、季節を先取りして晩冬から着てもよいです。

合わせやすい白の草履

カジュアルからフォーマルまでOKな白の草履は一つ持っているといろいろ使えて便利。

橘模様できちんと感のある小紋

橘柄の正統派小紋。帯に袋帯を合わせればウェディングパーティーなどのセミフォーマルでも使えます。

幅広く使える上質小紋帯次第でセミフォーマルにも

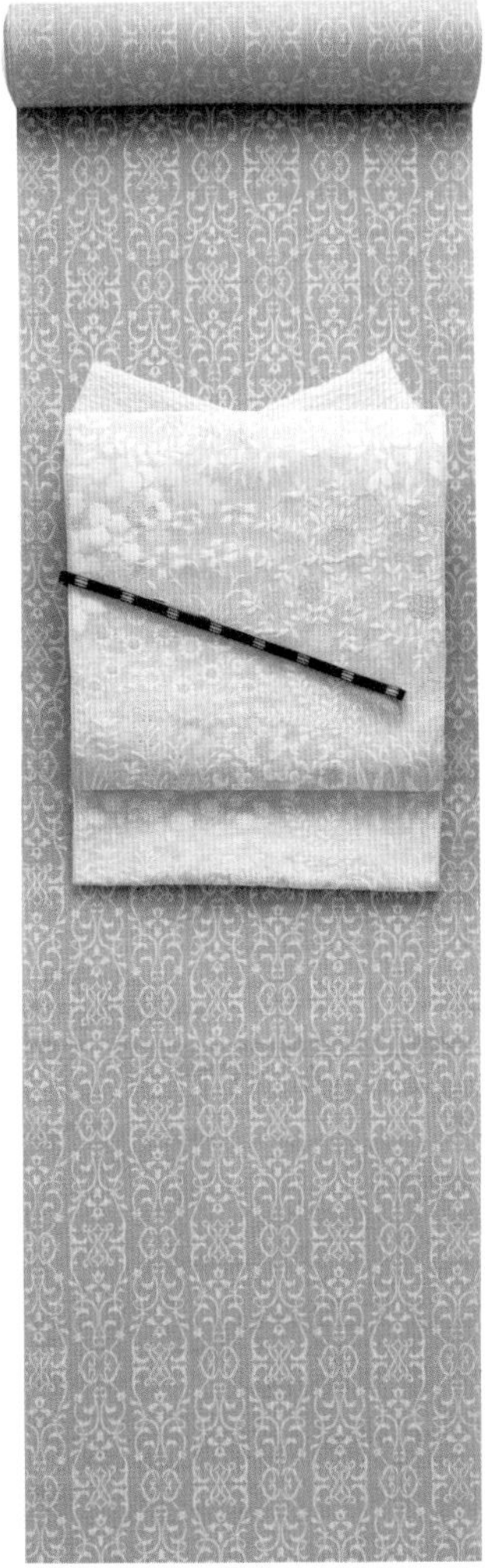

改まった雰囲気がある小紋。シックな色合いだからこそ、帯次第で表情を変えてくれます。

カジュアル6

個性派小紋

個性的な柄の小紋が最近は増えています。
遊び心あふれるそんな小紋は帯の合わせ方がポイントに。

ワイルドな雰囲気のジラフ柄
ミュージカルなどくだけた場面に

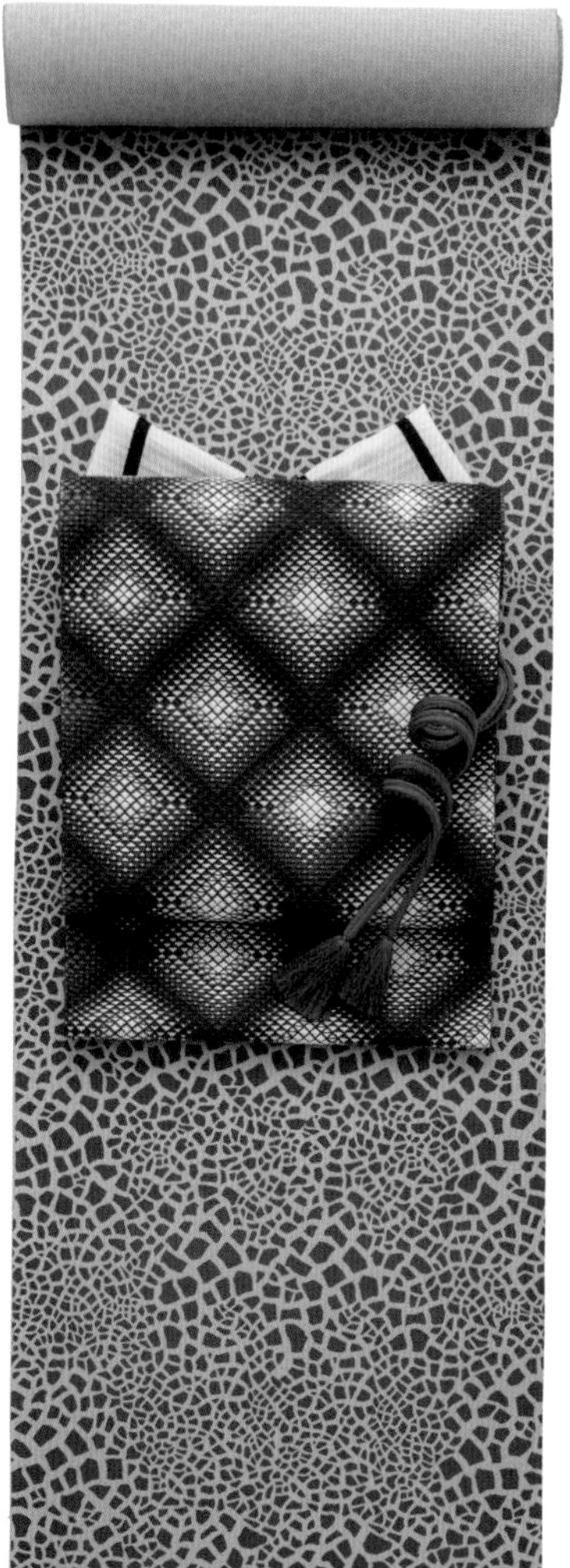

ジラフ柄の着物は帯も個性的なモノトーンのものを。帯締めははっきりとした濃い青で引き締めて。

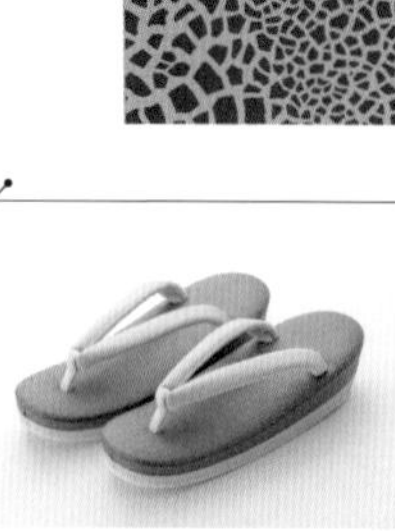

天のブルーがさわやかな草履

着物や帯と合わせて草履も色物を。色物の草履は一つあると着こなしが広がります。

粋な縞模様の小紋 帯も縞を合わせて「粋」を演出

ストライプの幅が違うモダンな小紋。帯も縞模様で。アダルトかつ粋な着こなし。

和のお稽古ごとに 帯はすっきりと合わせて

菊をモチーフにデザインされた小紋。お稽古ごとなどに。リアルな菊ではないので秋以外にも。

カジュアル7

織りを楽しむ紬

紬はふだん着ですが、帯次第できちんと感の出るよそおいです。帯をあえて軽めにするのも面白い。

ちょっとした集まりに 結城紬ならではの落ち着いた風合い

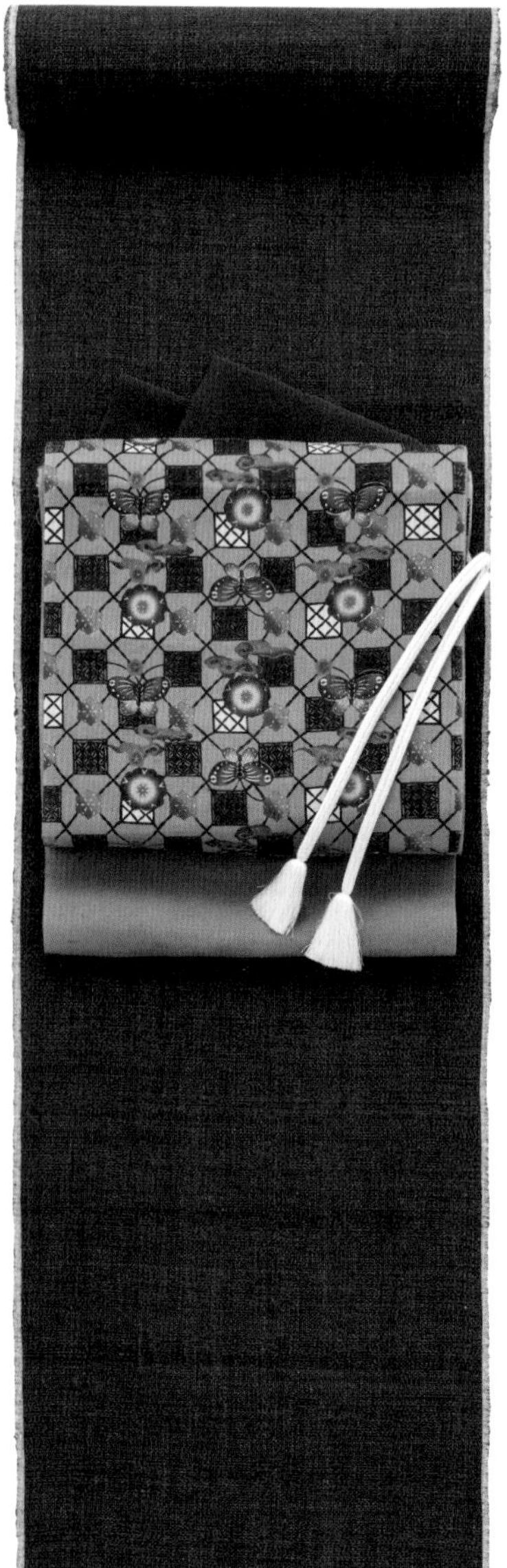

奈良時代から続く結城紬。軽くてやわらかく、着れば着るほど独特な風合いが出ます。

草履感覚で履ける舟形下駄

下駄の中でもきちんとしたイメージの舟形下駄。つや消しの黒は高級感があります。

帯も紬で江戸っぽい組み合わせ
お酉さまで着たい

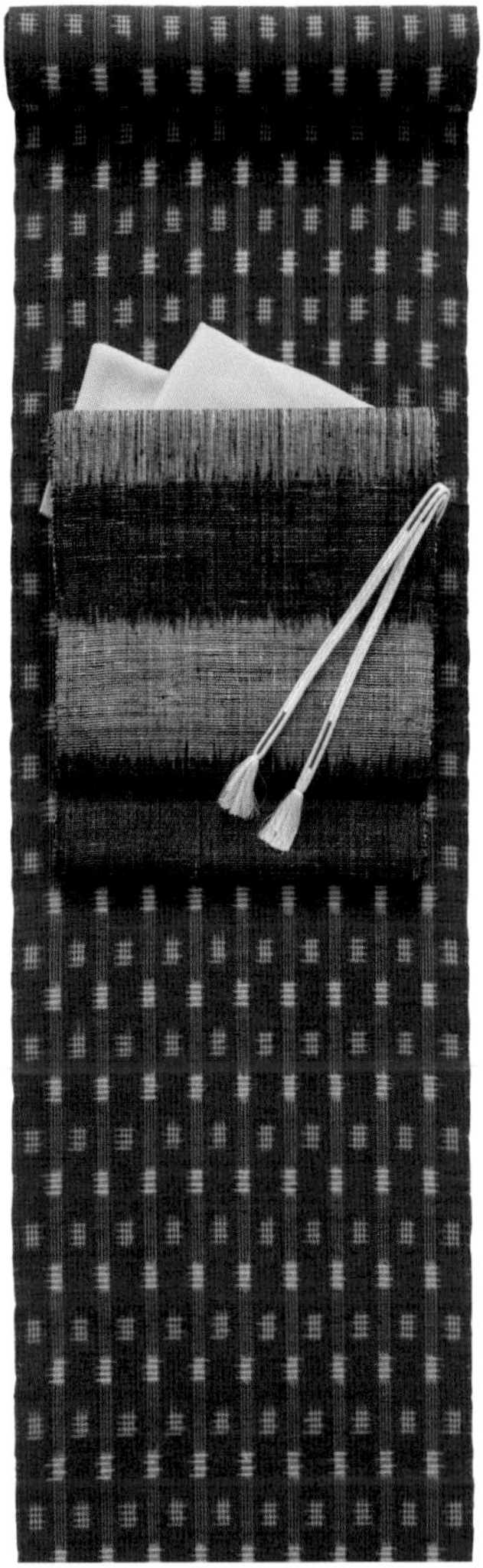

着物、帯ともに紬。お酉さまで着たいよそおいです。着物は秦荘紬《はたしょう》でふんわりと軽やかな風合い。

「泥《どろ》」らしい風合い
帯は軽めにモダンに

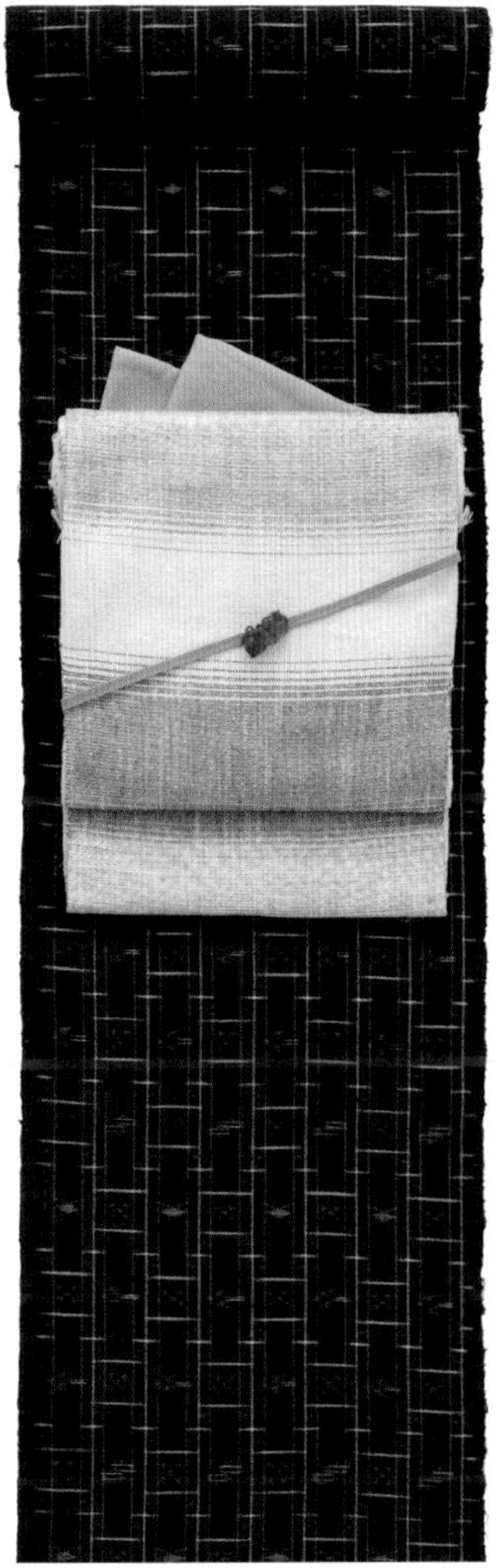

久米島紬。帯は米沢のもの。伝統的な「泥染め」の紬です。軽めの帯で重すぎないコーディネートに。

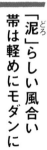

カジュアル8

色を楽しむ紬

紬は奥行きのある色の表情が魅力。後染めで色柄を施したものもあり、固い着物といわれる紬にやわらかさと女性らしい華やかさをもたらします。

薄ピンクからクリーム色 そしてライトグリーンまでの楽しさ

紅花で染められた紬。淡いピンクからクリームイエロー、グリーンと色調の変化が楽しめます。

紅花染め

紅花紬は基本は黄色で、染められた糸が太陽光に触れることでやわらかく色が変化していきます。

後染めも多い牛首《うしくび》の紬
紬で「染め」の着物

丈夫なことで有名な牛首紬。近年では白生地を織ってから、後染めしたものも多くなっています。

色無地感覚で着たい着物
エスニックな帯を合わせて

淡い黄色の結城紬。無地の着物として楽しめます。エスニックな柄の帯など個性的なものとも合います。

カジュアル9

木綿

カジュアルに着物を楽しむならお手頃で着やすい木綿がおすすめ。洋服感覚でいろいろ楽しんでみて。

寄席などにぴったりの粋な綿紬半幅帯をきりっと合わせて

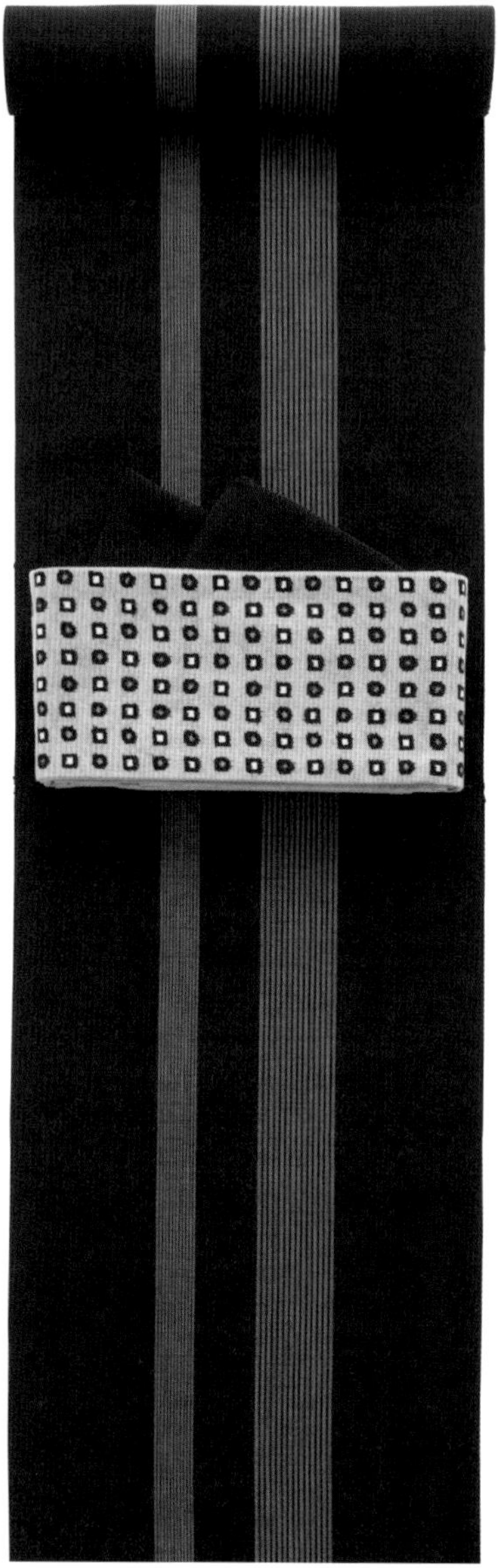

縦縞の幅が違うところが面白い綿紬の着物。ブルーの着物にイエローの半幅帯でかっこよく着こなして。

木綿の着物には下駄がよく合う

本黒塗りの駒下駄は格子模様の鼻緒が粋な感じ。軽いのでコロンコロンと音がするのが楽しい。

気軽な女子会に着たい 縦縞がかっこかわいい

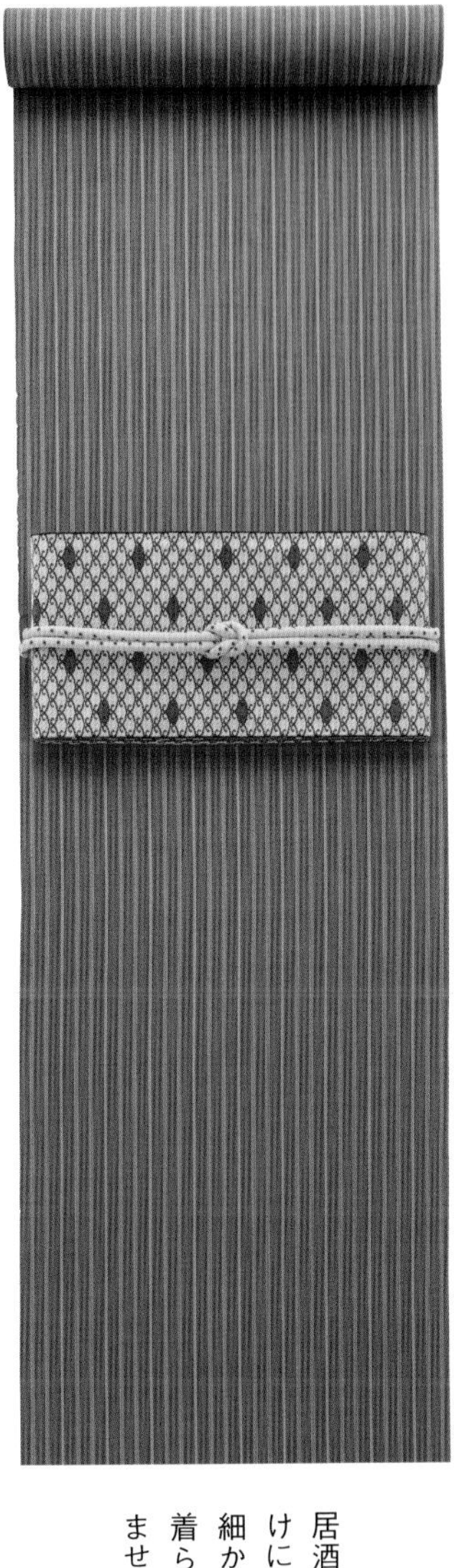

居酒屋など気軽なおでかけにぴったりのよそおい。細かい縦縞で無地感覚で着られるから、帯を選びません。

気軽なおでかけに 帯揚げも格子柄に

格子柄はカジュアルな雰囲気。帯揚げを格子にし、花柄ですがシックな色合いの半幅帯で子供っぽくなりません。

着物の手入れの技法

着物の素材や状態で
技法はさまざま

水洗い

浴衣や麻、木綿、化繊の着物の中には丸ごと水洗いできるものもあります。汗をかく夏場の浴衣や麻の着物は丸ごと水洗いしたほうが黄ばみを防げます。

揮発洗い

着物に水は大敵です。なので丸洗いといっても油性洗いとなります。全体を揮発洗いしつつ、袖や衿、裾などを部分水洗いしてくれるところも多いです。

部分水洗い（汗抜き）

衿や袖口、胸、帯下、膝裏などの汗をかきやすい部分のみ、水洗いをして黄ばみを防ぐ方法です。汗は黄ばみの原因になるので、必要に応じて部分水洗いを。

生洗い

箔や刺繍など、特殊な加工がされた着物は通常の洗い方とは異なり、ベンジンを使いていねいにブラシ洗いする生洗いがおすすめ。料金は丸洗いより高額です。

しみ抜き

しみによって料金も違えば、方法も異なります。特にしみが変色して生地が弱っている場合は特殊な加工が必要となるので、料金はかなりかさんできます。

黄変抜き

長い間たんすに入れたままの着物は黄ばんでいることがよくあります。業者によっては黄ばみをきれいにする黄変抜きをしてくれるところも。

洗張

縫い合わせている糸を解いて、反物の状態に戻してから洗う方法。反物の素材によって洗い方は異なります。もちろん、再び仕立て代もかかってきます。

かび取り

風通しのよいところに保管しておいたつもりでも、カビは発生することが。また、古着でかびが気になることも。カビ取りをしてくれる業者もあります。

ヤケ直し

色ヤケしてしまった着物を、色をかけて修正する方法です。色をかけることでヤケが目立たなくなることも。どんな色をかければ元通りになるかは職人の腕次第。

かけはぎ

着物に穴ができてしまったときは、刺し込みという経糸と緯糸を刺し込んでいく技法で穴を埋めてくれます。経糸と緯糸を織り込む織り込みという技法もあります。

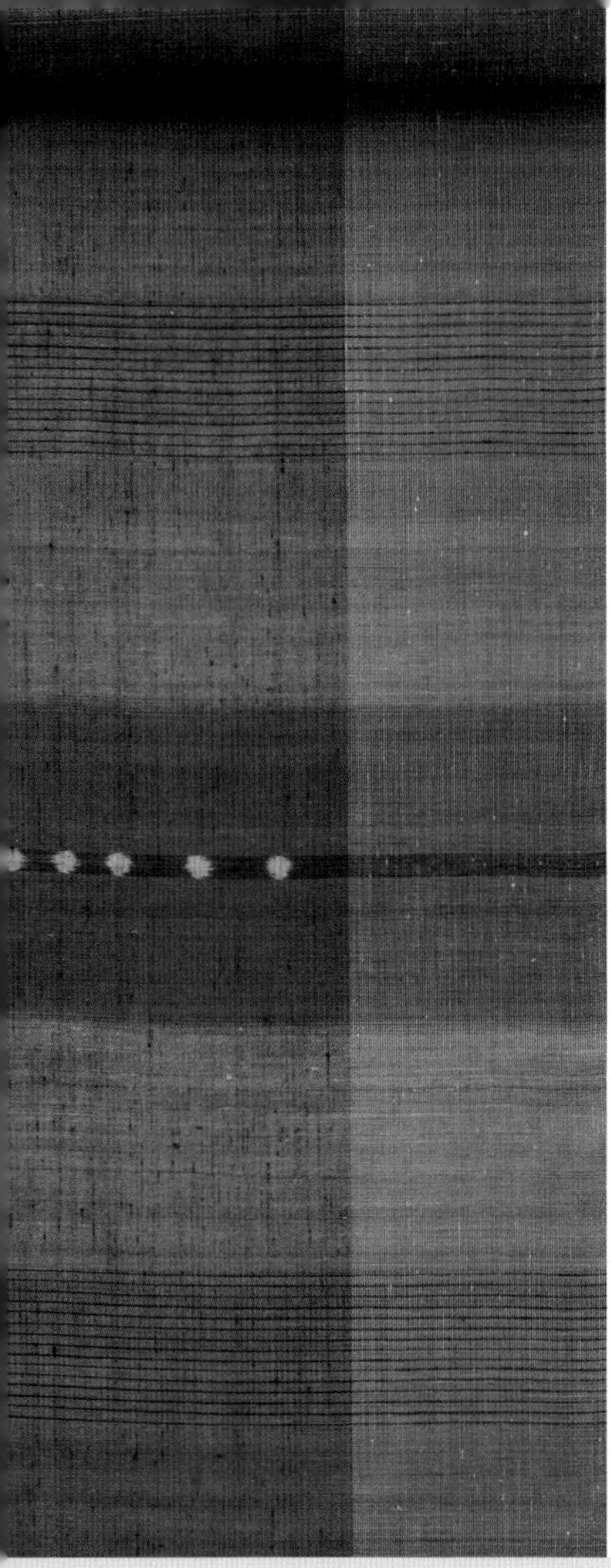

第5章

着物の産地

全国の
染めや織りの
主な産地を紹介

全国着物主要産地マップ

日本全国の主な着物の産地をまとめました。青字が織りの着物、赤字が染めの着物です。

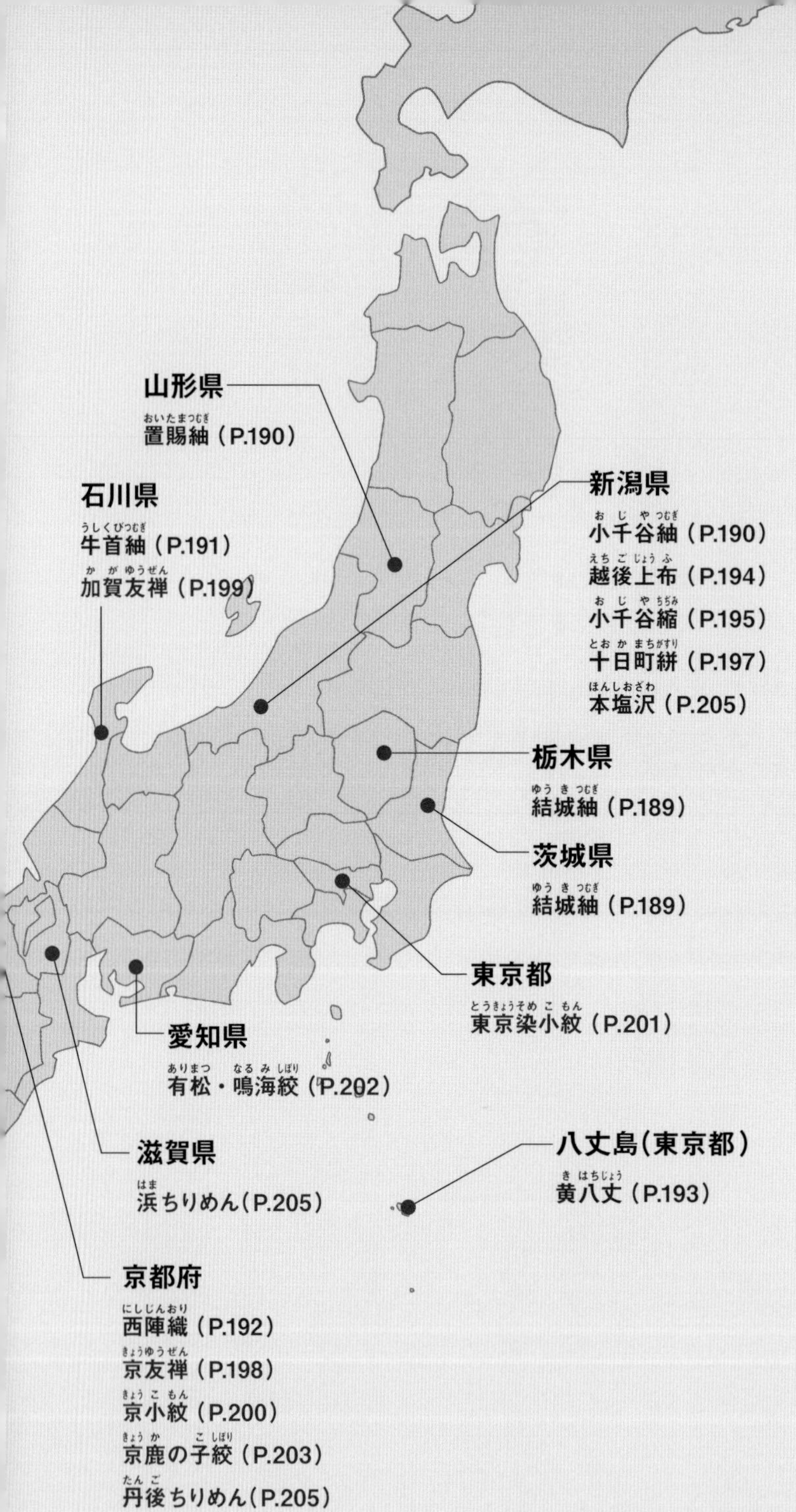

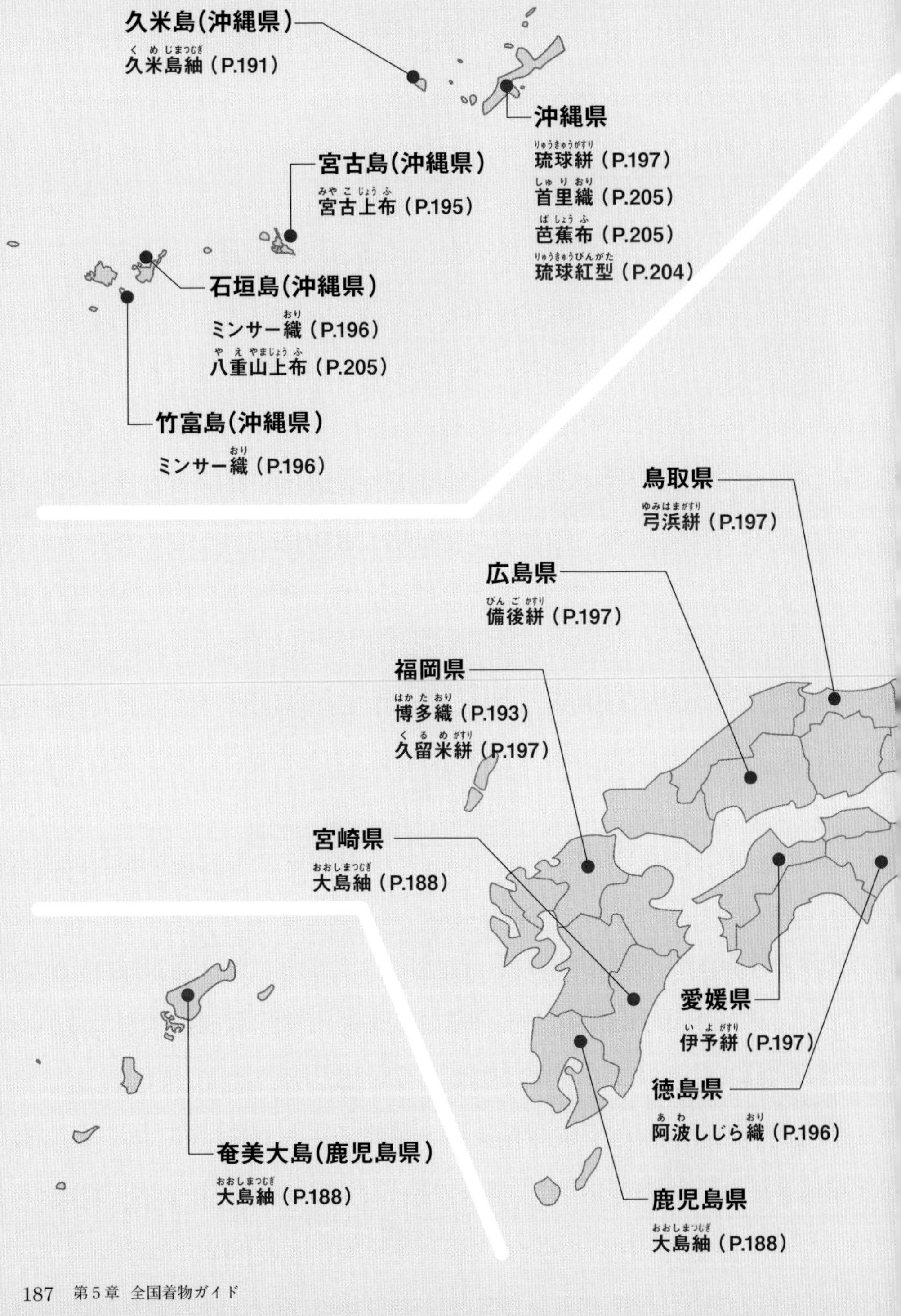

久米島(沖縄県)
久米島紬《くめじまつむぎ》（P.191）
沖縄県
琉球絣《りゅうきゅうがすり》（P.197）
首里織《しゅりおり》（P.205）
芭蕉布《ばしょうふ》（P.205）
琉球紅型《りゅうきゅうびんがた》（P.204）
宮古島(沖縄県)
宮古上布《みやこじょうふ》（P.195）
石垣島(沖縄県)
ミンサー織《おり》（P.196）
八重山上布《やえやまじょうふ》（P.205）
竹富島(沖縄県)
ミンサー織《おり》（P.196）
鳥取県
弓浜絣《ゆみはまがすり》（P.197）
広島県
備後絣《びんごかすり》（P.197）
福岡県
博多織《はかたおり》（P.193）
久留米絣《くるめがすり》（P.197）
宮崎県
大島紬《おおしまつむぎ》（P.188）
愛媛県
伊予絣《いよがすり》（P.197）
徳島県
阿波《あわ》しじら織《おり》（P.196）
奄美大島(鹿児島県)
大島紬《おおしまつむぎ》（P.188）
鹿児島県
大島紬《おおしまつむぎ》（P.188）

紬【つむぎ】

大《おお》島《しま》紬《つむぎ》

〈鹿児島県奄美大島・鹿児島市・宮崎県都城市など〉

独特の光沢が美しくしなやかな高級紬の代表格

大島紬の柄のモチーフは自然の草花。

女性柄には古典模様や幾何学模様も。

奄美大島と鹿児島市が主な生産地。昔は紬糸で織られていましたが、現在は主に生糸を使用しています。渋く光る黒色の泥大島は、奄美大島だけで行われる「泥染め」に由来。島に自生するシャリンバイを染料とし、泥の中で鉄媒染します。これを何回も繰り返すことで独特の風合いが出るのです。ほかに泥染めを用いない白大島や泥染めと藍染め併用の泥藍大島などもあります。

特徴

1. 絹100%である。
2. 先染め手織りである。
3. 平織りである（経《たて》・緯《よこ》糸が一本ごとに浮沈する織物の基本）。
4. 締機《しめばた》により経・緯絣を防染で表す（大島紬の絣を作る作業）。
5. 手機《てばた》で経・緯糸を絣合わせで織り上げる。

結《ゆう》城《き》紬《つむぎ》

〈茨城県結城市・栃木県小山市〉

ユネスコの無形文化遺産に唯一指定されている絹織物

本場結城紬はほかの紬に比べてふんわりと軽い。

シンプルな無地の結城紬は着こなしの幅が広い。

やさしい色合いのものも。

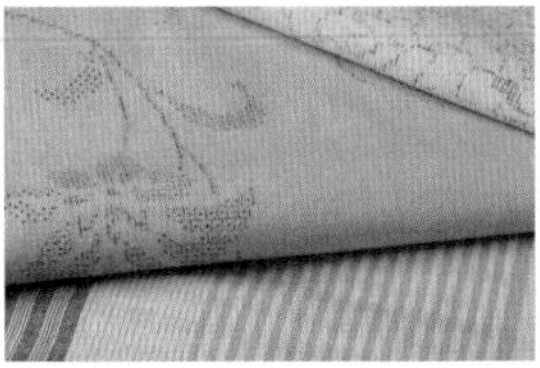

地機という原始的な織り機で織り上げる。

真綿から手でつむいだ手つむぎ糸は最上級のもの。日本全国に紬の産地は数多くありますが、経糸緯糸ともにこの真綿手つむぎ糸を使用するのは、今では結城紬のみ。空気を含むため、ふんわりと軽くて暖かい結城紬。光沢は控えめですが、洗張をすることで絹本来の光沢が増してきます。いわば、結城紬の美しさは時間が作り 出してくれるものといえるのです。

条件

重要無形文化財指定条項

❶ 糸紡ぎ

使用する糸はすべて真綿より手紡ぎした撚りの掛からない無撚糸を使用すること。

❷ 絣くびり

絣模様をつける場合は手くびり(防染)によること。

❸ 織

地機で織ること。

小千谷紬《おじやつむぎ》

〈新潟県小千谷市〉

やさしい風合いかつ軽くて暖かな織物

繭を裂き、綿状にしてから紡いだ糸で織られます。そのため、糸にふくらみがあり、軽くて暖かな織物ができあがるのです。小千谷縮の技法を生かして作られており、模様は主に緯糸で表されます。最近はシックなデザインのものも多く見られます。

特徴

小千谷縮の技法を受け継ぎ、緯糸で模様を表す。

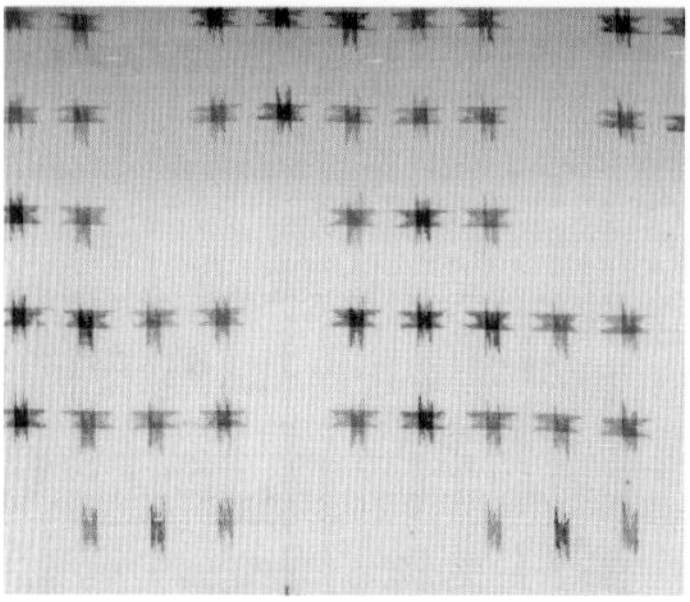

小千谷縮の技法を用いて織られる、素朴な風合いが特徴。

置賜紬《おいたまつむぎ》

〈山形県置賜地方〉

素朴な風合いで近年人気が高まっている

植物染めによる素朴な米沢紬、絣模様が特徴の長井《ながい》紬（琉球の影響がうかがえる米琉《よねりゅう》を含む）、小絣と鬼シボといわれる大きな凹凸が特徴の白鷹《しらたか》御召など、これらを総称して置賜紬といいます。米沢周辺が産地の紅花で染めた紅花紬は人気が高いです。

特徴

米沢市、長井市、白鷹町など、置賜地方で作られる織物の総称。

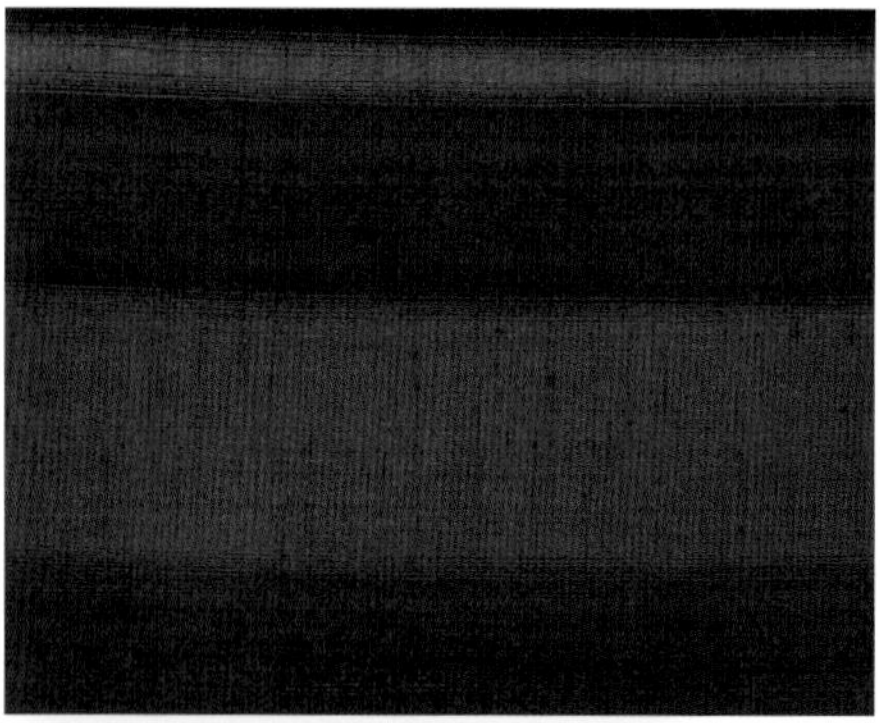

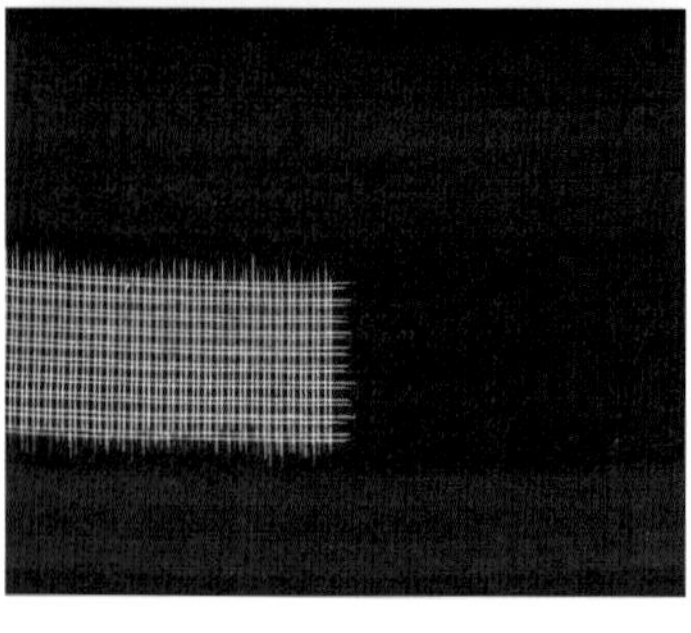

高度な先染めの技法を誇る置賜紬。モダンなものも。

牛首紬《うしくびつむぎ》

〈石川県白山市白峰〉

釘を抜くほど丈夫。別名は「釘抜き紬」

繭を真綿にしてから紡ぐのではなく、玉繭から直接糸を取るため、節のある太い糸で織られています。釘を引っかけても破れるどころか、釘を抜くほど丈夫なため釘抜き紬という別名も。丈夫で軽く光沢のある、独特な質感が特徴です。

特徴

節の浮いた強く独特な質感を持つ、しっかりとした生地。

上）牛首紬の訪問着。
左）玉繭から直接糸を取る。

久米島紬《くめじまつむぎ》

〈沖縄県久米島〉

琉球由来の伝統手法を今も受け継ぐ

琉球王国以来の伝統を持ち、染料はすべて久米島内に自生するサルトリバラなど植物由来のもののみを使用。泥染めも行っています。仕上げには木槌で布をたたき、光沢を出す砧《きぬた》打ちを今も行うなど、手法はかなり伝統的です。

特徴

黒い光沢のあるものが主。若草色や黄色などのものも。

黄色の久米島紬は基本色の一つ。ほかに黒褐色や赤茶色、銀鼠色などがある。

西《にし》陣《じん》織《おり》〈京都府京都市〉

帯が名高い絢爛豪華な織物。西陣地区の織物の総称

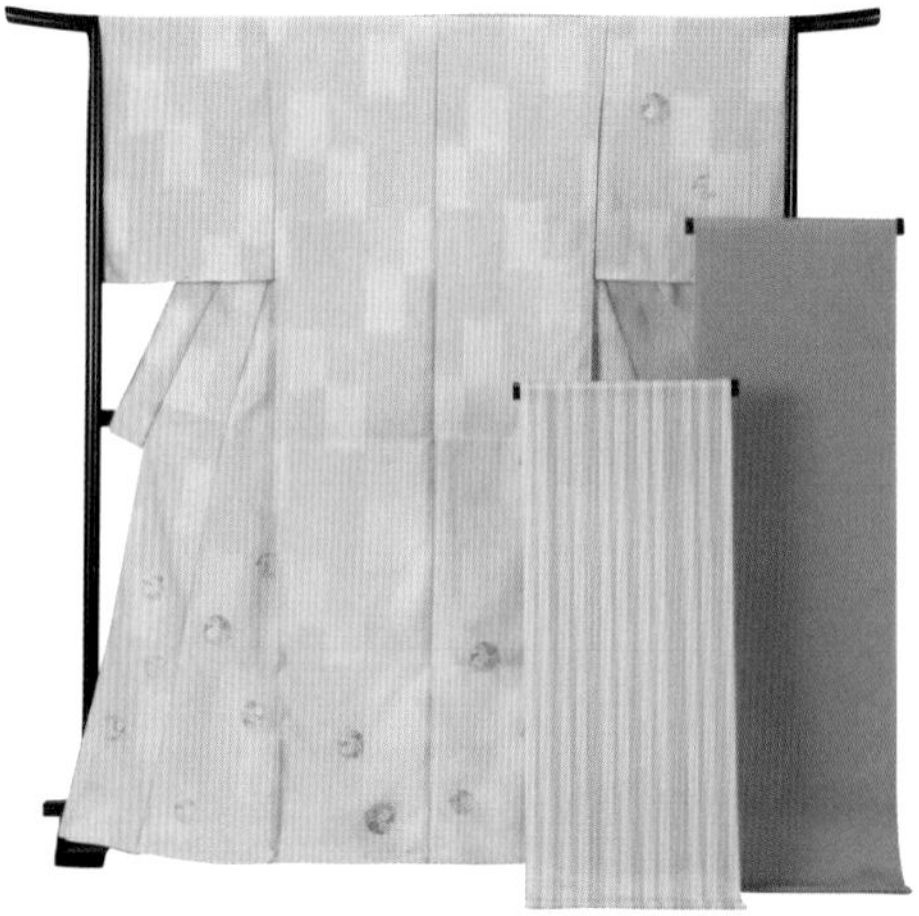
帯だけでなく西陣織では着物も数多い。

京都市の西陣地区で織られる絹織物の総称。明治期にジャカードと呼ばれる織物機を導入し、機械化に成功して技術革新が進みます。その一方で、伝統的な手織り機も残ります。西陣織には帯をはじめ、金襴（人形裂地・法衣など）、御召、ネクタイ、インテリアなどさまざまなものがありますが、中でも金糸銀糸などを織り込んだ帯（袋帯、名古屋帯ともに）が名高い。

西陣織の代表格、緞子。

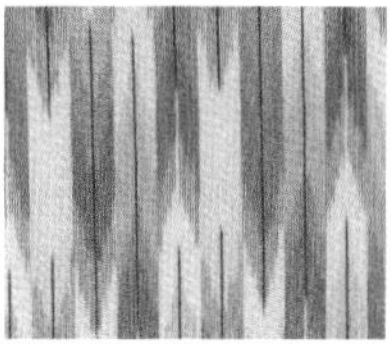
素朴な風合いの絣織。

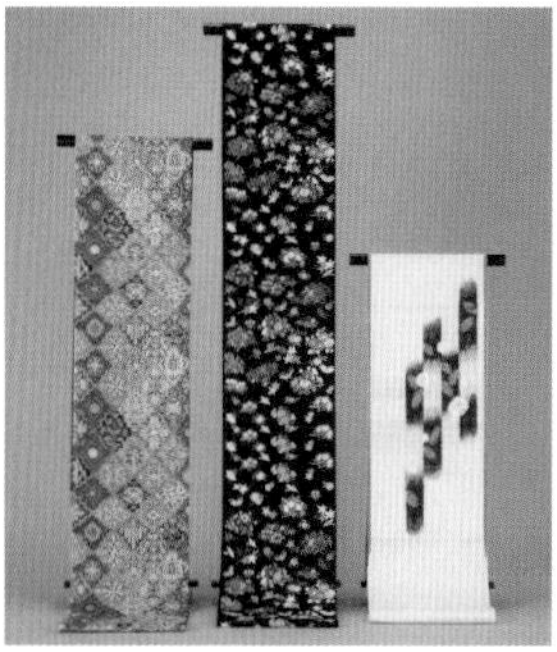
西陣織といえばやはり袋帯が有名。

種類

西陣織は染色された糸を使って模様を織り出す。織りの国の伝統工芸品に指定されている織りの種類は以下の12種類。

- ❶ 綴(つづれ)
- ❷ 経錦(たてにしき)
- ❸ 緯錦(ぬきにしき)
- ❹ 緞子(どんす)
- ❺ 朱珍(しゅちん)
- ❻ 紹巴(しょうは)
- ❼ 風通(ふうつう)
- ❽ 綟り織り(もじりおり)
- ❾ 本シボ織り(ほんしぼおり)
- ❿ ビロード
- ⓫ 絣織(かすりおり)
- ⓬ 紬(つむぎ)

博多織《はかたおり》

〈福岡県〉

丈夫で締め心地のよい博多帯の産地

福岡市とその近郊で織られる織物の総称。仏具の独鈷《とっこ》と華皿、縞をあしらった模様と堅い織り地が特徴の献上柄が有名です。博多織は厚みと張りがあり、帯にしたときの締め心地のよさには定評があります。

特徴

献上、平博多、間道《かんとう》、重ね織りなどの帯と着尺・袴地が「伝統的工芸品」の指定を受けている。

博多織は帯として使用されることが多い織物。

黄八丈《きはちじょう》

〈東京都八丈島〉

時代劇でよく見かけるなじみの着物

八丈島で古くから織られてきた絹織物。黄八丈の名のとおり、光沢のある黄色が特徴で、基本は黄、茶、黒の三色。すべて八丈島に自生する植物で染められています。江戸初期は上流階級のものでしたが、中期以降に町人にも着用が許され流行しました。

特徴

模様の多くは縞または格子。独特の光沢のある黄色が特徴。

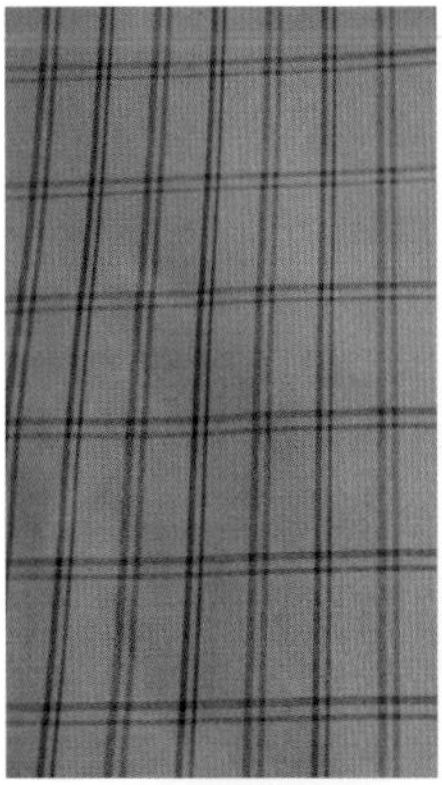

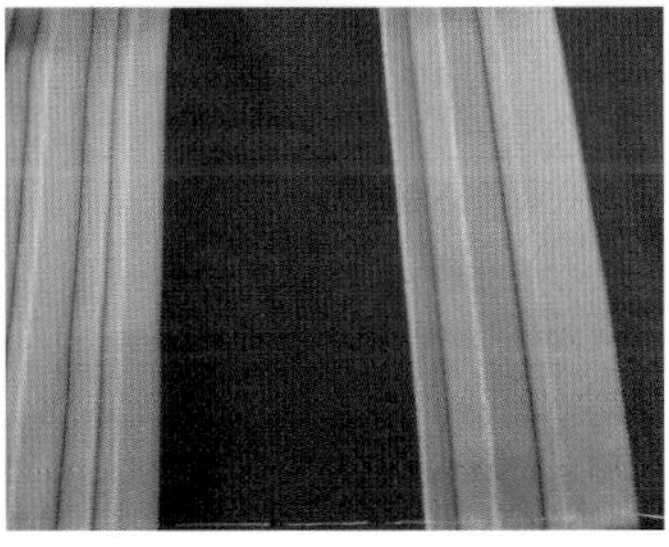

黄八丈といえば、縞や格子模様が多い。

麻【あさ】

越《えち》後《ご》上《じょう》布《ふ》〈新潟県魚沼市〉

独特のシャリ感と薄さがあり、真夏の着物の最上級品

1200年以上前から新潟県塩沢地方で織られてきた。

さらりとした着心地で通気性に富む。希少価値の高い布地。

真夏の麻の着物の最上級品。柄には絣や縞が多く、とても薄く独特のシャリ感があります。苧《ちょ》麻《ま》（イラクサ科の植物で麻の原料）を爪で裂き、一本一本つないで糸にしますが、上質なものには細い糸が必要です。細くなればその分工程は難しくなり、生地の完成には半年以上かかることも。現在は年間百反以下しか生産されておらず、幻の織物といわれるほどです。

条件

重要無形文化財指定条項

1. すべて苧麻を手摘みした本製糸を使用する。
2. 絣模様をつける場合は手くくり（防染）にする。
3. 地機で織る。
4. シボ取りをする場合は湯揉み、足踏みによること。
5. 雪晒しにする。

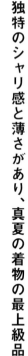

宮《みや》古《こ》上《じょう》布《ふ》

〈沖縄県宮古島〉

苧麻を原料とした絣柄の麻織物

沖縄県の宮古島で古くから織られてきた麻織物。苧麻を爪で裂き、経糸用と緯糸用の積み方で糸を作ります。絣は手くくりと締機によるものがあります。植物染料で染めて織られます。仕上げには木槌で布をたたく砧打ちという工程があり、ロウを引いたような独特の光沢が出ます。

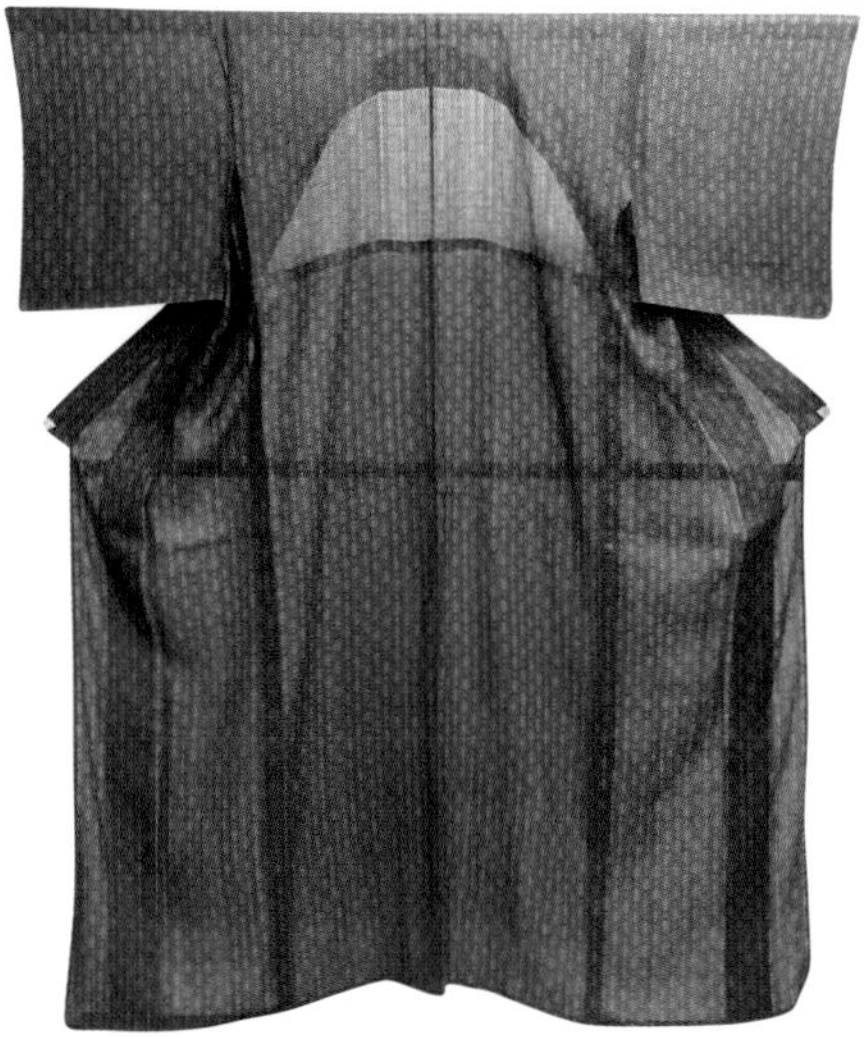

琉球藍で染められた美しい色合い。

特徴
手績み糸を植物染料で染めて織る。仕上げには砧打ちをする。

小《お》千《じ》谷《や》縮《ちぢみ》

〈新潟県小千谷市〉

独特の凹凸は織ってからの湯揉みで作り出す

強い撚りをかけた緯糸で織り上げた布を湯で揉むことで「シボ」と呼ばれる凹凸を出した麻織物。本来は越後上布などと同じく苧麻を手で裂いてつないだ糸から織られていましたが、近年は大変少なく、麻の紡績糸（ラミー糸という）で織られたものが主流です。

小千谷縮独特のシボゆえに肌にまとわりつかず、涼しい。

特徴
色柄が豊富。麻糸で織られたものは夏の着物の定番。

木綿【もめん】

阿波《あわ》しじら織《おり》

〈徳島県阿波地方〉

シボと藍染めが特徴の夏の着物

特徴であるシボは糸使いの変化で作り出したもの。シボの凹凸のおかげで夏着物として着心地がよく人気があります。阿波しじら織のもう一つの特徴が藍染め。直射日光や水洗いにも強く、洗うほどに落ち着いた風合いとなります。

特徴

シボによるさらりとした肌触りと深い藍色が涼しげ。

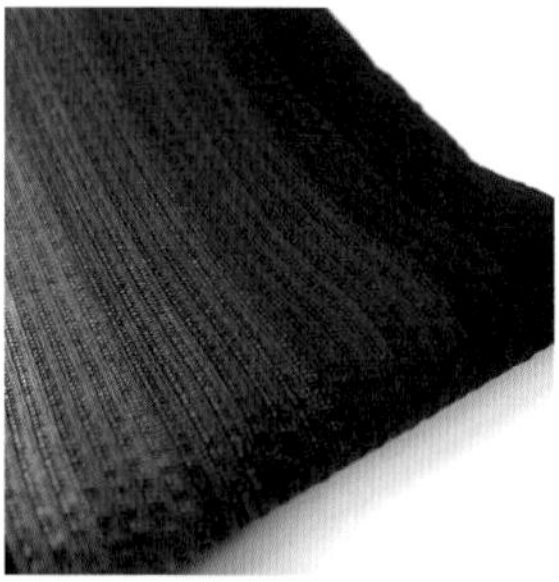

独特の生地の風合いが特徴。

綿素材ゆえに吸湿性がよい。

ミンサー織《おり》

〈沖縄県竹富島など〉

手織りの素朴な風合いと軽い締め心地が魅力

八重山地方のミンサーは元々、綿糸を藍で染めて織ったミンサーフという紺地の細帯で、「いつ（五）の世（四）までも末永く」という想いが込められています。現在では、豊かな色彩を取り入れた、名古屋帯・半幅帯・角帯などで幅広く使われています。

特徴

四つ玉、五つ玉といわれる絣柄と縞の組み合わせが特徴。

ミンサー帯は、使い込むうちに体に馴染み人気。

写真提供／株式会社あざみ屋

絣《かすり》織《おり》〈全国各地〉

部分的に染め分けた絣糸を使って織った反物

絣とは織りの着物に柄を出す技術のこと。部分的に染め分けて柄を出す絣糸が使われている着物すべてを指し、かすれたような柄の着物だけを指すわけではありません。江戸時代から日本全国各地で作られています。絣糸を経糸に使用するものを経絣、緯糸に使用するものを緯絣、両方に使用するものを経緯絣と呼びます。

琉球絣。およそ600種類という多彩な図柄が大きな特徴。

伊予絣。備後絣、久留米絣とともに三大絣の一つ。

久留米絣。藍染めと化学染料が主体。

久留米絣。日本三大絣の一つ。

絣の産地

十日町絣(とおかまちがすり)
新潟県十日町市が中心。繊細で緻密な柄が特徴で、伝統的なものからモダンなものまで柄の種類は豊富。

弓浜絣(ゆみはまがすり)
鳥取県米子市、境港市の弓ヶ浜半島。緯絣が特徴の藍染めの着物。

備後絣(びんごがすり)
広島県福山市周辺。藍色の地にはっきりとした絣模様が特徴。

伊予絣(いよがすり)
愛媛県松山市。松山絣とも呼ばれる。もとは三大絣の一つともいわれたが、現在の生産量はわずか。

久留米絣(くるめがすり)
福岡県久留米市周辺の市町村。白や薄藍で表現された十字絣や亀甲絣など、柄は多彩。人気が高い。

琉球絣(りゅうきゅうがすり)
沖縄本島南風原町周辺。沖縄の織物の中では最も生産量が多い。絹織物が中心。

友禅【ゆうぜん】

京《きょう》友《ゆう》禅《ぜん》

〈京都府京都市とその周辺四市一町〉

気高くゆかしい京友禅の色柄は日本の着物の代名詞的存在

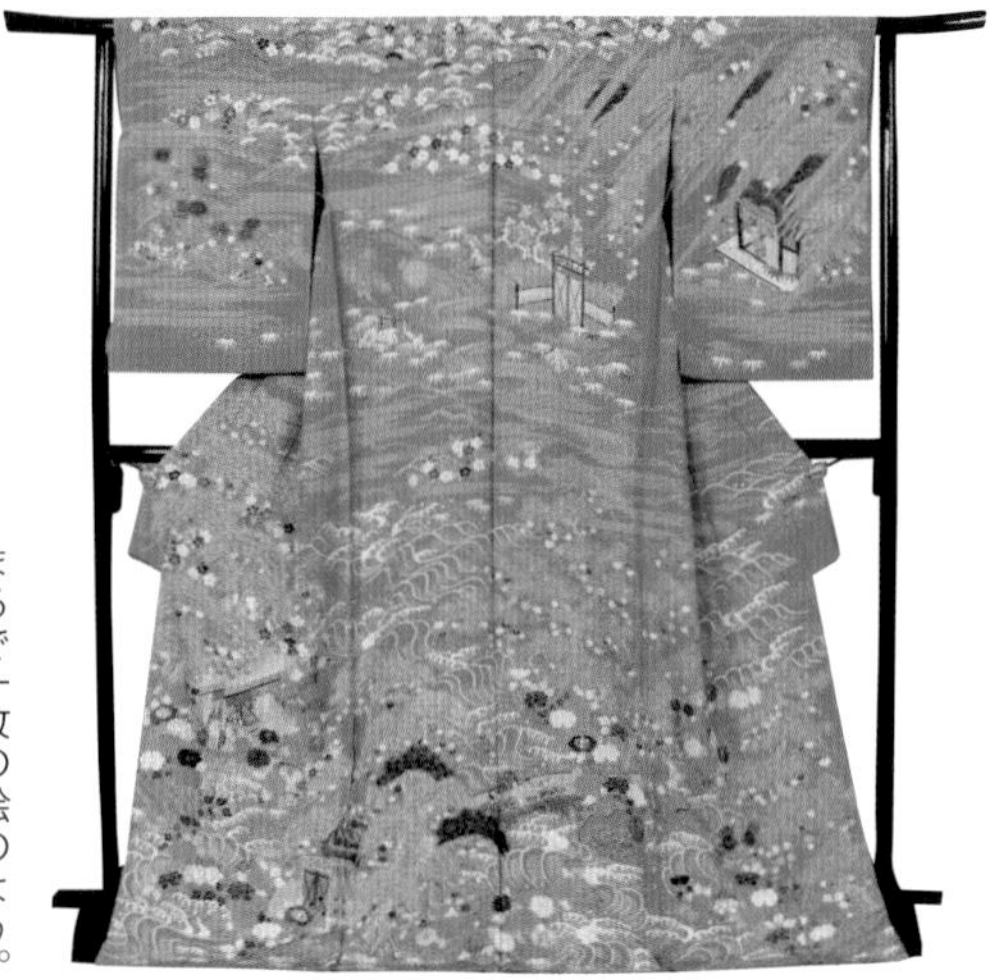

まるで一枚の絵のよう。訪問着／御所解文様。

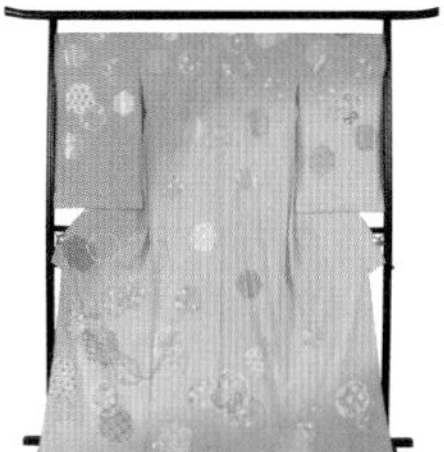

左）振袖／松皮取飛鶴吉祥文様。右）訪問着／雪輪亀甲。

京都で生産される友禅染のこと。手描で染色する手描友禅と、型紙を使用する型友禅があります。手描友禅では隣り合う色が混ざらないように、糸目の糊を用いて防染して模様を描いていきます。花鳥山水などを美しい多色使いで描いた京友禅は、日本の着物の代名詞。京友禅は染匠と呼ばれるプロデューサーのもと、分業体制で仕上げられます。

技術・技法

手描友禅

1. 図柄は、友禅模様を基調とする。
2. 下絵は、青花などを用いて描く。
3. 防染をする場合には、糸目糊、堰出し糊、伏せ糊、またはロウ描きによる。
4. 挿し、彩色および描き染めには、筆、または刷毛を用いる。

型友禅

1. 型紙は、柿渋を用いて手漉き和紙を貼り合わせた地紙、またはこれと同等の地紙に友禅模様を彫刻したもの。
2. 型付けは、手作業により柄合わせする。

写真提供／京友禅協同組合連合会

加《か》賀《が》友《ゆう》禅《ぜん》

〈石川県金沢市〉

落ち着きのある写実的な草花模様を描いた絵画のような着物

加賀五彩が独特の色合いを醸し出す。

写実的な文様。

加賀の素朴な風景が一枚の着物に描かれる。

加賀五彩といわれる五色を基調に、美しい自然の風景を描き出した加賀友禅。写実的な草花模様など絵画調の柄が特徴。外を濃く中心を淡く染める外ぼかしや、木の葉などの模様に墨色の点で描く虫食いなどの技法が使われます。金箔や銀箔、刺繍など加工はほとんどせず、ゆるやかな分業制で制作されています。

特徴

加賀五彩(かがごさい)

藍(あい)、臙脂(えんじ)、黄土(おうど)、草(くさ)、古代紫(こだいむらさき) の五色が加賀友禅の基本的な色彩。これを基調に作家の創造性で配色を決めていく。

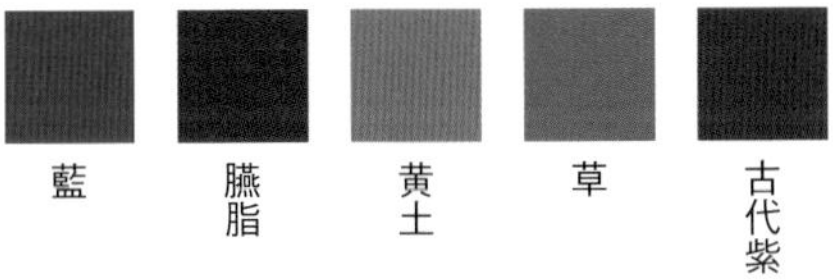

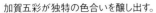

染めの着物2

小紋

【こもん】

京《きょう》小《こ》紋《もん》

〈京都府京都市〉

型紙を使って染められる。美しいデザイン性が魅力

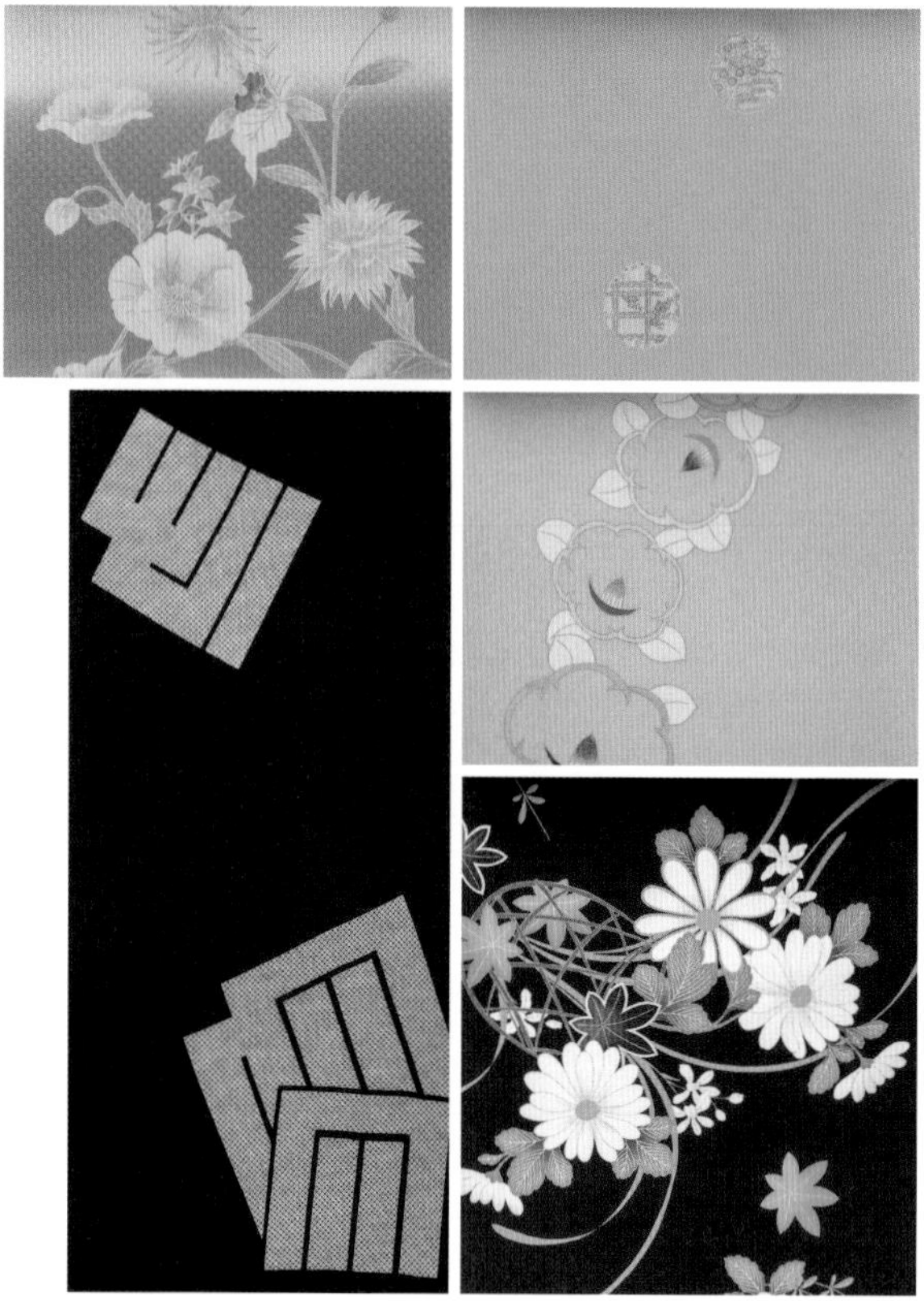

京友禅と影響し合いながら発展した京小紋には雅やかではんなりとしたものが多い。

手描きの京友禅は大変高価なもの。これを量産型の型染めで表現しようと明治初期に生まれたのが型友禅。京小紋も型紙を用いて染められます。細かい模様を一色で染めたものから洋花などを大胆にデザイン化したものなど、さまざまなものがあります。模様により型紙の数は異なり、数十枚から数百枚になるものもあります。

製作工程

❶ 型彫り

型地紙に図柄を移して模様を掘り抜きする。

❷ 色合わせ

友禅糊に染料を加えて混ぜ、色を作り出す。

❸ 型置き

生地に貼った型紙の上から色をつけていく。

❹ 蒸し・水洗い

蒸気で20～60分蒸して染料を生地に定着させた後、洗い流す。

❺ 湯のし

蒸気を当て整える。

東京染小紋《とうきょうそめこもん》

〈東京都板橋区など〉

すっきりと色数少なく粋にまとめられた仕上がりが特徴

江戸小紋は登録商標となっている。大小あられ文様。

吉祥文様の宝亀。

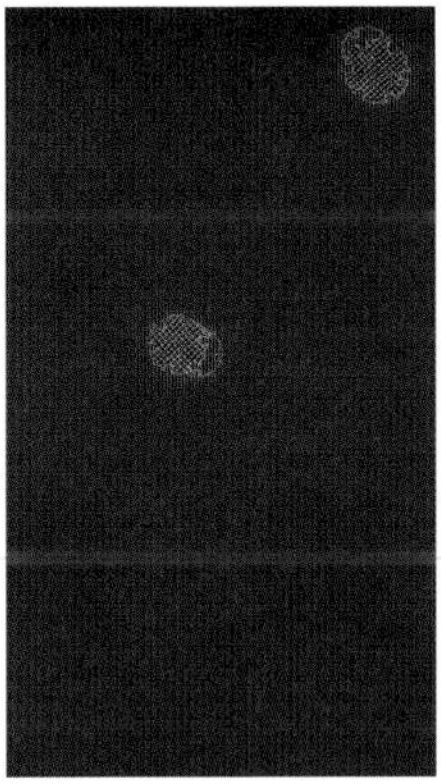

藍彩。深みのある色調。

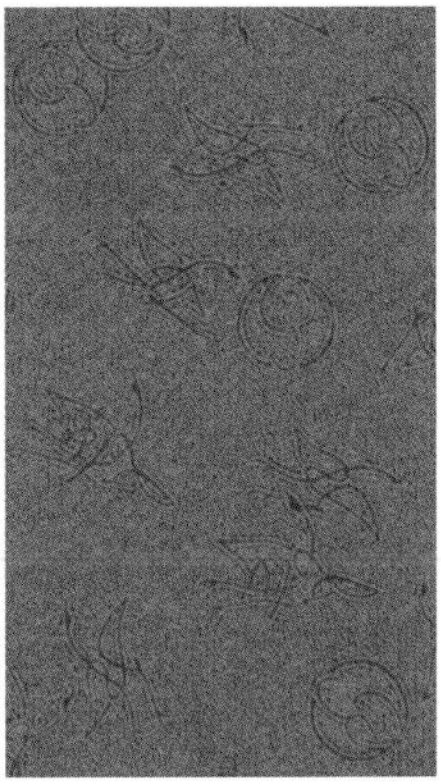

飛ぶ鶴が描かれた
飛鶴文様。

東京で染められている小紋のこと。小さな柄を一色で染めた江戸小紋がよく知られていますが、現在では鮮やかな色彩の型染めもあります。京小紋に比べて色数が少なく、すっきりとした仕上がりが特徴です。江戸小紋は遠くから見ると柄のない無地に見えて、実はとても細かい模様が描かれているのが粋なところ。バリエーションも豊富です。

江戸小紋三役

鮫小紋

紀州藩の定め柄として知られている。

行儀小紋

規則正しく45度に交差する点が等間隔に並ぶ。

通し小紋

垂直に並んだきりっとした模様。

※縞と大小あられを加えて江戸小紋五役ということも。

絞り
【しぼり】

有《あり》松《まつ》・鳴《なる》海《み》絞《しぼり》
〈愛知県名古屋市〉

木綿に藍の絞りが特徴的。日本の絞り染めの大半をここで作る

名古屋市緑区の有松・鳴海地区で作られる絞り染めの総称。日本の絞り製品の大半をここで生産しています。木綿を藍で染めたものが代表格で、さまざまな技法を誇ります。近年は正絹の振袖や訪問着なども作られています。

左右対称柄の雪花絞り。

不規則なしわの一目鹿の子絞り。
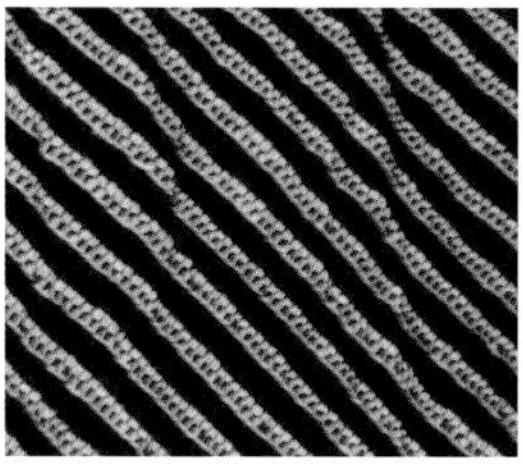

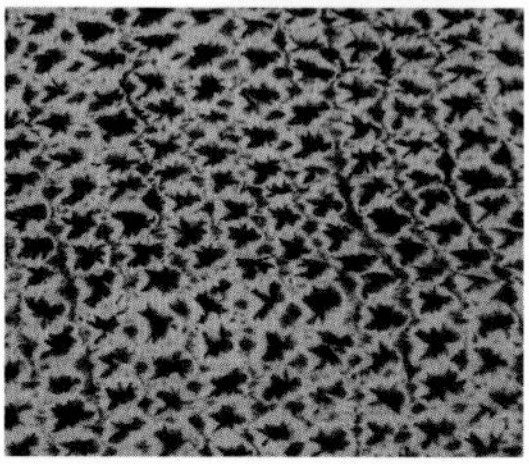
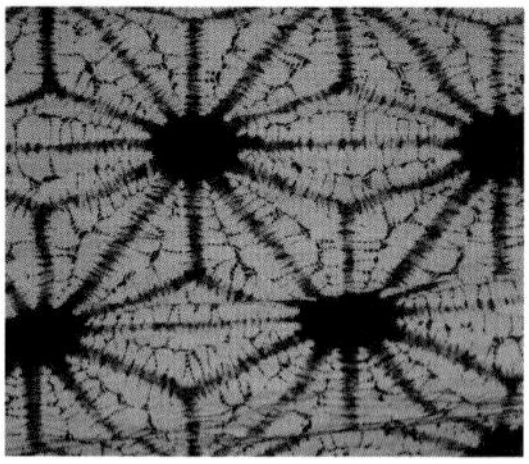
上）やたら三浦絞り。
下）巻き上げ絞り。

歴史

有松絞りと鳴海絞りは産地の名を取ってその名がついた。江戸時代には東海道を往来する旅人のみやげ品として人気を博した。

絞りの技法

絞りは下絵に合わせて布に糸をくくりつけたり、下絵なしでくくり手の感覚だけで絞ったり技法はさまざま。技法により使用する道具も異なり、多様なデザインが作り出される。

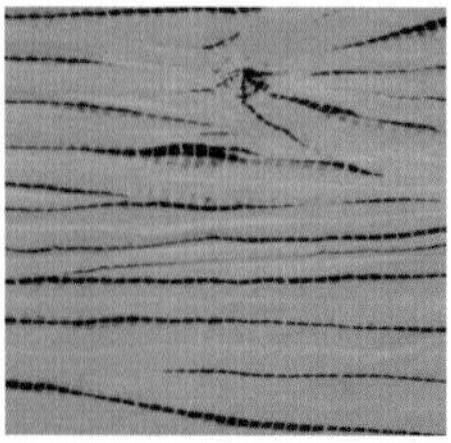
下絵なしで絞る蜘蛛入り柳絞り。

京《きょう》鹿《か》の子《こ》絞《しぼり》

〈京都府〉

さまざまなくくり技法を組み合わせて美しくしなやかな模様を表現

絞り染めの中でも鹿の子といわれる疋田《ひった》絞りなどで知られる京鹿の子絞。見る角度や着る人の体の曲線で表情をさまざまに変えるのが魅力です。布をつまみ、糸できつくくくって染めることでやわらかな模様が生まれます。京友禅などと同じく、京鹿の子絞も分業制で作られています。全体を絞りで埋めたものを総絞り、または総鹿の子といい、非常にぜいたくなものです。

絞りの技法は50種類以上あるといわれる。

鹿の子絞りとは染め上がりが子鹿の背中の模様に似ていることからついた名前。

総絞りの振袖。見る角度により表情を変える。

製作工程

布地に下絵を描き入れ一人一種類のくくり技法を持つ技術者が、絞りくくりを行う。次に多色染色のため桶絞《おけしぼ》り、帽子絞りの染め分け防染を行い、染料に浸して染色をし、その後、乾燥させて糸をほどき、湯のし、幅出しをして完成させる。

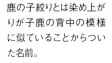

その他

琉球紅型《りゅうきゅうびんがた》

〈沖縄県〉

沖縄、日本本土、中国などの草花を華麗にデザイン

南国の染め物ならではの美しい発色。

日本や中国、インドネシア等南方の染色技法を基にする。

琉球王国の王家や身分が高い人の礼装として作られていた琉球紅型。技法は、後染めです。琉球紅型にはいくつもの色を使う紅型と藍一色の藍型があります。交易を中心に栄えた琉球で、紅型は沖縄では見られない日本本土や中国などの草花も取り入れた大胆かつ繊細なデザインが創られました。鮮やかな色合いは華麗で美しいものです。

製作工程

❶ 型彫り

型紙に直接絵を描くか、下絵を貼りつけ模様を彫る。

❷ 型附け

布に型紙を置き、防染糊をへらで転写する。

❸ 色差し

刷毛で模様に色を塗る。
暖色→寒色の順で。

❹ 刷り込み

もう一度、しっかり色を刷り込む。

❺ 隈取り

模様の部分をぼかして遠近感や立体感を出す。

❻ 糊伏せ

模様の上に防染糊をつける。

❼ 地染め

刷毛を使って染料を塗る。

❽ 水洗い→仕上げ

余分な染料や顔料、防染糊を落とし、乾かして完成。

その他の主な産地

丹後《たんご》ちりめん
〈京都府〉

京都府北部、丹後地方の後染め用の絹織物。和装用の生地では国内に流通する六〜七割を生産している。経糸に撚りのない生糸、緯糸に強い撚りの生糸を交互に織り込み、その後精練することで糸が収縮、緯糸の撚りが戻り独特のシボが出る。

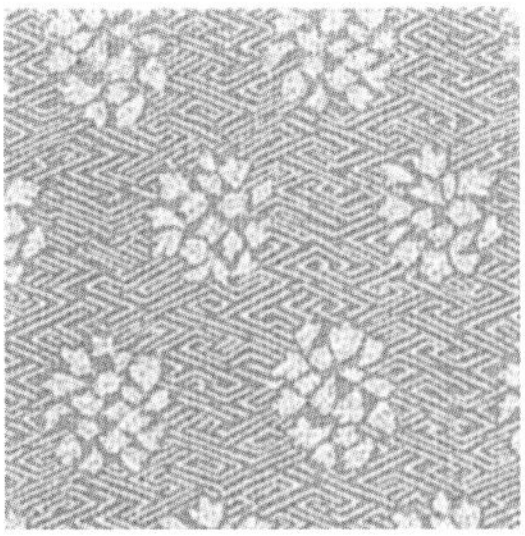
五枚朱子ちりめん

変り無地ちりめん

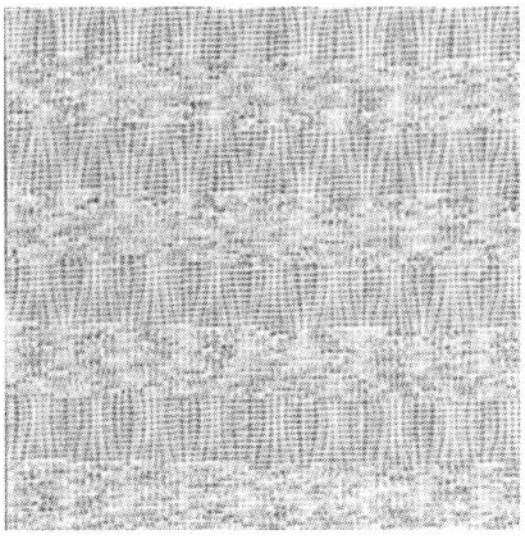
絽ちりめん

縫取ちりめん

浜《はま》ちりめん
〈滋賀県〉

滋賀県長浜市を中心に生産される絹織物。丹後ちりめんとともに二大産地として有名。強撚糸を用いシボの高い重めの無地織物が主。

本塩沢《ほんしおざわ》
〈新潟県〉

越後上布などとともに代表的な伝統織物。塩沢織の一つ。塩沢御召の名で広く親しまれている。緯糸に強い撚りをかけることでシボを出す。さらりとした肌ざわりが特徴。塩沢織には越後上布、本塩沢のほか、塩沢紬や夏塩沢もある。

首里《しゅり》織《おり》
〈沖縄県那覇本島〉

琉球王朝の王侯貴族や士族用に織られていた。原材料は絹や木綿、麻、芭蕉糸など。紋織から絣まで多彩に織られ、色彩豊かな織物。

芭蕉《ばしょう》布《ふ》
〈沖縄県那覇本島〉

糸芭蕉から採取した芭蕉糸を使って織られたものを指す。琉球王国では王宮が芭蕉園を管理していたという。沖縄の代表的な夏織物。軽くてさらりとした肌触りが特徴。

八重山《やえやま》上布《じょうふ》
〈沖縄県石垣島〉

琉球王朝の時代から織られてきた麻織物。石垣島が産地の紅露といわれる植物染料を使う。仕上げに海水に五時間ほどさらす。

日本の伝統色

赤系

小豆色（あずきいろ）
小豆の実のような紫味を帯びた赤褐色。

茜色（あかねいろ）
夕暮れ時の空の色のような暗い赤色。

一斤染（いっこんぞめ）
染料の紅花一斤で染めた淡い紅色。

苺色（いちごいろ）
鮮やかな苺のような少し紫がかった赤色。

洗朱（あらいしゅ）
黄色みを帯びている薄い朱色。

柿色（かきいろ）
柿の実のように濃く鮮やかな橙色。

臙脂色（えんじいろ）
深みがあり艶やかな、黒みを帯びた紅色。

薄紅（うすべに）
ややくすんでいるような淡い紅色。

桜桃色（さくらんぼいろ）
赤と桃色の間でやや紫みのある色。

桜色（さくらいろ）
桜の花弁のような赤みのある淡い紅色。

紅梅色（こうばいいろ）
早春の紅梅のようなやや紫の淡い紅色。

唐紅（からくれない）
濃い紅赤色。紅花で染めている。

薔薇色（ばらいろ）
赤い薔薇の花弁のような鮮やかな紅色。

蘇芳色（すおういろ）
黒みを帯びた赤色。「蘇方色」などとも。

朱色（しゅいろ）
黄色がかっている鮮やかな赤色。

珊瑚色（さんごいろ）
顔料の珊瑚の色で、黄みのある明るい赤色。

桃花色（ももはないろ）
桃の花の花弁のような淡い紅色。

紅緋（べにひ）
紅色に黄みを染め重ねた冴えた黄みの赤色。

紅色（べにいろ）
紅花で濃く染めた鮮やかな赤色。

緋色（ひいろ）
やや黄色みを帯びている鮮やかな赤色。

紫系

江戸紫（えどむらさき）
江戸で染められた、青みを帯びた紫。

薄藤（うすふじ）
淡い青紫色で、藤色をより薄くした色。

薄色（うすいろ）
浅く、少しくすんだ紫色。「浅紫」とも。

茄子紺（なすこん）
茄子の実のような紫がかった濃い紺色。

菖蒲色（しょうぶいろ）
菖蒲の花弁のような赤みがかった紫色。

古代紫（こだいむらさき）
やや赤みを帯びている、くすんだ紫色。

桔梗色（ききょういろ）
桔梗の花弁のような青みを帯びた紫色。

牡丹色（ぼたんいろ）
牡丹の花弁の色のような紫紅色。

二藍（ふたあい）
藍に紅花を染め重ねた明るく渋い青紫色。

藤紫（ふじむらさき）
藤色よりも紫みが強い明るい青紫色。

藤色（ふじいろ）
藤の花のような淡い青みを帯びた紫色。

青系

群青色（ぐんじょういろ）
紫みを帯びている深く濃い青色。

浅葱色（あさぎいろ）
葱藍で染めている水色がかった薄い藍色。

藍色（あいいろ）
縹色のような純粋な青ではない、暗い青色。

空色（そらいろ）
晴れた昼間の空のような明るく薄い青色。

新橋色（しんばしいろ）
浅く鮮やかな、明るい緑がかった青色。

紺碧（こんぺき）
真夏の青空のような深く濃い青色。

紺色（こんいろ）
少し赤みを含む濃い青色。藍染で最も濃い。

水色（みずいろ）
晴れ空を映した水の色のような淡い青色。

縹色（はなだいろ）
浅葱色と藍色の中間くらいの青色。

花浅葱（はなあさぎ）
わずかに緑がかった鮮やかな青色。

露草色（つゆくさいろ）
露草の花弁のような明るい鮮やかな青色。

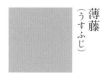

緑系

薄緑（うすみどり）

淡い緑色のこと。淡緑とも書かれる。

鶯色（うぐいすいろ）

鶯の羽の色のようなくすんだ濃い黄緑色。

青朽葉（あおくちば）

晩秋に落ちた枯葉のような黄緑色。

草色（くさいろ）

くすんで濃く青みを帯びた黄緑色。

甕覗（かめのぞき）

やわらかい緑みのあるきわめて薄い青緑色。

老竹色（おいたけいろ）

ややくすんでいる灰色がかった緑色。

裏葉色（うらはいろ）

木の葉の裏側のような薄くくすんだ緑色。

根岸色（ねぎしいろ）

緑みを帯びている薄く渋い茶色。

常盤緑（ときわみどり）

常緑樹の葉のような茶を帯びた濃い緑色。

青磁色（せいじいろ）

青磁の磁器のような薄い青緑。

苔色（こけいろ）

苔のような渋く深い黄緑色。モスグリーン。

松葉色（まつばいろ）

松の葉のような渋く深みのある青緑色。

白緑（びゃくろく）

白みを帯びている薄く淡い緑色。

灰緑（はいみどり）

灰色を帯びているくすんだ緑色。

猫柳色（ねこやなぎいろ）

猫柳の花穂のような黄色がかった緑。

利休鼠（りきゅうねず）

千利休が好んだとする緑がかった鼠色。

山藍摺（やまあいずり）

渋く明るい、灰色がかった青緑色。

萌黄色（もえぎいろ）

萌え出る若葉のような鮮やかな黄緑色。

海松色（みるいろ）

海藻の海松のような茶みのある深い黄緑色。

若芽色（わかめいろ）

植物の若い芽のような薄い黄緑色。

若葉色（わかばいろ）

初夏の若葉のようなやわらかい黄緑色。

若竹色（わかたけいろ）

若竹のような黄色がかった爽やかな薄緑色。

緑青（ろくしょう）

孔雀石で作る顔料の色。鈍く明るい青緑色。

黄系

黄水仙（きすいせん）

水仙の花のような鮮やかな赤みのある黄色。

鬱金色（うこんいろ）

鬱金の根で染めた赤みのある鮮やかな黄色。

杏色（あんずいろ）

熟した杏の実のような優しい橙色。

肉色（ししいろ）

肌の色のような黄みを帯びた薄紅色。

桑色（くわいろ）

桑の根などを用いて染めた黄みのある薄茶。

梔子色（くちなしいろ）

クチナシの実で染めたやや赤みのある黄色。

木蘗色（きはだいろ）

木の肌の色のような茶色がかった黄色。

山吹色（やまぶきいろ）

山吹の花のような赤みのある鮮やかな黄色。

向日葵色（ひまわりいろ）

向日葵の花のような少し赤みを帯びた黄色。

菜の花色（なのはないろ）

菜の花の花弁のような明るく鮮やかな黄色。

橙色（だいだいいろ）

熟した橙の皮のような鮮やかな黄赤色。

茶系

海老茶（えびちゃ）

伊勢海老のような茶、または紫がかった赤。

飴色（あめいろ）

昔の水飴に由来する深みのある橙色。

亜麻色（あまいろ）

亜麻を紡いだ糸のような黄みのある薄茶色。

枯葉色（かれはいろ）

晩秋の枯葉のようなくすんだ茶色。

蒲色（かばいろ）

赤みを帯びた橙色。「樺色」とも。

柿渋色（かきしぶいろ）

色づく前の柿から作る灰がかった黄赤色。

黄土色（おうどいろ）

顔料の「黄土」のような赤みのある黄色。

栗皮色（くりかわいろ）

栗の皮のような黒みを帯びた赤褐色。

朽葉色（くちばいろ）

秋の葉のようなくすんだ赤みのある黄色。

狐色（きつねいろ）

狐の毛色のような少し赤みを帯びた黄褐色。

土器色（かわらけいろ）

土器の色のようなくすんだ黄褐色。

琥珀色（こはくいろ）

琥珀の石のような透明感のある黄褐色。

焦茶（こげちゃ）

物が焼け焦げたような黒みを帯びた茶色。

香色（こういろ）

明るく黄色みを帯びている灰黄赤色。

胡桃色（くるみいろ）

胡桃の木や実、根の皮で染めた黄褐色。

砥粉色（とのこいろ）

砥石の粉、砥粉に由来する赤みの鈍い黄色。

丁字色（ちょうじいろ）

香辛料の丁子で染めた鈍い黄赤色。

煙草色（たばこいろ）

乾燥した煙草の葉のような黄みの暗い茶色。

白茶（しらちゃ）

茶が色あせて白っぽくなったような薄茶色。

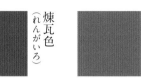

煉瓦色（れんがいろ）

赤煉瓦のようなくすんだ赤みのある茶色。

駱駝色（らくだいろ）

駱駝の毛のような黄みのある薄い茶色。

肉桂色（にっけいろ）

肉桂の樹皮や根の皮のようなくすんだ茶色。

鳶色（とびいろ）

トビの羽毛のような暗い赤の茶褐色。

その他

桜鼠（さくらねず）

灰色がかったややくすんだ薄い桜色。

銀鼠（ぎんねず）

銀色のようなやや青みのある明るい灰色。

灰汁色（あくいろ）

灰汁の色のような黄みを帯びた灰色。

乳白（にゅうはく）

乳のようなやや黄みのある不透明な白色。

鈍色（にびいろ）

鈍く濃い鼠色。「にぶいろ」と読むことも。

鉛色（なまりいろ）

鉛の色のようなやや青みがかった灰色。

墨色（すみいろ）

墨の色のような黒に近い灰黒色。

藤鼠（ふじねず）

藤色を鼠がからせたような暗い青紫色。

深川鼠（ふかがわねず）

浅葱色より暗い薄い青緑みのある灰色。

灰白（はいじろ）

わずかに灰色みを帯びている白色。

灰桜（はいざくら）

少し灰色みを帯びている明るい桜色。

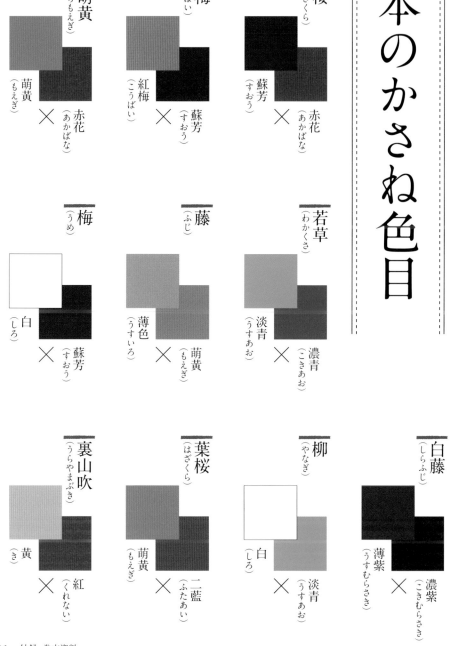

日本のかさね色目

春

樺桜《かばざくら》

蘇芳《すおう》 × 赤花《あかばな》

紅梅《こうばい》

紅梅《こうばい》 × 蘇芳《すおう》

桜萌黄《さくらもえぎ》

萌黄《もえぎ》 × 赤花《あかばな》

若草《わかくさ》

淡青《うすあお》 × 濃青《こきあお》

藤《ふじ》

薄色《うすいろ》 × 萌黄《もえぎ》

梅《うめ》

白《しろ》 × 蘇芳《すおう》

白藤《しらふじ》

薄紫《うすむらさき》 × 濃紫《こきむらさき》

柳《やなぎ》

白《しろ》 × 淡青《うすあお》

葉桜《はざくら》

萌黄《もえぎ》 × 二藍《ふたあい》

裏山吹《うらやまぶき》

黄《き》 × 紅《くれない》

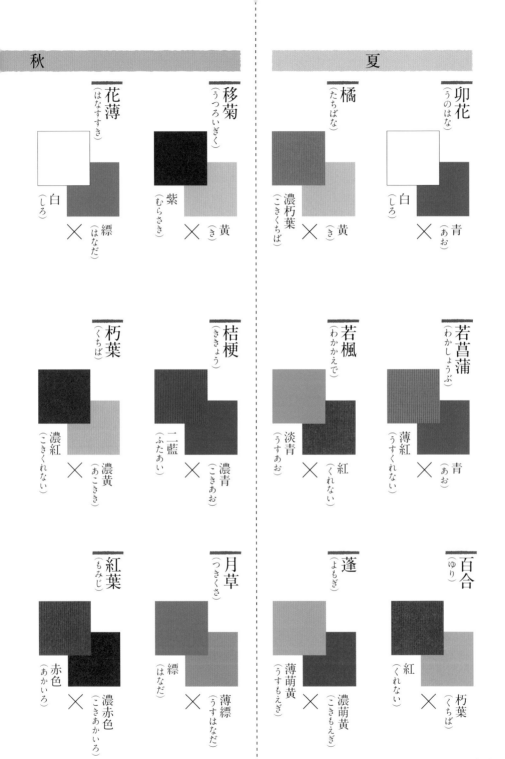

夏

卯花（うのはな）

白（しろ）×青（あお）

橘（たちばな）

濃朽葉（こきくちば）×黄（き）

若菖蒲（わかしょうぶ）

薄紅（うすくれない）×青（あお）

若楓（わかかえで）

淡青（うすあお）×紅（くれない）

百合（ゆり）

紅（くれない）×朽葉（くちば）

蓬（よもぎ）

薄萌黄（うすもえぎ）×濃萌黄（こきもえぎ）

秋

移菊（うつろいぎく）

紫（むらさき）×黄（き）

花薄（はなすすき）

白（しろ）×縹（はなだ）

桔梗（ききょう）

二藍（ふたあい）×濃青（こきあお）

朽葉（くちば）

濃紅（こきくれない）×濃黄（あこきき）

月草（つきくさ）

縹（はなだ）×薄縹（うすはなだ）

紅葉（もみじ）

赤色（あかいろ）×濃赤色（こきあかいろ）

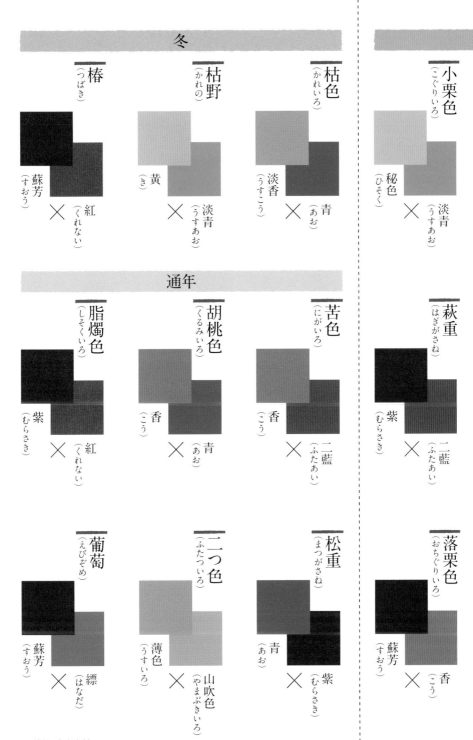

小栗色（こぐりいろ）

秘色（ひそく）×淡青（うすあお）

萩重（はぎがさね）

紫（むらさき）×二藍（ふたあい）

落栗色（おちぐりいろ）

蘇芳（すおう）×香（こう）

冬

枯色（かれいろ）

淡香（うすこう）×青（あお）

枯野（かれの）

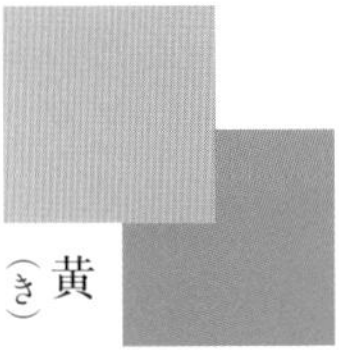

黄（き）×淡青（うすあお）

椿（つばき）

蘇芳（すおう）×紅（くれない）

通年

苦色（にがいろ）

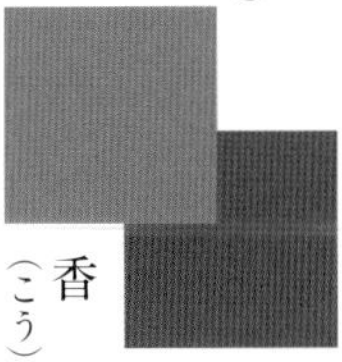

香（こう）×二藍（ふたあい）

胡桃色（くるみいろ）

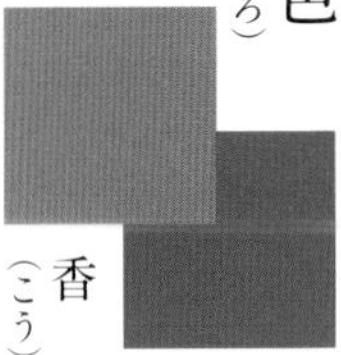

香（こう）×青（あお）

脂燭色（しそくいろ）

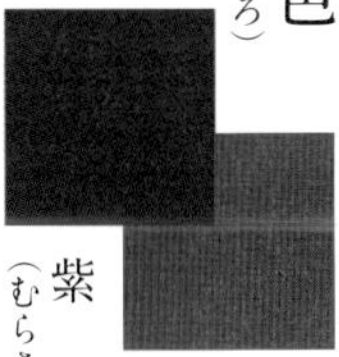

紫（むらさき）×紅（くれない）

松重（まつがさね）

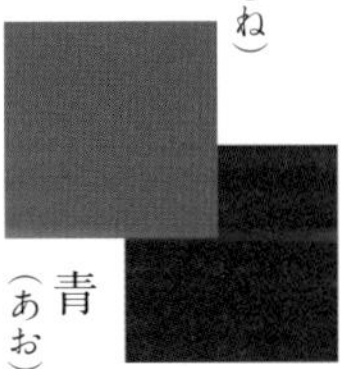

青（あお）×紫（むらさき）

二つ色（ふたついろ）

薄色（うすいろ）×山吹色（やまぶきいろ）

葡萄（えびぞめ）

蘇芳（すおう）×縹（はなだ）

着物の文様

植物文様

梅
（うめ）

梅文様は新春を飾る文様として定着してきた。

稲束
（いねたば）

実った稲を束にしたものを文様化している。

踊り桐
（おどりきり）

桐の花に変化をつけて動きよく配置したもの。

梅鉢
（うめばち）

梅の花を真上からみたものを図案化した文様。

梅に鴬
（うめにうぐいす）

梅にとまった鶯が描かれたおめでたい文様。

菊と桔梗
（きくとききょう）

秋の花として菊と桔梗を文様化したもの。

杜若
（かきつばた）

初夏に花を咲かせる杜若を図案化した文様。

沢瀉文様
（おもだかもんよう）

くわいに似た水草・沢瀉の葉と葉柄を図案化。

小桜
（こざくら）

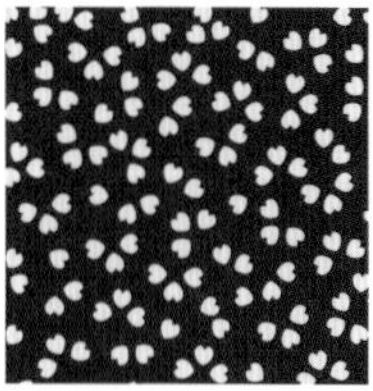

小さな桜の花や花びらを散らした文様。

菊菱
（きくびし）

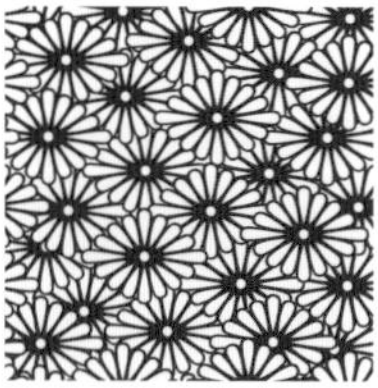

加賀前田家由来。菊の花をあしらった小紋柄。

菊と桜
（きくとさくら）

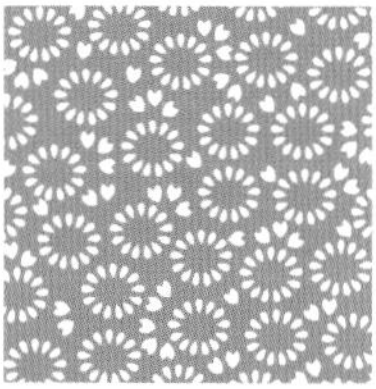

菊と桜の花びらを図案化したもの。

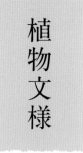

動物文様

勝虫
（かちむし）

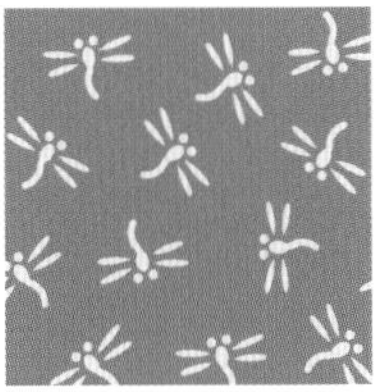

勝虫＝とんぼ。縁起物として武士に好まれる。

鯉の丸に牡丹
（こいのまるにぼたん）

飛び跳ねる鯉と牡丹が描かれた文様。

狐
（きつね）

江戸小紋として使われることも多い文様。

蝶
（ちょう）

愛らしくかわいい蝶が描かれている。

千鳥
（ちどり）

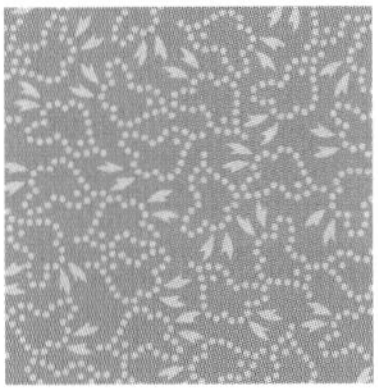

夫婦円満の意味も込められた吉祥文様。

飛鶴
（ひづる）

鶴が飛び立つ様を文様化したもの。

鶴亀宝尽くし
（つるかめたからづくし）

おめでたいものが詰め込まれた吉祥文様。

立涌に散桜
（たてわくにちりざくら）

二本の曲線で水蒸気が涌き立ち上るのが立涌。

竹の縞
（たけのしま）

竹を模した縞模様のこと。小紋で使われる。

萩に蝶
（はぎにちょう）

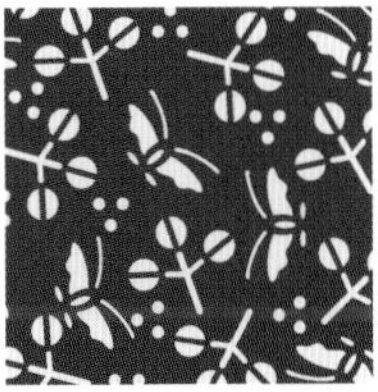

秋の文様である萩に蝶を組み合わせている。

鉄線花
（てっせんか）

鉄線花とはクレマチス。夏花の文様。

松
（まつ）

代表的な文様の一つ。組み合わせもある。

瓢箪・夕顔
（ひょうたん・ゆうがお）

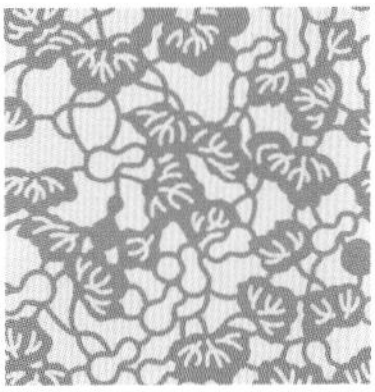

瓢箪（夕顔）は夏の文様で姿が面白い。

海松文様
（みるもんよう）

海藻の一つである海松を文様化した。

松に藤
（まつにふじ）

秋の文様。紅葉などと組み合わせることも。

器物文様

糸巻き文様
（いとまきもんよう）

糸を巻き付ける道具を文様化したもの。

井桁に千鳥文様
（いげたにちどりもんよう）

絣織の文様として著名な井桁に千鳥を。

筏流し
（いかだながし）

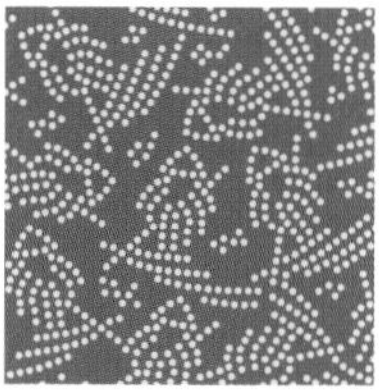

材木を筏に組んで流す様を文様化したもの。

扇面
（せんめん）

扇面とは扇を模した文様のこと。

三番叟つなぎ
（さんばそうつなぎ）

おめでたい舞である三番叟を描いたもの。

変わり丸文ちらし
（かわりまるぶみちらし）

丸の中に文様を描いたものを丸紋という。

団扇文様
（うちわもんよう）

団扇を描いた文様。団扇の中に絵を描くことも。

飛び矢文様
（とびやもんよう）

矢が飛んでいる様を描いた文様。

蔦からみ分銅
（つたからみぶんどう）

分銅とは天秤で使われる重りのこと。

達磨
（だるま）

達磨も着物の文様にはよく使われた。

扇面立涌文様
（せんめんたてわくもんよう）

蒸気が立ち上る様を描いたものが立涌文様。

矢羽根の変わり縞
（やばねのかわりしま）

矢羽根文様にはいろいろなバリエーションがある。

矢羽根
（やばね）

射た矢は戻らないことから縁起のよい文様。

矢車文様
（やぐるまもんよう）

矢羽根を集めて文様にしたものが矢車。

花火
（はなび）

打ち上げ花火が上がっている様を描いた。

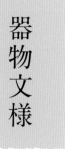

自然現象文様

青海波に千鳥
(あおみなみにちどり)

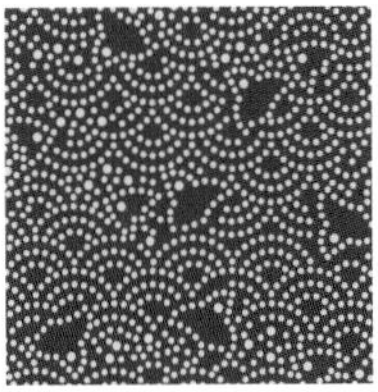

波間におめでたい鳥、千鳥がいる様。

青海波に雨龍の立涌
(あおみなみにあめたつのたてわく)

波間に雨が降った様を立涌模様に。

青海
(あおみ)

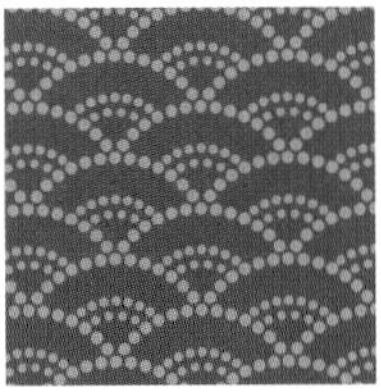

広い海の波がゆれる様を描いている。

墨流し文様
(すみながしもんよう)

墨汁を水にたらした様を描いた。

桜花流水に若鮎
(さくらばなりゅうすいにわかあゆ)

桜の花びらが流れる川にいる鮎を描く。

霰と水玉文様
(あられとみずたまもんよう)

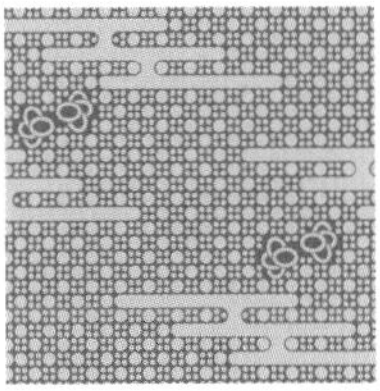

桐が立ち込める様を描いた文様。

霰雪
(あられゆき)

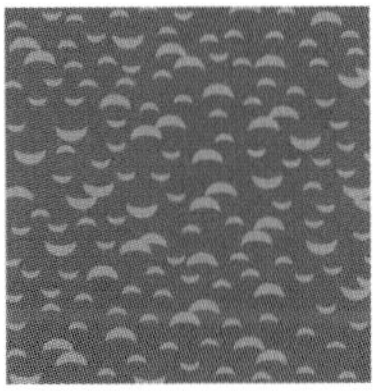

雪の結晶に氷粒がついた霰を描いた。

波に千鳥
(なみにちどり)

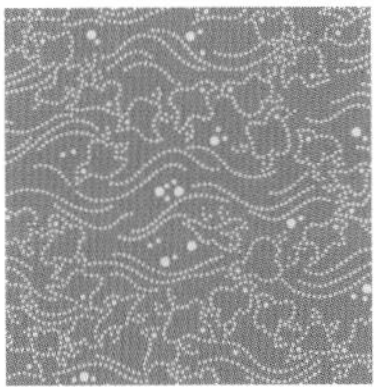

浜辺にいる千鳥が描かれた文様。

なまこ霰
(なまこあられ)

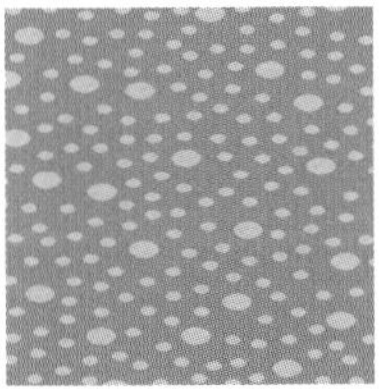

勢いのある霰を描いた文様。

遠山小紋
(とおやまこもん)

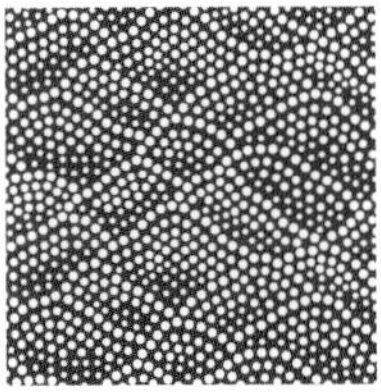

遠くに見える山々を描いた文様。

大小霰
(だいしょうあられ)

江戸小紋でよく使われる文様。

流水
(りゅうすい)

勢いよく流れる水を描いた文様。

よろけ手綱
(よろけたずな)

湾曲した手綱が描かれた文様。

水の縞
(みずのしま)

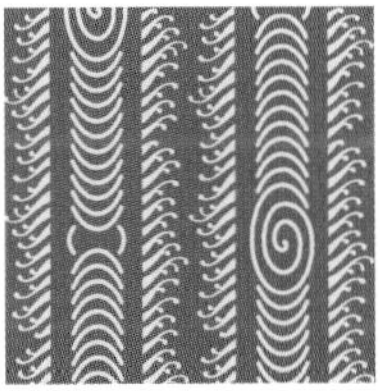

水の模様を縦縞にした文様。

波紋
(はもん)

渦を巻いた水模様のこと。

幾何文様

鱗
(うろこ)

三角形と地が交互になった文様。

市松
(いちまつ)

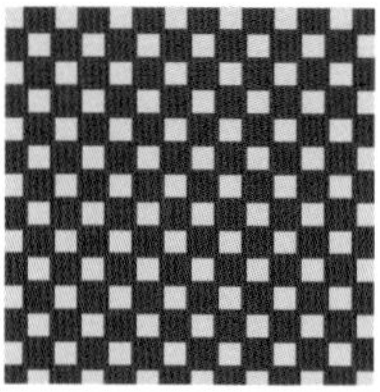

2色の正方形を交互に並べた文様。

麻の葉
(あさのは)

正六角形を基本とした文様。

変わり格子
(かわりこうし)

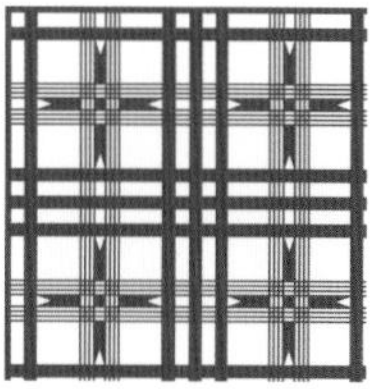

縦縞と横縞が交差している文様が格子。

花弁
(かべん)

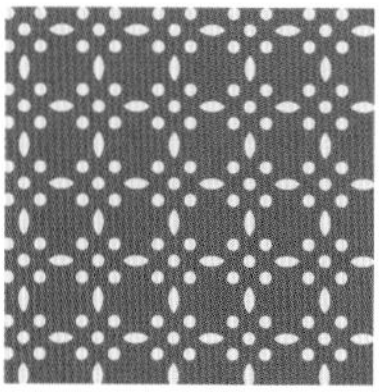

花の形をモチーフにした文様。

雷文様
(かみなりもんよう)

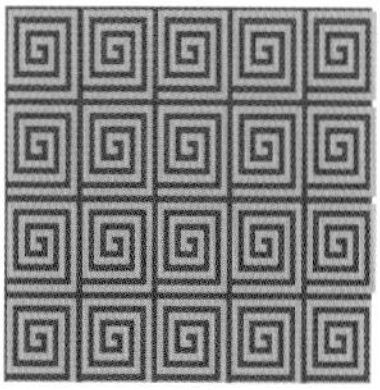

渦巻き型が四角く描かれた文様。

絣入り縦縞
(かすりいりたてしま)

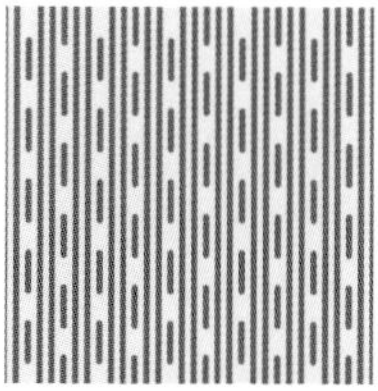

絣模様の入った縦縞模様のこと。

独楽ならべ
(こまならべ)

独楽を並べた文様。これは芯棒のある独楽。

亀甲つなぎ
(きっこうつなぎ)

亀の甲羅に由来する六角形の模様が亀甲文様。

キ字格子
(きじこうし)

カタカナの「キ」が描かれた格子模様。

変わりよろけ縞
(かわりよろけしま)

波上に描かれた縞がよろけ縞。

菱文様
(ひしもんよう)

菱文様は菱形を並べた文様のことを指す。

力鮫
(ちからざめ)

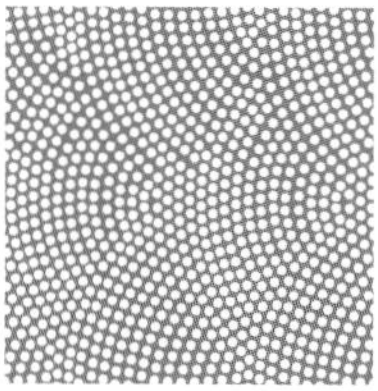

江戸小紋でも人気の鮫模様の変形パターン。

七宝
(しっぽう)

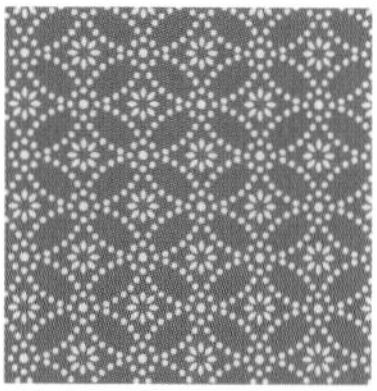

同じ大きさの円を4分の1ずつ重ねている。

幸菱
(さいわいびし)

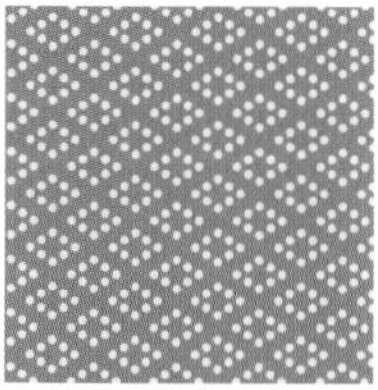

花菱模様を配列した文様が花菱文様。

用語集

あ

【藍染め】あいぞめ　糸や布を藍で染色したもの。植物染めだけでなく、現在は合成染料も使われる。

【麻】あさ　麻素材の着物全般。絽と並んで夏の着物で使われる。

【後染め】あとぞめ　織ってから反物を染めること。染めの着物と同義。

【雨ゴート】あまごーと　撥水加工された雨用のコート。

【雨下駄】あめげた　高さがありつま先カバーのある下駄のこと。

【洗張】あらいはり　縫い合わせている糸を解いて反物の状態に戻してから洗う方法。洗い方はさまざま。

【有松・鳴海絞】ありまつ・なるみしぼり　名古屋市緑区の有松・鳴海地区で作られる絞り染めの総称。日本の絞り製品の大半はここで生産される。

【阿波しじら織】あわしじらおり　徳島県阿波地方で織られる、シボと呼ばれる凹凸と藍染が特徴の夏の着物。

【袷】あわせ　袷は透けない生地に胴裏と八掛の裏地をつけて仕立てたもの。10～5月に着用するのが基本。

【一重太鼓】いちじゅうだいこ　お太鼓の部分が一重太鼓になった結び方。一般にお太鼓といったらこの結び方を指すことも多い。

【五つ紋】いつつもん　背紋、袖紋（両袖に一つずつ）、抱き紋（両胸に一つずつ）の紋がある。

【色留袖】いろとめそで　既婚、未婚を問わずに着られる礼装。五つ紋の色留袖は黒留袖の同格。現在では着用範囲を広げるためか、三つ紋や一つ紋にすることも多い。黒留袖と同じく裾に絵羽模様が入る。

【色無地】いろむじ　黒以外の一色で染められた着物。紋意匠ちりめんや紋綸子などの素材を使うことが多い。一つ紋の色無地は準礼装となる。

【牛首紬】うしくびつむぎ　玉繭から直接糸を取って作られる。節の浮いた強い質感を持ち、その丈夫さから「釘抜き紬」と呼ばれることも。

【後ろ幅】うしろはば　後ろ身頃の幅のこと。

【薄物】うすもの　透け感のある素材で作る夏の着物のこと。7～8月の着用が基本。絽や紗、麻などを用いる。

【越後上布】えちごじょうふ　真夏の麻の着物の最上級品で、重要無形文化財に登録されている。とても薄く、独特のシャリ感がある。

【江戸小紋】えどこもん　武士の裃にそれぞれの藩が定めた小紋を染めたことが発祥。細かい模様が多く、色無地感覚で着られる。

【江戸褄】えどづま　江戸褄文様の略。和服の模様の置き方の一つ。現在では黒留袖のことを江戸褄と呼ぶこともある。

【絵羽模様】えばもよう　全体が一枚の絵のように構成された模様のこと。黒留袖、色留袖、振袖、訪問着などで見られる。

【衣紋】えもん　首の後ろの衿まわり。衣紋を抜くとは衿の後ろを引き下げること。

【衿】えり　着物や羽織、襦袢などの首まわりから胸元に続く、前身頃と後ろ身頃に縫い付けられている部分。本衿ともいう。

【置賜紬】おいたまつむぎ　山形県置賜地方で作られる織物の総称。米沢紬や長井紬、白鷹御召、紅茶紬などが含まれる。

【大島紬】おおしまつむぎ　奄美大島と鹿児島市が主な生産地。奄美大島だけで行われる「泥染め」に由来する独特の黒色の光沢が特徴。藍染と併用する泥藍大島や泥染めを用いない白大島もある。

【衽】おくみ　衿から裾まで前身頃に縫い付ける半幅の布部分のこと。

【小千谷縮】おじやちぢみ　織り上げた布を湯で揉んで作る麻織物で、シボと呼ばれる独特の凹凸がある。ラミー糸で織られたものが定番。

【小千谷紬】おぢやつむぎ　綿から紡いだ糸で織られており、軽くて暖かな風合いが特徴。小千谷縮の技法を受け継ぎ、模様は主に緯糸で表される。

【おはしょり】おはしょり　着丈に合わせてたくしあげることでできる折り返しの部分。

【帯】おび　着物の胴部に巻きつける布の総称。

【帯揚げ】おびあげ　帯に通して結ぶ布。帯枕を隠し、帯結びの形を整える役割がある。

【帯板】おびいた　帯を締めるときに前にはさみ、帯にしわがよることを防ぐための板。

【帯締め】おびじめ　帯結びがくずれないように締めるひものこと。

【帯芯】おびしん　帯に張りを出すために用いる芯。帯芯が入っていない帯もある。

【帯留め】おびどめ　本来は形状も違う帯の固定具だったが、現在では装身具に変化。細い帯締めに通して使う。

【帯枕】おびまくら　お太鼓の形を整えるための道具。

【帯山】おびやま　お太鼓に結ばれた帯の上のライン。

【御召】おめし　御召ちりめんの略。11代将軍徳川家斉が好んだ御召し物から名がついたという。独特のシボが特徴。

か

【加賀友禅】かがゆうぜん　加賀五彩といわれる五色を基調とした、写実的な草花模様などの柄が特徴の着物。職人がひとりで大部分の製造工程を仕上げる。

【掛衿】かけえり　衿の上に重ねて汚れを防ぐための衿。

【かけはぎ】かけはぎ　着物に穴があいたときに、主に差し込みという技法で穴を埋めること。折り込みという技法もある。

【絣織】かすりおり　部分的に染め分けて柄を出す絣糸を使った着物の総称。全国各地で作られ、中でも備後絣、伊予絣、久留米絣が有名。

【絣柄】かすりがら　白地や藍染め時に十字や細かい線などの絣模様を散りばめた柄の総称。井桁絣、十字絣、矢絣などがある。

【型染め】かたぞめ　白生地に模様を彫った型を置き、上から防染糊や色糊で染めていく。複数の型紙で多色刷りにすることもある。

【鹿の子絞り】かのこしぼり　鹿の子まだらを白く染め抜いた絞り染めの技法。振袖の帯揚げは鹿の子絞りのものが定番。

【着丈】きたけ　着付けたときの着物の長さのこと。

【黄八丈】きはちじょう　八丈島で古くから織られてきた織物で、光沢のある黄色が特徴。八丈島に自生する植物で染められている。

【九寸名古屋帯】きゅうすんなごやおび　生地の端を内側に折り込み、基本的には芯を入れて仕立てたもの。薄い生地で仕立てられることも多い。

【京鹿の子絞】きょうかのこしぼり　疋田絞などでよく知られる。染め上がりが小鹿の背中の模様に似ていることから名前がつけられた。

【京小紋】きょうこもん　型紙を使って染められる。明治初期に生まれた。デザイン性の高い美しい模様が描かれる。

【京友禅】きょうゆうぜん　京都で生産される友禅染のこと。手描きで染色する手描き友禅と、型紙を使用する型友禅（京小紋も型を用いる）がある。

【鯨尺】くじらじゃく　着物の寸法を計るものさし。尺貫法で表される。曲尺とは長さが違う。

【久米島紬】くめじまつむぎ　琉球王国の伝統手法を受け継ぎ、久米島内に自制する植物由来の染料を使用して作られる織物。

【黒留袖】くろとめそで　既婚女性の第一礼装。結婚式や披露宴で親族が着用する。上半身には柄がなく、裾に絵羽模様が広がる。

【下駄】げた　カジュアルな着こなしにぴったりな下駄。形によって丸下駄、右近下駄、舟形下駄、駒下駄などがある。

【献上】けんじょう　献上博多織の略。

【格子柄】こうしがら　縦縞と横縞を合わせた文様。幾何学文様の基本の一つ。

【腰ひも】こしひも　着物の着付けの際に用いるひも。

【こはぜ】こはぜ　足袋の留め具。四枚こはぜが一般的だが、三枚や五枚、六枚もある。

【小紋】こもん　反物全体に繰り返し模様を型染めした着物のこと。模様の大きさに決まりはない。

さ

【先染め】さきぞめ　織る前に糸を染めること。織りの着物とほぼ同義。

【三分ひも】さんぶひも　帯留めを用いるときに使う細い帯締め。

【シボ】しぼ　着物の表面に作られる凹凸。ちりめんや縮で見られる。

【絞り染め】しぼりぞめ　糸の一部をくくったり、縫いとめたりしてから染める技法。絞った部分が白く残り模様となる。

【縞柄】しまがら　縦または横の筋によって構成された文様。着物は縦縞が多い。

【尺貫法】しゃっかんほう　着物の寸法はセンチやメートルではなく、尺や寸、分で表す。一尺＝約38センチ、一寸＝約3・8センチ、一分＝約3・8ミリが目安となる（以上すべて鯨尺）。

【しゃれ袋】しゃれぶくろ　礼装用でないおしゃれ用の袋帯のこと。

【準礼装】じゅんれいそう　上半身にも下半身にも絵羽模様が入る華やかな訪問着は紋をつければ準礼装となる。また、色無地に三つ紋、一つ紋をつければ紋のない訪問着より格は高くなる。

【裾】すそ　着物の下の端のこと。

【裾回し】すそまわし　八掛のこと。

【裾よけ】すそよけ　腰に巻きつけるもの。半襦袢とともに用いられる。

【背中心】せちゅうしん　背中にある左右の後ろ身頃を縫い合わせている縫い目のことで、これが背骨に沿ってまっすぐになるのが美しい着付け。

【背縫い】せぬい　背中の中央にある、左右の後ろ身頃を縫い合わせている縫い目のこと。背中心ともいう。

【全通】ぜんつう　帯全体に柄があるもの。

【草履】ぞうり　着物の格に合わせて草履もフォーマルからカジュアルまでさまざま。草履の足が当たる部分が天、側面が巻、指で挟む部分を前つぼという。

【草履カバー】ぞうりかばー　草履のカバー。雨の日につける。

【袖丈】そでたけ　袖の上下の長さ。好みで決めていいが、だいたい、三寸程度。

【袖幅】そではば　袖の左右の幅のこと。反物の幅や裄丈の長さで自然と決まってくる。

【染め替え】そめかえ　古くなった着物や色の気に入らない着物を染め替えること。薄い色のもののほうが失敗は少ない。

【染め抜き日向紋】そめぬきひなたもん　紋の中を白上げにして輪郭や詳細を細い線でかたどったもの。

た

【第一礼装】だいいちれいそう　既婚女性の第一礼装は黒留袖、未婚女性は振袖。色留袖は未婚、既婚ともに着られる礼装。色留袖に五つ紋なら黒留袖と同格となる。

【太鼓】たいこ　帯を結んだときに背中にできるふくらんだ部分。お太鼓ともいう。

【太鼓柄】たいこがら　太鼓部分のみに柄がある帯のこと。

【伊達衿】だてえり　半衿と着物の本衿の間にはさんで使用するもの。重ね衿ともいう。

【伊達締め】だてじめ　衿元やおはしょりを整えるために使うもの。結びやすいよう、両端がやわらかくなっている。

【足袋】たび　白のキャラコのものが一般的。こはぜが四枚ついたものが四枚こはぜ。五枚こはぜは足首をしっかり包む。

【袂】たもと　着物の袖の垂れた袋状の部分。

【タレ】たれ　お太鼓の下端から10センチくらいの部分。

【反物】たんもの　着物の布のこと。一反で着物一着分が基本。一反で12〜13メートルほど。

【ちりめん】ちりめん　縮緬と書く。絹織物の生地の名前で、緯糸に強い撚りをかけることで独特のシボを出す。

【対丈】ついたけ　着丈と着物の丈が同じもの。おはしょりを取らずに着る方法。

【付け下げ】つけさげ　訪問着よりも模様が控えめ。模様がつながるのは上前と衽程度。付け下げはすべての模様が仕立てたときに上を向いている。

【褄先】つまさき　着物の衽の下の端のこと。

【紬】つむぎ　絹織物の一つ。真綿から紡いた真綿糸や玉糸を使って作られた。現在は絹糸を使用することもある。また、基本は先染めだが、後染めの紬もある。

【手描き染め】てがきぞめ　筆や刷毛を使って色を差したり、防染して色を染めていく技法。手描き独特の繊細さが魅力。

【胴裏】どううら　袷の着物や長襦袢の胴の裏地。

【東京染小紋】とうきょうそめこもん　東京で染められる小紋を指す。小さな柄を一色で染めた江戸小紋が有名で、京小紋に比べて色数が少なくすっきりとした仕上がりが特徴。

【共八掛】ともはっかけ　表の布と同じ布でつけた裏地のこと。

な

【長襦袢】ながじゅばん　肌襦袢と裾よけの上に着る裾までの長さがある着物用の下着の一種。

【名古屋帯】なごやおび　胴まわりとテ先の部分は折ってあり、太鼓部分が袋状で一重太鼓となる。大正時代に名古屋で考案されたことからその名がついたという。幅や仕立て方で八寸と九寸がある。

【西陣織】にしじんおり　京都市の西陣地区で織られる絹織物の総称。金糸銀糸などを織り込んだ帯が有名。

【二重太鼓】にじゅうだいこ　お太鼓の部分が二重になる結び方。袋帯は一般的に二重太鼓で結ぶ。

【二部式襦袢】にぶしきじゅばん　半襦袢と裾よけがセットになったもの。

は

【羽織】はおり　着物と帯だけでは肌寒い季節に羽織るもの。丈は膝上丈からふくらはぎくらいまである丈のものなど、流行がある。

【博多織】はかたおり　福岡市博多地区で織られる織物のこと。独鈷と花皿、堅い織り地が特徴の献上博多がよく知られる。

【八掛】はっかけ　袷の着物の裏につける布のこと。

【八寸名古屋帯】はっすんなごやおび　通常芯を入れずに生地の幅そのものに仕立てたもの。張りのある生地で仕立てられることが多い。

【半衿】はんえり　長襦袢の衿に縫い付ける。長さが本衿の半分の長さなことからその名がついた。

【半幅帯】はんはばおび　並幅の半分の幅の帯。木綿や麻の着物などでカジュアルに楽しめる。

【単衣】ひとえ　裏地を付けずに仕立てた着物。6月と9月の着用が基本。

【一つ紋】ひとつもん　背中の中央にある背紋のみの着物や羽織を指す。

【比翼仕立て】ひよくじたて　衿、袖口、振り、裾の部分のみ二重にして重ね着のように見せること。

【袋帯】ふくろおび　最初から袋状に仕上げられている礼装用の帯。礼装用に使われることが多いため、金糸や銀糸が入って豪華なもの。金糸や銀糸が入らない袋帯をしゃれ袋と呼ぶ。

【振袖】ふりそで　袖丈が長い未婚女性の第一礼装。華やかな柄が全身に描かれる。帯は金糸や銀糸の入ったものを選び、小物も華やかによそおう。

【兵児帯】へこおび　本来は男物の帯だった。最近は女性ものの兵児帯もある。

【防染】ぼうせん　染め方の一つ。糸や布に染料などの浸透を防ぐ糊などを塗ること。その後に染めて、模様を表す。

【訪問着】ほうもんぎ　全体に模

様が縫い目でつながっている、絵画のような着物。準礼装で大正時代に社交着として定着した。その当時は三つ紋だったが、現在では一つ紋または紋をつけないことが多い。

【ぼかし染め】ぼかしぞめ　濃い部分から少しずつ淡くなる染め方。

【補整】ほせい　ウエストなどに布を当てて着物を着やすい形（寸胴形）に整えること。

【本だたみ】ほんだたみ　基本の着物のたたみ方。

ま

【前幅】まえはば　前身頃の幅のこと。

【丸洗い】まるあらい　揮発剤を使って洗う手入れ方法。

【丸帯】まるおび　幅広に織った布地を二つ折りにして仕上げたもの。第二次世界大戦前までは礼装用で使われていたが、現在は袋帯が主流。

【身丈】みたけ　着物そのものの丈のこと。

【道行】みちゆき　着物用コート。四角く開いた衿を道行衿という

【三つ紋】みつもん　背紋のほかに両袖に紋がある。

【宮古上布】みやこじょうふ　沖縄県宮古島で織られてきた麻織物。手積み糸を植物染料で染めて織り、仕上げに砧打ちを行う。

【身八つ口】みやつぐち　女性の着物の身頃の脇のあいている部分。

【名物裂】めいぶつぎれ　絹織物の呼び名の一つ。茶の湯で名物といわれた茶道具を入れる袋などに使われた布地。室町時代などに中国よりもたらされた。

【紋】もん　家の印である家紋のこと。紋の数で着物の格が決まってくる。

や

【結城紬】ゆうきつむぎ　茨城県結城市を主な産地とし、真綿から手作業で紡いだ糸だけを使用する。国の重要無形文化財に指定されている。

【友禅】ゆうぜん　友禅糊を使って精巧な模様に染め上げる、染めの技法の一つ。京友禅や加賀友禅が有名。

【浴衣】ゆかた　もともとは入浴時に着るものだったが、現在は夏の街着としても使われる。以前は素肌に着るものだったが、肌襦袢と裾上げを下に着るのが一般的。

【裄丈】ゆきたけ　腕の長さ。首の後ろの頸椎点から肩をまっすぐ通り、腕の付け根の肩先点から手首まで。

【夜着だたみ】よぎだたみ　留袖や振袖のたたみ方。

【撚り】より　糸を綟り合わせること。ちりめんは撚りの強い糸を用いる。

ら

【琉球紅型】りゅうきゅうびんがた　琉球王国の身分が高い人の礼装として作られた。藍一色のものを特に藍型という。

【綸子】りんず　絹の紋織物。経糸緯糸ともに生糸を使い、光沢がある。紋綸子ともいう。

【絽】ろ　経糸を綟りながら緯糸と織り込んでいく織り方で、透け感があることから夏の着物の素材として使われる。絽の着物とは素材が絽だという意味で、絽の訪問着もあれば絽の小紋もある。

【六通】ろくつう　帯の六割程度に柄があるもの。

参考文献

『きもののたのしみ　改訂版
きもの文化検定公式教本Ⅰ、Ⅱ』
（社）全日本きもの振興会著、
（社）全日本きもの振興会編集／世界文化社

『伝統を知り、今様に着る　着物の事典』
大久保信子監修／池田書店

◆監修◆

一般社団法人　全日本きもの振興会

きものに関する知識の普及を通じて民族衣裳に対する国民の再認識ときもの文化の向上を図ることを目的として、原糸メーカー、織物生産者、卸売商、小売商、染色加工、履物、和裁士、着付師等"きもの"に関係する業界の総意により昭和41年に発足。昭和44年公益法人に認可、平成25年一般社団法人に移行。11月15日を"きものの日"と定め、この日を中心に七五三詣りや全日本きものの女王コンテストの開催、テレビ、新聞、ポスター等によるPRを全国的に展開してきた。近年では、大学生や社会人を対象とした「きもの学」のセミナー、「きもの文化検定」などのさまざまな和文化推進事業を行う。

＊本書は2018年12月初版発行『着物の教科書』の装丁デザインを変更した新装版です。

着物の教科書　新装版

2023年12月15日　初版発行

監修者　全日本きもの振興会
発行者　富永靖弘
印刷所　公和印刷株式会社

発行所　東京都台東区 台東２丁目24　株式会社　新星出版社
〒110-0016 ☎03(3831)0743

ISBN978-4-405-07381-4